浙江省文化研究工程指导委员会

浙江文化名人传记精选修订丛书

原 主 编：万 斌

执行主编：卢敦基

潮落潮生

王国维传

陈铭 著

浙江人民出版社

图书在版编目（CIP）数据

潮落潮生 ：王国维传 / 陈铭著. -- 杭州 ：浙江人民出版社， 2024. 12. -- ISBN 978-7-213-11844-9

Ⅰ. K825. 4

中国国家版本馆CIP数据核字第2024MY3473号

潮落潮生：王国维传

CHAOLUO CHAOSHENG WANG GUOWEI ZHUAN

陈　铭　著

出版发行　浙江人民出版社（杭州市环城北路177号　邮编　310006）

市场部电话:(0571)85061682　85176516

责任编辑　申屠增群

责任校对　陈　春

责任印务　程　琳

封面设计　王　芸

电脑制版　杭州天一图文制作有限公司

印　　刷　杭州钱江彩色印务有限公司

开　　本　710毫米×1000毫米　1/16

印　　张　14.75

字　　数　223千字

插　　页　6

版　　次　2024年12月第1版

印　　次　2024年12月第1次印刷

书　　号　ISBN 978-7-213-11844-9

定　　价　66.00元

“浙江文化研究工程成果文库”总序

有人将文化比作一条来自老祖宗而又流向未来的河，这是说文化的传统，通过纵向传承和横向传递，生生不息地影响和引领着人们的生存与发展；有人说文化是人类的思想、智慧、信仰、情感和生活的载体、方式和方法，这是将文化作为人们代代相传的生活方式的整体。我们说，文化为群体生活提供规范、方式与环境，文化通过传承为社会进步发挥基础作用，文化会促进或制约经济乃至整个社会的发展。文化的力量，已经深深熔铸在民族的生命力、创造力和凝聚力之中。

在人类文化演化的进程中，各种文化都在其内部生成众多的元素、层次与类型，由此决定了文化的多样性与复杂性。

中国文化的博大精深，来源于其内部生成的多姿多彩；中国文化的历久弥新，取决于其变迁过程中各种元素、层次、类型在内容和结构上通过碰撞、解构、融合而产生的革故鼎新的强大动力。

中国土地广袤、疆域辽阔，不同区域间因自然环境、经济环境、社会环境等诸多方面的差异，建构了不同的区域文化。区域文化如同百川归海，共同汇聚成中国文化的大传统，这种大传统如同春风化雨，渗透于各种区域文化之中。在这个过程中，区域文化如同清溪山泉潺潺不息，在中国文化的共同价值取向下，以自己的独特个性支撑着、引领着本地经济社会的发展。

从区域文化入手，对一地文化的历史与现状展开全面、系统、扎实、有序的研究，一方面可以借此梳理和弘扬当地的历史传统和文化资源，繁荣和丰富当代的先进文化建设活动，规划和指导未来的文化发展蓝图，增强文化软实力，为全面建设小康社会、加快推进社会主义现代化提供思想保证、精神动力、智力支持和舆论力量；另一方面，这也是深入了解中国文化、研究中国文化、发展中国文化、创新中国文化的重要途径之一。如今，区域文化研究日益受到各地重视，成为我国文化研究走向深入的一个重要标志。我们今天实施浙江文化研究工程，其目的和意义也在于此。

千百年来，浙江人民积淀和传承了一个底蕴深厚的文化传统。这种文化传统的独特性，正在于它令人惊叹的富于创造力的智慧和力量。

浙江文化中富于创造力的基因，早早地出现在其历史的源头。在浙江新石器时代最为著名的跨湖桥、河姆渡、马家浜和良渚的考古文化中，浙江先民们都以不同凡响的作为，在中华民族的文明之源留下了创造和进步的印记。

浙江人民在与时俱进的历史轨迹上一路走来，秉承富于创造力的文化传统，这深深地融汇在一代代浙江人民的血液中，体现在浙江人民的行为上，也在浙江历史上众多杰出人物身上得到充分展示。从大禹的因势利导、敬业治水，到勾践的卧薪尝胆、励精图治；从钱氏的保境安民、纳土归宋，到胡则的为官一任、造福一方；从岳飞、于谦的精忠报国、清白一生，到方孝孺、张苍水的刚正不阿、以身殉国；从沈括的博学多识、精研深究，到竺可桢的科学救国、求是一生；无论是陈亮、叶适的经世致用，还是黄宗羲的工商皆本；无论是王充、王阳明的批判、自觉，还是龚自珍、蔡元培的开明、开放，等等，都展示了浙江深厚的文化底蕴，凝聚了浙江人民求真务实的创造精神。

代代相传的文化创造的作为和精神，从观念、态度、行为方式和价值取向上，孕育、形成和发展了渊源有自的浙江地域文化传统和与时俱进的浙江文化精神，她滋育着浙江的生命力、催生着浙江的凝聚力、激发着浙江的创造力、培植着浙江的竞争力，激励着浙江人民永不自满、永不停息，在各个不同的历史时期不断地超越自我、创业奋进。

悠久深厚、意韵丰富的浙江文化传统，是历史赐予我们的宝贵财富，也是我们开拓未来的丰富资源和不竭动力。党的十六大以来推进浙江新发展的实践，使我们越来越深刻地认识到，与国家实施改革开放大政方针相伴随的浙江经济社会持续快速健康发展的深层原因，就在于浙江深厚的文化底蕴和文化传统与当今时代精神的有机结合，就在于发展先进生产力与发展先进文化的有机结合。今后一个时期浙江能否在全面建设小康社会、加快社会主义现代化建设进程中继续走在前列，很大程度上取决于我们对文化力量的深刻认识、对发展先进文化的高度自觉和对加快建设文化大省的工作力度。我们应该看到，文化的力量最终可以转化为物质的力量，文化的软实力最终可以转化为经济的硬实力。文化要素是综合竞争力的核心要素，文化资源是经济社会发展的重要资源，文化素质是领导者和劳动者的首要素质。因此，研究浙江文化的历史与现状，增强文化软实力，为浙江的现代化建设服务，是浙江人民的共同事业，也是浙江各级党委、政府的重要使命和责任。

2005年7月召开的中共浙江省委十一届八次全会，作出《关于加快建设文化大省的决定》，提出要从增强先进文化凝聚力、解放和发展生产力、增强社会公共服务能力入手，大力实施文明素质工程、文化精品工程、文化研究工程、文化保护工程、文化产业促进工程、文化阵地工程、文化传播工程、文化人才工程等“八项工程”，实施科教兴国和人才强国战略，加快建设教育、科技、卫生、体育等“四个强省”。作为文化建设“八项工程”之一的文化研究工程，其任务就是系统研究浙江文化的历史成就和当代发展，深入挖掘浙江文化底蕴、研究浙江现象、总结浙江经验、指导浙江未来的发展。

浙江文化研究工程将重点研究“今、古、人、文”四个方面，即围绕浙江当代发展问题研究、浙江历史文化专题研究、浙江名人研究、浙江历史文献整理四大板块，开展系统研究，出版系列丛书。在研究内容上，深入挖掘浙江文化底蕴，系统梳理和分析浙江历史文化的内部结构、变化规律和地域特色，坚持和发展浙江精神；研究浙江文化与其他地域文化的异同，厘清浙江文化在中国文化中的地位和相互影响的关系；围绕浙江生动的当代实践，深入解读浙江现象，总结浙江经验，指导浙江发展。在研究力量上，通过课题组织、出版资助、重点研究基地建设、加强省内外大院名校合作、整合各地各部门力量等途径，形成上下联动、学界互动的整体合力。在成果运用上，注重研究成果的学术价值和应用价值，充分发挥其认识世界、传承文明、创新理论、咨政育人、服务社会的重要作用。

我们希望通过实施浙江文化研究工程，努力用浙江历史教育浙江人民、用浙江文化熏陶浙江人民、用浙江精神鼓舞浙江人民、用浙江经验引领浙江人民，进一步激发浙江人民的无穷智慧和伟大创造能力，推动浙江实现又快又好发展。

今天，我们踏着来自历史的河流，受着一方百姓的期许，理应负起使命，至诚奉献，让我们的文化绵延不绝，让我们的创造生生不息。

2006年5月30日于杭州

目录

绪　言

19世纪下半叶到20世纪上半叶，是中国历史重大转折时期，也是中国学术思想重大转折时期。王国维正是在这解构与重建的特殊历史时期中涌现出来的中国文化巨人。他的思想和学术，既带有旧时代的厚实与悲怆，又显示出新时代的开拓与丰繁。20世纪以来，中国人文科学的发展，许多方面都带有王国维的痕迹。他是学术界绕不开的里程碑，是20世纪中国文化的名人、巨人。

王国维对中国文化的贡献是巨大的，学术界从各个专业角度作出过概括和评价，同时涉及许多专业的发展与探讨。从宏观上审视，我以为，王国维在以下几个方面对中国近现代文化的推进有着不可磨灭的贡献，至今仍然值得人们注意、敬重、继承和研究，借以推动当代文化学术的发展。

王国维是19世纪末20世纪初重要的思想家之一。他回顾中国学术思想发展的历史，强调必须引入西方的人文主义精神和思辨的方法，开拓新的学术境界。他早年倾心研读康德、叔本华著作，强调以西方思辨的科学的方法、综合与分析的方法、抽象与分类的方法，来提高学术研究的自觉性，并且把这些近代科学的思维方式引入哲学、教育学、历史学和文学的研究之中。他主张的独立精神，使他的学术活动呈现了巨大的创新价值。

王国维是杰出的教育家。这不单是因为他当过中国最早的师范学校的老师，晚年又在清华大学任教，直到去世；也不单是因为他长期主持当时中国最早的教育刊物《教育世界》，刊发了许多推动清末教育改革的文字；更重要的是，他在20世纪初就提出了“以人为本”的教育思想，指出教育的宗旨是“在使人为完全之人物”，即“人之能力无不发达且调和”，因此，教育必须包括德育、智育、美育和体育。这种思想在现代中国教育史上是首次出现，影响可见一斑。为了培养“完全之人物”，王国维提出在大学课程中，开设哲学、中西哲学史、心理学、伦理学、历史哲学、社会学、比较语言学、比较神话学、美学、教育学等新的学科课程，使德、智、美、体四育在课程中得以落实，甚至小学的唱歌教材也进入王国维考察的视野。至于在全国施行小学、中学、大学一整套培养“完全之人物”的制度，王国维也提出过设想。他撰写多篇文章，申述他的教育思想，这些文章至今仍闪烁着智慧的光芒，对当前转型时期的教育事业仍有借鉴意义。

王国维是杰出的文学家。他的诗词别具一格，在近代文学史上具有独特地位。更重要的是，他把西方文艺理论引入中国文学研究中，与中国传统的文学理论结合起来，开拓了一种全新的文学评论的思想和方法，使文学评论从传统走向现代。在词学研究上，他的“境界论”成为诗学研究成功的创新，影响直到今天。在小说史研究上，他的《红楼梦》评论独树一帜，从哲学和心理学的角度分析典型人物，至今仍有参考价值。在戏剧史研究上，他撰写了中国历史上第一部戏剧史著作《宋元戏曲史》，对宋元戏剧作出科学的定位和论析，至今仍是戏剧史研究的经典。王国维的文学思想和文学理论著作，自20世纪以来有广泛的影响，受到越来越多学者的注意和研究。

王国维是中国现代历史学的开山鼻祖，可以说，他开拓的历史研究道路，至今仍是史学界迈步的大道。他对历史学的贡献也是多方面的。

首先，他重新审视了乾嘉学派以前的史学研究。在继承中国传统的考据学的基础上，把名物制度的考证引向历史的考察；对文字学、金石学、器物辨析的微观研究从历史上的政治、经济制度来作出论定。他从甲骨文、金文的断言片语，推考殷周王公世系的承传，以及殷周政治制度的变化；他从史书上简略的记载，结合出土的碑文画册，推定古代一些少数民族的产生、流变、迁徙等，这些史学研究成果提升了考据学的品位，使之成为史学研究的重要门类。

其次，他极其重视新发现的历史文献。他将20世纪初期中国史学的新发现概括为五类：殷墟甲骨文字、敦煌塞上及西域各地之简牍、敦煌千佛洞之六朝唐人所书卷轴、内阁大库之书籍档案和中国境内之古外族遗文。他是这些史学发现最早的研究者之一，而且取得巨大的研究成果。由他开拓的新学术门类，如甲骨学、敦煌学、简牍学、西北古民族学、西北地理历史学等，以后渐成为历史学中重要的分支学科，而他所作的开拓性贡献，至今仍起着经典作用。这些学科的发展，也成为现代史学的重要组成部分。

最后，他提出著名的“二重证据法”，即纸上的材料与地下出土的新材料结合以考证历史的方法，在中国史学研究上是全新的、具有长远意义的科学方法。实际上，“二重证据法”是将传统的文献资料与新发现的文献（包括实物）资料相结合，史学学科与考古学、人类学、社会学等多学科相结合，全面、多元地考察历史，把微观的辨析提升到对社会史的研究上。这样，历史学就摆脱了旧史学的樊篱，存真求是，“其因存于邃古，而其果及于方来”。时至今日，他倡导的“二重证据法”仍是史学界之圭臬。

此外，王国维在其他学科，如音韵学、民族学、美学、诗学、伦理学等，都有相当出色的贡献。

王国维是一位对现代中国学术有着巨大贡献的学者，又是在多学科的开创上发挥巨大作用的文化巨人。他的一些研究结论，随着新材料新思想的出现，可能存在一些不足与缺失，但他开辟的新学科，他的学术思想、方法与他坚持的学术研究独立的精神，仍然是20世纪中国学术界的丰碑，值得后人永远景仰。

综观王国维一生，政治观的保守并不能掩盖他学术成就的辉煌。他在多学科的巨大贡献、在中国现代学术史上的深远影响，都使人们相信，他是中国20世纪的文化巨人。

历史不能重复，历史人物也不能苛求。我们要以辩证唯物主义的态度看待历史人物，不仅要了解历史人物的得失，更要重视他们的历史贡献，将其作为民族优秀的文化传统，融入我们社会主义精神文明建设的创造性劳动之中，让中华民族的文明发展史绽放更加丰美繁丽的花朵。那么，作为20世纪文化巨人的王国维，就是永恒的了。

第一章　海宁潮生

我是祝陈乡后辈

钱塘江源出浙皖山区，自西南逶迤向东北流去，是中国著名的江河之一。钱塘江在不同的流段有不同的名称。清澈湍急的新安江口以下，称桐江、富春江，江面平阔，两岸千山秀色，碧水银鳞，是物产丰富、景色绝佳的地带。江流至杭州以下，改称钱塘江，江面更加浩渺，向东直泻入东海。钱塘江在杭州湾入海口处呈喇叭口，海潮倒灌，形成天下闻名的钱塘江潮水。每年农历八月，大潮涌至，横江白练，浩荡奔腾，自古以来就是天下奇观。唐宋以来，文人墨客来此观潮，写下无数赞叹怒潮的佳句，记录这千秋壮景。潮来潮去，岁月消逝，钱塘江两岸也人才辈出，延亘到今。19世纪晚期，钱塘江畔又出了一位杰出的国学大师、影响深远的历史文化名人王国维。

1877年12月3日，即清光绪三年丁丑十月二十九日，王国维出生于海宁盐官镇。初名国桢，字静安，又作静庵，亦字伯隅，曾号人间，又号观堂。小时候“童名”号永观。

海宁县在古时又称海宁州，隶属杭州府，距杭州市区50余千米，现在单列为海宁市。王国维的家乡在海宁盐官镇，就在钱塘江畔。钱江潮的喧嚣，经常在这个不足万人的江南小镇上空回荡。实际上，海宁乃至浙江，曾产生过许许多多仁人志士、文化巨匠，他们的影响也像钱江潮音一样，不断激荡着这块历史文化积淀深厚的土地。

王国维出生在盐官镇双仁巷。双仁巷不长，却是盐官镇比较繁华的街市之一，更重要的是，“双仁”的名称，使盐官人时刻铭记历史和历史上的英雄。原来双仁巷有一座双仁祠，是五代时吴越国国君钱弘俶建立的，为的是祭祀唐代两位爱国大臣颜杲卿、颜真卿兄弟。颜杲卿，在“安史之乱”时任常山太守，和从弟颜真卿联合各地爱国将领，极力抗击安禄山叛军。他一度用计杀了安禄山手下多名大将，声震中原，后因兵少将寡，不幸战败被擒。当颜杲卿被押送到安禄山面前时，他正气凛然，大骂敌酋不止，最后被残杀而死。文天祥《正气歌》中“为颜常山舌”，就是指颜杲卿骂贼而死的壮烈事迹。颜真卿也是和颜杲卿等河北十七郡共同抗击安禄山叛乱的首领人物，为平定“安史之乱”立下大功，官至太子太师，封鲁郡公。后来军阀李希烈叛乱，颜真卿奉旨去劝降，竟被李希烈杀死。颜真卿是唐代杰出的书法家，颜体大字雄健端庄，字如其人，深为后代书家敬仰。颜杲卿、颜真卿兄弟虽然不是浙江人，但吴越国王钱弘俶仰慕颜氏兄弟的人品志气，为之立双仁祠，宣扬了一种从容就义、为国捐躯的崇高道德品质，给当地人留下极深的印象。多年以后，双仁祠早已废毁不存，但双仁祠坐落的街巷得了双仁巷这样的佳名，“双仁”的精神也就永存了。

生于忧患之时、长于文史之学的王国维，对自己的出生地双仁巷不能不自豪，同时面对晚清疲弱的国势，也不能不担忧。现在流传下来的王国维最早的七言绝句组诗《咏史》第十八首写道：

> 五国风霜惨不支，
> 崖山波浪浩无涯。
> 当年国势陵迟甚，
> 争怪诸贤说攘夷。

这首感叹北宋和南宋国势逐渐衰微的咏史诗，是王国维20岁左右时的作品。成人之后写诗，第一组诗即《咏史》，可见中华民族的历史对王国维影响至深，而出生地双仁巷又联系着一段波澜起伏的史实、两位为国捐躯的英雄，可以说，从那时起，历史的重负就无声无息地压在这个出生在双仁巷的男儿身上了，也注定了他的一生都将在历史的清浊浪潮中泛滥沉浮了。

王国维在1919年写了一首诗，题为《题蕺山先生遗像》。蕺山先生就是明末思想家刘宗周，浙江绍兴人。刘宗周在明亡时绝食殉国，在浙江乃至全国影响很大。刘宗周的哲学思想一直是浙东学派学术体系中的重要组成部分。王国维尊敬刘宗周的气节，以继承者自居。诗中有“我是祝陈乡后辈，披图莫讶涕无从”之句。祝、陈指海宁人祝渊、陈确，都是刘宗周的弟子，学问很好，不肯随声附和，多惊世骇俗之论，是海宁文化历史上有影响的人物。王国维也以自己是海宁人而自豪。王国维家族注重儒学文化的学习与传授。王国维父亲王乃誉去世时，王国维写了一篇《先太学君行状》，回顾家族历史，说：“自宋之亡，我王氏失其职，世为农商，以迄于府君。”“农商”是王国维给自己家世的定位，就是家中有些农田出租，经营商业，有时还去做官员的幕僚，维持小康的生活。

实际上，王国维是很看重家族的光荣历史的。他30岁后写过一篇《补家谱忠壮公传》，追述宋代王氏一族的先世。据说，王氏原籍开封。宋徽宗时，远祖王禀曾为武将，参加过镇压方腊起义的军事活动，又曾对抗金兵，最后于靖康元年（1126）与金人作战时兵败自杀，当时王禀正以副都总管之职守卫太原。为国捐躯之后，王禀被朝廷追封为安化郡王，谥忠壮。大概先辈没有什么煊赫的人物，王禀虽出身贫贱，但以战功封官，于是便成了王国维承认的可考的远祖，王氏家谱便从他开始写起。王禀有三个儿子，长子王荀，授右武大夫、恩州刺史；次子王庄，任枢密院属官；幼子王蕤，官至浙西总辖。北宋灭亡时，王禀的孙子王沆（不知是哪一个儿子所出）曾扈从宋高宗赵构南渡。到了浙江，等战事安定之后，王沆被赐第盐官，王氏一族从此成为海宁的平民。当然，这个南下官员还有些余威，落户盐官，也置了些产业，终于使王氏一族绵延下去。

自王沆成为海宁人起，到王国维的父亲王乃誉，号称三十二世，所以王乃誉自称“宋安化郡王三十二世裔孙”。中国人慎终追远，对显赫的先人总是念念不忘，一个安化郡王的封号，仍能让800年后的子孙自豪。不过，这也隐藏着一种悲哀：王沆之后800年间，王氏一族居然没有出过一位大官，也没有出过一位名人，绝大多数寂寂无闻，难怪王国维只能说王氏“世为农商”了。

其实，“世为农商”一说也隐隐可见王国维对功名的追求。自明清以来，王氏一家出过不少读书人，不过都是秀才而已，但是，王国维追述先人，重点突出的还是庠生、廪生和国学生。他写的《先太学君行状》记述王乃誉自曾祖起的身世时说：

> 曾祖，国学生虺，封朝议大夫建臣。祖，国学生溶。本生祖，国学生瀚。父，国学生嗣铎。本生父，国学生嗣旦。

这就是说，从王虺算起，一连三代人都是国学生，到了王乃誉，这位大学者王国维的亲生父亲，居然连一个国学生也不是，虽然仍然读书作文，却成了业余爱好。因此，王国维一族并不是什么读书做官的家族，所谓诗礼传家，更多的是儒学精神不断地承传下去而已。

不过，也许正是因为王乃誉连秀才也没有当过，混迹于商场多年，见多识广，思想较为开放，王国维受其影响才最终走出这个较为闭塞的江南小镇。所以，写到王国维的青少年生涯，他的父亲王乃誉是不能不介绍一番的。

王乃誉，字与言，号莼斋，晚字承宰，号娱庐，生于道光二十七年（1847），死于光绪三十二年（1906），终年60岁。

王乃誉出生时，正是清王朝全面崩溃的时代。鸦片战争过去六七年了，中国承受着历史上第一个不平等条约《南京条约》的压迫，清王朝又极其腐朽黑暗，百姓生活日益贫困，朝野怨声载道。1851年，太平天国运动爆发，它沉重地打击了清王朝的统治，战乱遍及大半个中国。王乃誉13岁的时候，太平军已经控制了浙江。清军则在各地反扑，战斗相当惨烈。王氏一族在海宁虽非大户，仍属小康，自然恐慌不已。王国维的曾祖父、祖父为了逃避战火，携家逃难上海。一个家庭离开祖居，跑到米珠薪桂的大上海，家中又不富裕，生活很快变得困顿。其间，王乃誉的祖父、父亲先后客死上海，一家人在没有收入的情况下，两位长辈又先后去世，其惨状可想而知。王乃誉痛哭号啕，哀求亲友帮助，勉强把两位长辈入殓。当时的王乃誉，只有十多岁，既无财产，又无功名，连吃饭都成问题。于是，他只好央亲友介绍，到茶叶店、油漆店去做学徒，聊以维生。看来，王乃誉在13岁逃难到上海之后，就没有机会读书了，而是从学徒做起，进入商界。1864年天京陷落以后，浙江战事亦逐渐平息，不到20岁的王乃誉才得以回到海宁。海宁经战火之后，一片残破。当年海宁州西门外有一个叫陆家牌楼的商业中心，经营丝绸、布匹的生意，是江南有名的贸易集散地，现在也成了一片废墟。王乃誉回到故乡，一无所长，只能继续做在上海时做过的行当，当店铺伙计，而且到离家乡盐官数十里外的硖石镇工作。其实，这间铺子是同乡在上海开的店铺，只不过战乱停息后从上海迁回硖石而已。

虽说店铺伙计只是个佣工，但是，王乃誉有他的优势，他有文化。毕竟祖父、父亲是秀才（国学生），从小就念过“四书”“五经”，识文断字，有比较多的历史文化知识，这就使他和一般店铺伙计大大不同，也使他有了自学的基础。在上海的几年生活，开拓了他的眼界，更使他认识到知识的价值。于是，在当店铺伙计的同时，王乃誉开始广泛地学习。书法、图画、篆刻、诗词、古文、公文，他都有涉猎。王乃誉不但以自己的自学精神自豪，而且常以此教导王国维，王国维后来在文史方面的巨大成就也得益于自学。

王乃誉自学成才的最好证明，便是他居然以没有任何功名的身份，当上了县令的幕僚。原来王家有一位亲戚，当上江苏溧阳县县令，邀请年轻的王乃誉充任幕僚。幕僚也称师爷，是县令的秘书。幕僚也分多种：有专做公文往来应酬的，叫文案师爷；有专做刑事审判的，叫刑名师爷；大县还有其他名目，不一而足。不管做什么师爷，首先要有文字功底，能写公文，还要会应酬地方，联络上下，为主人出主意，是县衙门里最活跃的角色。过去师爷大多由秀才担任，许多进过学的士人，科举不成，又没有钱捐官，只好当幕僚谋生，这和当塾师的秀才一样，都是落魄书生的出路。王乃誉不同，他既非秀才，也不是读书出身，能充任幕僚，除了能文之外，想必在交际应酬、处世对人方面，均有过人之处。当时县官三年一任，鲜有连任者。王乃誉在溧阳县衙门里，居然一做就做了十多年的幕僚，前后侍候过几任县令，可见他不但胜任工作，而且官场上亦颇有人缘。

王乃誉的自学是贯其一生的。在当幕僚的十多年间，他观赏研究了大量金石书画作品，学问也大有长进。王国维在《先太学君行状》中不无自豪地称赞说：

由是遍游吴越间，得尽窥江南北诸大家之收藏。自宋、元、明、国朝诸家之书画，以至零金残石，苟有所闻，虽其主素不识者，必叩门造访，摩挲竟日乃去，由是技益大进。

所以，王国维很为自己父亲有学问而无声名愤愤不平：

呜呼！君于孤贫之中，阛阓之内，克自树立。其所成就，虽古人无以远过，而年不跻于中寿，名不出乡里，是亦可哀也已！

看来，王乃誉是一位聪明机敏又善于学习的人，虽然少年失学，孤苦无依，但仍艰苦自学不辍，并善于经营，终于成了一个有眼光的儒商，也给家庭创造了温饱有余的小康生活。双仁巷是王氏祖屋，早已毁废重建，所以现在无从知晓当年的形制。不过，王乃誉并不满意，终于在虚岁40时另购新居，搬了过去。在海宁州城（盐官镇）西门内周家兜的新宅，是一所两进三间的宅院，白墙黑瓦、砖木结构，完全是江南民居的格局。新宅比祖屋大了不少，而且地理位置极佳。新宅的西边是城墙脚下，北边有一条小河，南边就是碧水千里、江面开阔的钱塘江。从正房的楼上，越过屋瓦树梢，就可以看到钱塘江日夜东流。王国维1913年旅居日本京都时，写过6首诗怀念平生屐痕，总其名曰《昔游》，其中第二首就是怀念故乡海宁的，也细致地写出周家兜新宅的环境：

我本江南人，能说江南美。家家门系船，往往阁临水。兴来即命棹，归去辄隐几。远浦见萦回，通川流浼弥。春融弄骀荡，秋爽呈清泚。微风葭菼外，明月荇藻底。波暖散凫鹥，渊深跃鰋鲤。枯槎鱼网挂，别浦菱歌起。何处无此境，吴会三千里。

王国维青年时代即离开家乡，赴上海工作，虽然时常往返小住，但直到去世，也没有在家乡过过安稳日子。因此，诗中所述的情怀景物，实是其父王乃誉40岁以后的生活场景。王乃誉建了新居，又做茶丝生意，做书画金石的鉴定，经济收入不错，算是中产阶层，一直延续到去世，王乃誉享了半辈子的福。

值得一提的是，王乃誉不是一个只知吃喝玩乐的人，虽然已有不错的产业，衣食不愁，又不需要远赴外地谋生，应该算悠然林下了。但是，他仍关心国内外形势，关心国家大事。

王乃誉关心的首先是与当时政局有关的科学文化。他在光绪二十年（1894）二月初五《娱庐随笔》中记述："抄《申报》中总理同文馆课程、翻译书目，实当今时务之急也。"同文馆是官办的外语学校，隶属总理各国事务衙门，相当于外交部管辖的外语学校，又兼为中外交涉翻译，也译一些外国书籍，当时有日、英、俄、法等语种。王乃誉当然不懂外语，也无法学习外语，但他居然抄录同文馆的课程和翻译书目，见出他浓厚的兴趣。

光绪二十二年（1896）六月十五日的《娱庐随笔》又记述读书感想：

> 夜，二三次看陈虬所著《经世议》。余谓中国不议更张则已，若欲驾东西洋自立，非由皇上至合朝悉心竭力，去旧维新……

他还主张对学校、文化、技艺、商务、兵战"一一整理"。身处东南小镇的王乃誉，在戊戌变法前两年，居然也提出去旧维新的要求，其主张与康有为等人的主张大体相同。这可能是受了当时社会要求变法维新的呼吁的影响，但也体现了王乃誉思想不守旧不顽固的一面。二十多年后，王乃誉去世时王国维在所写《先太学君行状》中感慨其父得风气之先的胸次：

> 君自光绪之初，睹世变之日亟，亦喜谈经世之学，顾往往为时人所诟病，闻者辄掩耳去，故独与儿辈言之。今日所行之各新政，皆藐孤等二十年前膝下所习闻者也。

王乃誉欣赏同文馆，王国维11岁后又到曾在北京总理衙门同文馆上过学的陈寿田的私塾读书，这当中是有联系的。

40岁后的王乃誉既有房产，又有店铺，生活不愁，便不再出外谋事，在家乡课子自娱，闲时写些笔记。现在遗留下来的有《游目录》十卷、《娱庐诗集》二卷、《竹西卧游录》一册、《画粕》一册、《题画诗》一册、《可人》一册、《古钱考》三册，还有30岁以后的日记十八册，总题为《娱庐随笔》。

王乃誉一生的思想行为，对儿子影响很深，特别在王国维幼年至青年读书、科举方面，具体指导不少，王国维的弟弟王国华回忆他们父子关系时说：

综先兄一生，淡名利，寡言笑，笃志故典，一本天性，而弱冠内外，其有承于先君子者尤众。

一事能狂便少年

光绪三年十月二十九日（1877年12月3日），王国维出生在王氏祖居海宁盐官双仁巷。这年他的父亲王乃誉30岁，正在江苏溧阳县衙门做幕僚。母亲凌氏，在王国维出生前四年，已育一女王蕴玉。王国维是王乃誉夫妇的第二个孩子，又是长房长孙，承继宗祀，父母当然是很高兴的。

王国维出生前后，正是晚清所谓同治中兴的时期。太平天国被镇压下去，清王朝一群握有实权的地方大吏开展了一场轰轰烈烈的洋务运动，正式打开了西方文化进入中国的门户。当然，这一切都是在富国强兵的口号下推行的，也是在西方资本主义国家的压力下产生的。有人曾列表标出当时办洋务的重要项目：

咸丰十一年（1861）　设立同文馆于北京，这是新式学校的起始，也是国家设立培养外交、外贸等翻译人才的第一所学校。

同治二年（1863）　李鸿章设外国语文学校于上海。

同治四年（1865） 曾国藩、李鸿章设江南机器制造局于上海，附设译书局。

同治五年（1866） 左宗棠设造船厂于福州，附设船政学校。

同治九年（1870） 李鸿章设机器制造局于天津。

同治十一年（1872） 曾国藩、李鸿章挑选学生赴美国留学。

同治十一年（1872） 李鸿章设轮船招商局。

光绪元年（1875） 李鸿章筹办铁甲兵船。

光绪二年（1876） 李鸿章派下级军官赴德学陆军，船政学生赴英、法学习造船及驾船。

光绪六年（1880） 李鸿章设水师学堂于天津，设电报局，请修铁道。

光绪七年（1881） 李鸿章开设开平矿务局。

光绪八年（1882） 李鸿章筑旅顺军港，创办上海机器织布厂。

光绪十一年（1885） 李鸿章设天津武备学堂。

光绪十三年（1887） 李鸿章开办黑龙江漠河金矿。

光绪十四年（1888） 李鸿章创立北洋水师。

以上仅是曾国藩、李鸿章、左宗棠等实权大臣创办的大事业，各省自己筹办的大小不一的洋务也纷纷出现。一时中国出现了一股学习西方，发展近代工业、教育的浪潮。这股浪潮在中国沿海省份，特别是东南沿海地区影响更大。当然，李鸿章等人着眼的首先是国防，富国强兵，所以洋务运动倾向物质层面的更多。历史学家蒋廷黻评论说："近代化的国防不但需要近代化的交通、教育、经济，并且需要近代化的政治和国民。半新半旧是不中用的。"①

在王国维出生前后20年间，社会有了这样巨大的变化，给富裕而发达的江南地区以很大冲击。海宁无论农业和商业都比较发达，文化气氛浓郁。清代以来，海宁出过不少文化名人，梁启超概括地说过：

① 蒋廷黻：《中国近代史》，上海古籍出版社1999年版，第46页。

> 杭属诸县，自陈乾初而后，康熙间有海宁陈莲宇（世琯）师事梨洲，亦颇提倡颜李学。道（光）、咸（丰）、同（治）则海宁张叔未（廷济）、海宁蒋生沐（光煦）颇以校勘名。光绪间有海宁李壬叔（善兰）精算学，译西籍，徐文定后一人也。①

有大办洋务的社会形势，有富于文化传统的家乡，又有热心洋务思想的父亲，王国维一出生，就注定不能走科举功名的老路了。

王国维幼年生活是不幸的，年仅4岁，母亲凌氏就因病去世了。凌氏年纪不过30，就撒手人寰，留下一个9岁的女儿和一个4岁的儿子，家庭顿时陷入凄惨之中。年幼丧母，古时候叫作失恃；没有母亲的照料，4岁的孩子感受是很深的。王国维身体瘦弱多病，直到晚年仍不见健康，幼年丧母，又使他的性格忧郁不欢。他一生常觉自己是悲剧人物，观察世界和审度自身，常带有悲剧色彩，这和他幼年丧母是分不开的。

王乃誉料理妻子的丧事之后，仍然回到江苏溧阳县衙门当幕僚，到底是家道不丰，还不到优游岁月的时候。丧失母亲恃护的一女一儿，只好拜托族中长辈照料，祖姑母范氏及叔祖母负担起照料两个幼儿的责任。老人家是很慈爱、很负责的，王国维和姐姐衣食无忧，生活也相当平稳，但是这和母亲的爱护是不一样的。

在科举时代，一般读书人都走中举做官的道路，王乃誉虽然没有科举经历，仍然希望儿子考取功名。所以，王国维7岁时，便由长辈安排入读私塾。老师是邻近私塾的潘绶昌（紫贵）。这位潘绶昌先生是位传统的儒生，有庠生（秀才）的资格，给学生讲授的当然是科举所需的儒家典籍。王国维年纪小，只随潘先生读了4年书，对儒学说不上有什么理解。不过，旧时学塾教学方法最重要的是背诵，从《三字经》《百家姓》《千家诗》《幼学故事》直到"四书"，基本上是只背诵不讲解。王国维生性沉静，体弱多病，又不好动，倒适合背书。所以，在潘先生的私塾就读时，最大的收获是背熟了许多儒家经典，无疑为日

① 转引自袁英光、刘寅生：《王国维年谱长编》，天津人民出版社1996年版，第1页。

后文史研究打下了良好的基础。这个瘦弱忧郁的孩子，在没有父母照料的环境中，度过了几年的时光，留在他记忆中的，恐怕主要是在私塾中背诵儒家经典的情景，以及偶尔与小朋友玩耍的欢乐了。

光绪十一年（1885），王乃誉决定续弦，继室是同邑叶砚耕之女。这年王乃誉已经38岁，仍在江苏溧阳县衙门当师爷，不过，已经积蓄薄产。女儿王蕴玉14岁，儿子王国维9岁，实在应该有人照料了。叶氏嫁到王家做填房，要处理好家庭关系是不容易的，她是一位贤惠的妻子，慈爱地照顾着蕴玉、国维姐弟。王国维丧母5年后才重新有了一个完整的家。虽然叶氏非亲生母亲，但她的宽厚慈爱很快获得了幼年王国维的亲近。王国维孤寂忧郁的心境感受到一种新的温暖。

王乃誉在溧阳做师爷，长袖善舞，收入甚丰，再加上做茶丝买卖，经营书画金石，有了不少积蓄。在娶叶氏为继室的第二年，即光绪十二年（1886），便在海宁州（盐官镇）西门内周家兜购置了新居。这所两进三间有楼有房的江南民居，在当时价钱不低。王乃誉购置新居后，安顿好叶氏和王国维姐弟，又出发前往溧阳做他得心应手的幕僚工作，而王国维则有了一个新的更好的生活环境，继续他的学塾生活了。

光绪十三年（1887），王国维家中有了新的变化。过年的热闹还没有消散，亲友们还在来来往往——浙江有的地方要热闹到阴历二月初二，才算年节事了。王家这一年就不一样了，患病多年的祖父王嗣铎在阴历正月二十日（阳历2月18日）去世了。当时赴溧阳县衙当师爷的王乃誉刚刚回到任所，接到消息后马上赶回海宁，为父亲服丧。原来王氏一族的长房总是人丁不旺，缺乏子嗣。曾祖父王溶没有子嗣，从弟弟王瀚的儿子中过继了一位承宗，就是王嗣铎。谁知王嗣铎也没有子嗣，也从弟弟王嗣旦的儿子中过继了一个，就是王乃誉。后来王乃誉倒有了两个儿子国维、国华。因此，王国维的本生祖父是王嗣旦，过继祖父是王嗣铎。过去家族，长房无后，必须选其他房继承香火，这是绵远的宗法制度。王嗣铎既然成为王乃誉的父亲（过继父亲），一旦去世，儿子便要丁忧。清朝礼制，官吏父母去世，当儿子的必须停职三年，表示服丧痛苦，不能视事，叫作丁忧。王乃誉虽然不是什么官吏，但礼法严格，他已40岁了，家产也挣下不少，足可持家养老，何必冒不孝之名继续去当那个没有级别的幕僚呢？于是，王乃誉决然辞职，返回故乡海宁，准备过平稳的家庭生活，教育好儿子，何况家中还有新娶不到两年已经怀孕的继室夫人叶氏呢。

王乃誉回海宁家居，心境比较超然，除了有时还过问些商贸事务外，主要是读书、品画、写笔记，特别是教育王国维，成为王乃誉晚年主要的心事，他回乡后的日记中常常记载此事。当然，更使王乃誉高兴的是，叶氏又为他添了一个儿子。这年5月17日，弟弟国华出世，王家长房不但有后，而且有了两个子嗣，家中有了一女二子，人丁兴旺起来了。

王国维的学习生活也有了新的变化。王乃誉不满意潘绶昌先生的私塾教育，只读一些旧时儿童的启蒙读本，已经无益于儿子的科举前途了，得为11岁的儿子重新选择老师。于是，王国维便离开潘先生的私塾，改到陈寿田的私塾，学习时文八股、散文、诗词。陈寿田在海宁算是个新式人物，曾经在京师同文馆上学。同文馆是当时洋务运动的成果之一，是清朝最早的培养外务翻译的学校，设在北京，归总理各国事务衙门管辖。同文馆学生主要学外语，有英、俄、法等语种，还有西方近代科学介绍的课程，诸如数学、物理、医学、生理、法律、历史、地理等，虽然并不专门，却使西方近代的思想和科学技术像新鲜的海风一样，吹进守旧陈腐的中国教育界，影响了一代中国人。更值得一提的是，陈寿田的一位老师，同文馆算学总教习李善兰，是海宁人。

李善兰（1811—1882）是近代中国著名的数学家，早年治经学训诂词章，精于算学。到上海后，与英国人伟烈亚力合译《几何原本》，介绍西方近代数学。同治年间，当上同文馆算学总教习，官至三品卿衔户部郎中、总理衙门章京。他除精于算学外，还撰译文章，介绍西方“火器”和哥白尼学说，被当时称为“异人”。李善兰这位海宁人，教出了海宁同乡陈寿田，现在，陈寿田又来做王国维的老师了。虽然十一二岁的童稚思想不成熟，知识浅陋，但是，童年所受的教育是最深刻的。陈寿田先生教导了王国维5年，在讲解传统儒学和科举时文之外，还教授不少西方近代科学文化知识，这些都点点滴滴地洒落在王国维求知欲望强烈的心田之上。日后王国维走出海宁，勇于接受西方近代人文科学，这和青少年时代陈寿田先生的熏陶不无关系。

王国维在其学习生涯中，除了在塾师陈寿田处受教之外，还受到其父王乃誉的严格教育，常常是白天上学塾读书，晚上受父亲指导学习。

王乃誉这位自学成才的儒商，对少年王国维首先强调练习写字，这大概出于自身的经验。原来王乃誉喜欢书画，长年自学。早年学唐代褚遂良和宋代米芾的书法，回乡闲居以后，集中学习明代董其昌的书法，浸淫日久，不仅形似，而且甚得董书的韵味。王国维在《先太学君行状》中盛赞父亲的书法图画：

> 君于书，始学褚河南、米襄阳，四十以后专学董华亭，识者以为得其神髓。画，无所不师，卒其所归，亦与华亭、娄东为近。

这种赞誉当然有儿子美化父亲的成分，但王乃誉在书画上有一定造诣，这是可信的。王乃誉对儿子的教育，从书法入手，是有一定背景的。他希望儿子通过科举取得功名，光宗耀祖，而科举考试是极重视书法的。清代科举的楷法，要求黑大方光，端正庄重。当年龚自珍就是因为书法不合程式，多次考试不中，深为痛恨。王乃誉自己在书法上有造诣，以其优长之处指导儿子，当然得心应手。不过，王国维却不甚喜欢书法，实际上他终生都不能成为书法家，这很使王乃誉头疼。这里抄录几段现存王乃誉日记中关于指导王国维学习书法的文字，以窥王国维学习生活之一斑：

> 初为静指示作字之法。游衍随意，尚不是□。盖久闲欲骤坐定，甚难。可知懒惰害人，而人不□自觉，犹马之脱辔，鹰之脱鞲，一纵不可复收。（1891年2月20日）[①]
>
> 饬静抄文学书，虽不惮烦，而启发迄不得其佳处，可知治学亦非愣然能进。（同年2月18日）[②]
>
> 改静儿字。（同年2月22日）

① 转引自钱剑平：《一代学人王国维》，上海人民出版社2002年版，第13页。

② 袁英光、刘寅生：《王国维年谱长编》，天津人民出版社1996年版，第5页。

夜为静儿话为人处世之方。（同年12月18日）

可见王乃誉教育儿子，把写字、作文、养性、处世都结合在一起。1891年的一则日记中就显示了这方面：

伯氏又送挽诗来请，遂属静踵成之，并兼书楷焉。盖教其不可畏事，亦不可卤莽。即此小事，亦犹磨镜然，极至精光，落笔何难耶？

王乃誉对儿子拳拳之心，洋溢于字里行间。当然，最大的希望，还是科举仕途了。

王国维这个生活在小城市的少年，虽然身体瘦弱，虽然学塾和父亲的功课督导严格，但少年天性未泯，爱好游乐便是其一。光绪二十九年（1903）夏初，王国维曾从南通通州师范休假回海宁，时年27岁（诗中自称30是举其成数），写过一组五言古诗《端居》，记述少年心性，实际上自述青少年时期欢愉的游戏：

端居多暇日，自与尘世疏。处处得幽赏，时时读异书。高吟惊户牖，清谈霏琼琚。有时作儿戏，距跃绕庭除。角力不耻北，说隐自忘愚。虽惭云中鹤，终胜辕下驹。如此胡不乐，问君意何如？

阳春煦万物，嘉树自敷荣。枳棘茁其旁，既锄还复生。我生三十载，役役苦不平。如何万物长，自作牺与牲。安得吾丧我，表里洞澄莹。纤云归大壑，皓月行太清。不然苍苍者，褫我聪与明。冥然逐嗜欲，如蛾赴寒檠。何为方寸地，矛戟森纵横。闻道既未得，逐物又未能。衮衮百年内，持此欲何成？

孟夏天气柔，草木日夕长。远山入吾庐，顾影自骀荡。晴川带芳甸，十里平如掌。时与二三子，披草越林莽。清旷淡人虑，幽蒨遗世网。归来倚小阁，坐待新月上。渔火散微星，暮钟发疏响。高谈达夜分，往往入遐想。咏此聊自娱，亦以示吾党。

应该说，这首诗中理性的分析属于27岁时的王国维，感性的行为则属于十五六岁时的王国维。因为在青少年时期，王国维的确是喜爱游玩的，或自游自乐，或结伴同游，这是大多数人都有过的经历，王国维也不例外。同时，青少年时期血气方刚，傲视天下，王国维和他的同伴也是这样。王国维青少年时期的游伴陈守谦回忆道：

余与君之订交也，在清光绪辛卯岁（1891），君年才十五耳。余长君五岁，学问之事自愧弗如。时则有叶君宜春，褚君嘉猷者，皆朝夕过从，商量旧学，里人目为四才子，而推君第一。……余时馆城南沈氏，距君家仅里许，无一日不相见，见辄上下古今，纵论文史；或校勘疑误，鉴别异同；间为词章，彼此欣赏……①

王国维与二三游伴评议古今人事，游赏山川景物，练习写些抒情议论的诗词，都是当时学塾青少年的常态，算不得什么学问。至于被人称为“海宁四才子”，也许是熟人间善意的戏谑，或生动的溢美，当不得真。事实上，19世纪末20世纪初江南小镇上的学塾青少年，文化生活是很单调的，交游也限于乡里镇中，那时的王国维还没有走出封闭的环境，所以他无论做游戏、纵议论、读古书还是写文章，最终还是按照父亲王乃誉的安排：集中精力学好时文、书法，准备走科举考试的道路。

许身稷契更奚为

参加科举考试，是当时读书人的大事，王国维从7岁进私塾读书，等待的便是一场场的科考。光绪十七年（1891）全年，王国维都在为下一年的考试用

① 陈守谦：《祭王忠悫公文》，引自陈平原、王枫编：《追忆王国维》，中国广播电视出版社1997年版，第3页。

功，集中精力准备科举考试的功课。

当时的科举考试，按行政管理级别一步步提高。先要参加县试，本县学童都可报名参加，由县官主试。县试通过之后，便可以参加由知府主持的府试。府试及格，才能到省里参加院试，主考官是省里的学台，一旦通过，便叫作进学，可以称为秀才了。当然，越到晚清，科举制度岌岌可危时，秀才的称谓也越泛滥无边，许多没有参加过院试的人，也滥称秀才，算是一种资格。本来嘛，秀才是没有官职没有俸禄的称号，只适合做幕僚、教私塾，混上一口清淡的饭菜。秀才还要参加三年一次的岁试（或称岁科试，是乡试的预考），及格者方能参加乡试。

光绪十七年（1891）正月，海宁县试开出了试期，叫生童们做好准备。二月，县试正式开考。主要考一篇八股文，题目从“四书”，即《论语》《大学》《中庸》《孟子》中选出，然后写五言六韵试帖诗一首，最后是默写《圣谕广训》，那是康熙时以皇帝名义颁布的训勉士子的文字。考试一般分五场，也有考六七场的。王国维参加县试的情形，不甚清楚，总之是过关了，可以参加岁试。

岁试由海宁州知州主持。按规定，岁试及格，才能参加府试，仿佛府试前的预考。王国维只有15周岁，读了七八年书，颇有点神气的样子，走进岁试考场。主考官陈彝出了一个又长又繁的题目《季氏富于周公而求也七八月之间雨集夜归读古人书》。王国维发挥得不错，看来背诵典籍也很熟练。光绪十八年（1892）二月十三日，王乃誉在日记中得意地记上：

> 出之桥，陈四云案出，静儿在后挈健儿之州前看图，喜名在第三图，而陈、郭诸戚俱在三、四图。

原来发榜了，家人陈四奔来相告。王乃誉也许有点胆怯，叫王国维去看榜。于是，16岁的王国维，牵着5岁弟弟王国华（字健安），一起到州学照壁前看榜，发现自己的名字赫然写在第三图上，当然喜上眉梢，脸上少不了得意的笑容。什么叫第三图？原来当时榜名很有趣，把中榜人的姓名写成圆图形，圆中最中心的名字便是第一名，其余自右而左，一名一名列过去。每幅图写10名，然后

第二图写法相同，列11名至20名。王国维的名字在第三图，即21名至30名。仔细一看，王国维名字在第三图的最中心，这就是考中第21名了。图上没有名字的，叫作“出图儿”，就是落榜了。王国维第一次品尝到金榜题名的滋味，尽管这个题名并非走进仕途，却也上升了一个台阶。接着，王国维又参加州试，岁试及格后的州试其实也不过形式而已，因为通过州试，可以算州学的生员，勉强叫作秀才。不过，州试并不如岁试发挥得好，王国维只考了第60名。不管怎样，王国维算取得到杭州参加府试的资格了。一个16岁的青年，居然在县、岁、州三试中崭露头角，顺利过关，在海宁也算是一件令人敬佩的事，王氏一族也颇为骄傲。

按规定，州试考中的生员，当年要参加府试，这个府，便是杭州府。同年三月下旬，王国维第一次赴杭州参加府试，同行的有邻居林朗珊的儿子。与王国维同时代参加府试的杭州人钟毓龙，在《科场回忆录》中描写了当时杭州府试情形，颇为生动：

> 县试后一月或两月，有府试，合仁和、钱塘、海宁、富阳、余杭、临安、於潜、昌化、新登九州县之童生，会考于杭州府署。署在外龙舌嘴之西，即名府前街。署东即学院，故其时附近居民多有腾让其住宅，召寓外县考生，收租息以牟利者。实则来寓者不仅童生，各县之廪生、附生皆偕以来，或作认保，或参加岁科考也。[①]

第一次参加府试，又第一次没有长辈提携去杭州考试，对王国维来说当然很新鲜，终生难忘。考前，王国维需认保。所谓认保，就是由本县认识考生的人作担保，担保此人身家清白，并非冒籍、并无枪替、并无匿丧等，总之是家世与人品都不违反当时律令。保人必须是廪生，当保人是要收钱的，这是廪生每次岁考府试期间的一大收入。现在已经查不出当年王国维府试的保人了，总之花去了王乃誉一笔钱。

---

① 钟毓龙：《科场回忆录》，浙江古籍出版社1987年版，第11页。

府试是半夜入场的。王国维与同伴半夜便赶到府前街，每人手中提着一个考篮，里面除放些应考的笔墨砚台之外，还要带一天的干粮及日常用品。这时候，大街上黑压压的一片，都是考生以及陪考生来的亲友童仆。因为杭州府有9个州县童生，各州县的童生彼此相熟，都想挤在一起，互相有个照顾。否则一挤散之后，找人找不到，初次应考的童生，真是毫无办法了。当时人们想出一个好办法：举灯笼。不同州县，举不同灯笼作为标识，考生远远望到自己州县的灯笼，就可以赶去集中。这一夜，府前街形形色色的灯笼，处处高擎，人们挤来挤去，有点像元宵灯会的样子。当然，王国维他们无心欣赏这个“灯会”，他们正忐忑不安地挤进考场大门，争抢位子，等待天亮开考呢！

王国维年纪轻轻，又来自比较小的地方，哪里经历过这种阵势！府试考生多，录取少，相当严格，试题也很难。有点自负的王国维匆匆下场，自己也不知道写些什么。直到晚年，王国维也没有对人说起这次考试的情形，想必是狼狈而归了。王乃誉对儿子的这次考试很不满，在日记中愤然直书：

> 静儿杭回，知考而未取，自不思振作用功于平日，妄意自为无敌，乃至临场数蹶，有弃甲曳兵之象，尚何怼于有司之不明，实愚而好自用也！

首次府试，对王国维是一次教训。好在狼狈之余，王国维还是没有忘记读书。考完试等放榜期间，王国维在杭州游玩、逛书店，买回前四史，即《史记》《汉书》《后汉书》《三国志》，算是一大收获。在《静庵文集续编自序》中，王国维回顾这次杭州之行说：

> 十六岁，见友人读《汉书》而悦之，乃以幼时所储蓄之钱，购前四史于杭州，是为平生读书之始。时方治举子业，又以其间学骈文散文，用力不专，略能形似而已！

王国维自觉读书，应是第一次府试失败后开始的。

王乃誉并不放弃儿子科举的希望，仍然督促王国维练习时文。王国维年纪小，不应放弃，这是王乃誉的想法，也是当时大多数人的想法。有些老童生，从少年考到老年，还是在县学中挣扎，正如当时一首嘲笑老童生屡试屡败的诗云：

县考归来日已西，
老妻扶杖下楼梯。
高声附耳殷勤问，
未冠今朝是甚题？

20岁以上为已冠，20岁以下为未冠，考试时试题不同，实际上两题由考生自择，并不严格限制。这首诗故意写“未冠”，是在嘲笑老太婆糊涂，而老童生亦一生考试不合格也。

王国维不是老童生，实实在在是未冠，所以还得再考。光绪十九年（1893）七月，王国维第二次赴杭州参加考试。这次考试，有许多记载都认为是乡试，实际上是科考。①原来清代学制，州县生员是不用天天上课的，为了促进生员用功，县学每月有月考，第一年参加岁考，第二年参加科考，都是到府里参加考试的，所以又泛称府试。这一年王国维还没有通过府试，所以并非参加乡试。1893年的科考，在阴历七月，按王乃誉日记，七月初十王国维已回到海宁，并去信给在南京旅行的父亲，报告考试失手的情形。当年的乡试却在八月举行，放榜日期在重阳节前后。因此，王国维第二次赴杭州参加科试，还没有取得乡试的资格。科试相当于乡试的预考，要淘汰一批生员，题难，要求也高，王国维自恃“海宁四才子之首”，又不用功科举时文，当然名落孙山了。

王国维对科举冷淡下来，对研究《汉书》却热情起来，王乃誉日记中也有反映：

静儿……以市秘本《汉书》，其意欣然。（1893年12月19日）

① 参见钱剑平：《一代学人王国维》，上海人民出版社2002年版，第19页。

静儿出观所得唐镜香细批《汉书》，又有黼之记……朱墨灿然，可宝也。（同年12月23日）

但是，王乃誉见儿子不爱八股时文，仍然十分愤怒，在同年12月24日日记中终于发怒了：

见静作功课卷不甚惬，而诗尤草率，戒之屡而终违，可恨！

知子莫若父，大概王乃誉已经预感到儿子会拒绝走科举之途，心中焦急，长房长子光宗耀祖的愿望，看来很难实现了。他不知道，日后王国维在学术上的成绩和影响，比当时一个状元大得多，遑论举人、进士呢！

姐姐王蕴玉22岁了，订下陈家的婚约，在1893年12月出嫁。姑爷陈达瞿是海宁同乡，也是县学的学生，字汝聪，算是王国维的同学，虽然年纪比王国维大好几岁。王国维与姐姐感情很深，生母去世时，姐弟还年幼，王国维常依赖这位比自己年长5岁的姐姐照顾，所以姐姐出阁，王国维少不了鞍前马后，出力奔走，陪客行礼，尽了一番心意。

王国维两次府试失败，给王乃誉相当大的打击，但他认为，儿子必须参加一次乡试，才能决定前途。因为乡试一旦得中，就获得举人身份，而举人就可以上北京参加会试、殿试，一路顺利的话，说不定还能博个状元、光大门楣呢！不过，府试不中，有什么办法参加乡试呢？原来，清代科举制度中，还留下一条曲线参加乡试的道路：进书院做学生，在书院学习一定时间就可以直接参加乡试了。当时浙江有两个官办书院，都叫崇文书院，一个在杭州，一个在桐乡，是政府主持的作为读书准备迎接乡试的学校，有专门的学官管理，有名儒硕学教导，教导的内容当然主要是关于科举考试的。

1894年春天，王国维来到杭州崇文书院读书，这年他18岁。到书院读书，首要之事当然是学好科举时文，但杭州是省会，交通方便，各种新鲜事物扑面而来，加上又有一群年纪相若的朋友，评议时局，交流信息，王国维的心思早已飞出崇文书院的围墙之外了。留在海宁的王乃誉时时关心儿子的学习情况，总觉得儿子不争气。其实，这年夏天，中日甲午战争爆发，清政府经营多年的北洋舰队一战而溃。消息传来，举国震动，青年学生更是悲愤至极。而康有为、梁启超等爱国人士，更加大力鼓吹维新变法，中日一战，仿佛告诉人们：光是洋务运动，只在物质上学西方，是顶不住外国的侵略的，还要在国家体制上、人民的知识觉悟上有所变化。所以，王国维在杭州崇文书院读了一年多的书，与其说是学会更深的科举时文，倒不如说是吸纳了更多的新鲜知识。这种新鲜知识的学习，主要是指他开始较认真地认识中国传统文化之外的西方文化思想。1896年8月，维新人士黄遵宪、汪康年在上海创办《时务报》，聘请维新理论家梁启超撰稿。梁氏以启民智、伸民权为宗旨，在《时务报》上著文，发表他在《变法通议》中的一系列主张，诸如废科举、兴学校、倡民权、行新政等，影响巨大。王国维从购阅《时务报》第一册开始，一直是《时务报》的忠实读者。而且，王国维还是变法思想的宣传者，宣传的对象是他的同学朋友，特别是他的父亲王乃誉。1896年阴历九月初五王乃誉的日记称：

> 静持《时务报》第一、第三册（归家），上海新设，七月初一开馆，总理为汪穰卿，执笔新会梁启超，所陈通变议，颇洽时政，诚此时之要务。惟变谈何容易，杞忧之。况藉措薪，疾首而大人君子未必听，必至万不可为，大事已去，乃思一死，此所以习固结，大愚不灵。①

显然，在倾向变法维新这一点上，王乃誉王国维父子是相同的。七月初一创办的《时务报》，王国维放假回海宁带给父亲阅读时，不过阴历九月初五，仅仅两个月时间，新思想传播还算迅速。

1897年5月，罗振玉、蒋伯斧在上海创办《农学报》，译刊欧洲与日本农学书，每半月发行一期，后来改为旬刊，石印本，内容有公文、古籍调查、译述、专著等。《时务报》《农学报》与王国维后来的生活和思想发展有重大关系，就是从他就读于崇文书院时开始的，促使王国维思想发生重大转折的，也是这个

---

① 转引自袁英光、刘寅生：《王国维年谱长编》，天津人民出版社1996年版，第11页。

时期。这个转折，就是继续走科举之途呢，还是另辟新径。

王国维是很尊重父亲的。父亲辞去溧阳县衙门幕僚之后，就没有固定的职业，虽然积蓄不少，但总归坐吃山空。再加上王国维兄弟读书，女儿出嫁，都是费钱的事，导致王家经济支绌，王乃誉不得不变卖一些产业，以敷家庭开支。作为长子，王国维的心中是不安的。他也曾外出教书赚钱，以微薄的收入补贴家用。王国维先后到过海宁守备沈楚斋家、海宁陈汝桢家、海宁沈冠英家当过私塾老师，可是王国维心思不在教书上，年纪轻脾气又不大好，几家私塾都待不住，有的甚至一两个月就辞职了。

1896年，王国维的身份是杭州崇文书院学生。不过，书院不是新式学校，并不要日日点卯，实际上许多学生挂上名号，一年也来不了几次，反正混到肄业，取得参加乡试的资格就可以了。所以，这一年王国维甚至还当过私塾老师。他20岁了，按旧时说法，是已冠之年，应该办婚姻大事了。婚姻当然是王乃誉操办。早在1891年王国维15岁时，王乃誉就开始为儿子挑媳妇，经侄儿介绍，挑中了海宁朱菊庭家的姑娘，王乃誉还挺满意的。谁知朱姑娘薄福，一两年后就因病去世，当时还没过门呢！到了1896年王国维20岁时，又有人来做媒。当年9月，基本议定了女方人选，这便是海宁春富庵镇莫寅生的孙女。莫家世代经商，与王乃誉算是由商场朋友而成亲家了。莫氏夫人聪敏能干，和王国维夫妇感情很好，虽是包办婚姻，却家庭和睦。这年冬天的阴历十月二十四日，是王国维大婚的日子。从此，王国维算是成人了，自己的前途和家庭的生活，他都必须认真考虑了。

1897年上半年，王国维一面当私塾老师，一面准备秋天的乡试。他以崇文书院肄业的身份，可以直接参加乡试。虽然他对科举已经不感兴趣了，但老父殷殷之望和自己在崇文书院的学历，都使他不能不作最后一搏。

当年阴历七月，王国维终于到杭州参加平生第一次也是最后一次乡试了。乡试在阴历八月六日开始，地点在杭州贡院（旧址在现杭州高级中学）。杭州贡院在各省中算是比较大的，有号舍1200多间，有时号舍不足，还要增加房舍。全省各府的士子云集杭州，贡院附近的民居出租一空，连专卖考具、书籍的永宁街，也临时改称青云街，喻士子一旦考中，就平步青云了。

王国维没能平步青云，却饱受考试之苦。士子进场，一般穿短衣，或着行衣。所谓行衣，形状如夹袄，但口袋极多，以便出门人穿着。士子进考场，要带许多零星物品，衣服上的口袋越多越好。然后手提考篮——竹编的长方形箱子，大的有好几层，内装衣毯、笔墨、干粮、菜蔬、碗筷，当然还有夹带的参考书之类。另外还有油纸衬里的布缝的卷袋，以及油布的门帘，挂在号舍前用，都先捆好吊在士子颈上，一路挨挨挤挤，进入贡院考场。乡试进场三次，每次须两夜三日，这些士子每人屈缩在四尺见方的号舍中，自己打理伙食，又不得伸腿睡眠，日日苦思写作，对体力脑力都是一种考验。等士子们考完三场，昏头昏脑出得考场，已是精疲力竭了。王国维辛苦了一场，终于考完，松了一口气，也不管结果如何，先回海宁再说，家中还有结婚不到一年的妻子莫氏呢！

乡试放榜照例在重阳节左右，中的会有报人上门报喜，收取赏钱；不中的则寂寂无闻，只好等下科再努力。这年阴历九月，王国维乡试不中，从此结束了他的科举生涯，转而摸索一条他愿意走的道路了。

回顾王国维科举之路，从15岁入县学，到21岁参加乡试失败，这六七年间正是他精力旺盛的青年时期，有强烈的求知欲，又有刻苦的钻研精神，专意古籍，“三代两汉之古籍，全部烂熟于胸”，为日后文史研究打下厚实的基础。所以，科举失败，既是王国维思想性格的必然，也是王国维命运的转折。

1897年，是王国维乡试失败的一年，也是中国危难已极的一年。这年11月14日，德国借口山东巨野教案，出兵强占胶州湾。12月15日，沙俄派兵强占旅顺、大连，这本是北洋舰队的基地，加上前两年间，清政府与日本签订了丧权辱国、割让台湾澎湖的《马关条约》，与俄国签订了《御敌互相援助条约》（即《中俄密约》），于是，日本、俄国、德国等资本主义国家已经进入瓜分中国的阶段，英国、法国在长江、岭南也蠢蠢欲动，扩大其势力范围。另一方面，爱国维新人士在救亡图存的口号下加紧宣传维新思想的活动。除1896年创办《时务报》外，1897年3月，黄遵宪、唐才常等人创办《湘学新报》（即《湘学报》）于长沙；10月，严复、王修植、夏曾佑等创办《国闻报》于天津。康有为则于同年12月第五次上书皇帝，要求变法，影响很大。到1898年1月，康有为又向政府中枢递上《应诏统筹全局折》，全面提出变法维新的纲领，以祈皇帝批准。总之，全国要求变法维新的呼吁已经声势浩大，维新行动呼之欲出。在这种激奋人心的气氛中，王国维当然不会无动于衷。废科举是维新运动的一个口号，王国维则是实行者，拒绝再参加科举考试了。

这个时候，王乃誉对儿子科举的前途已经失去信心。更重要的是，这位既儒又商、自学成才的海宁人，一生坎坷，经历丰富，有比较开阔的胸次。这几年来，他阅读新书籍，特别是几乎逐册认真阅读了《时务报》，有了比较强烈的维新意识。既然儿子不肯走科举之路，废科举又已是大趋势，何必强迫儿子走那条即将关闭的道路呢？于是，王乃誉同意王国维另寻出路，不再参加科举考试。王氏父子有先见之明，实际上1903年，即光绪二十九年的科举已是最后一次，以后科举考试便遭废除，成为中国官制史上的一个名词了。

第二章　沪滨岁月

论才君自轻侪辈

1898年是中国近代史上一个重要的年份，这年是戊戌年，也是百日维新的那一年。维新运动从社会思潮上升为实际的政治活动，光绪下诏维新，一时震动朝野。但这一年也是维新运动夭折的一年，以西太后慈禧为首的顽固派亮出了屠刀，囚禁光绪，杀害维新志士六君子，把维新运动镇压了下去。一年间政坛波涛汹涌，社会思想复杂多变，每一个有责任感的士人，都在思考中国的前途和个人的立场出处。王国维正是在这一年，走上独立谋生的道路，离开故乡海宁的。

说来这也是一个机遇，是由王国维的一个比他年长4岁的朋友带来的。这位朋友叫许家惺，字警叔，号默斋，别号车雷，原籍浙江上虞，是一位不得志的举人。汪康年创办《时务报》时，许家惺就到报馆任书记。所谓书记，并非撰稿，只是个校对而已，当然有时也参与些文字修饰的工作。工作一年多以后，许家惺郁郁不得志，举人身份做“书记”，他不甘心。他知道王国维在找事做，便向汪康年推荐，以代替自己。许家惺本人则以参加修撰地方志为由，准备再到科场一搏。王国维正想出外谋事，自然一拍即合。罗振玉在《海宁王忠悫公传》中介绍了这个过程：

光绪丙申（1896），钱塘汪穰卿舍人（康年）创设《时务报》于上海，以文章鼓吹天下，人心为之振动。异日乱阶，遂兆于此。然在首事者，初未知祸之烈且至是也。公（王国维）时方冠，思有以自试，且为菽水谋，乃祆被至沪江，顾无所遇。适同学某孝廉为舍人司书记，以事返乡里，遣公为之代……[①]

罗振玉的介绍有一点出入，即王国维并不是事先到上海寻事，再代许家惺在《时务报》的工作，而是先与许家惺联系好，有了定准，再带着行李到上海《时务报》报馆报到的。按王国维沉稳多思的性格，加上王乃誉的顾子之情，他是不会在没有找到工作之前贸然去上海的。

1897年正月，王国维离开海宁，前往上海，同行的有不放心的父亲王乃誉。王乃誉年轻时在上海做过茶漆店伙计，又游走四方，较有出门经验。王国维虽说因赶考去过几次杭州，到底未见过大世面，做父亲的当然对这个长子放心不下。

当时海宁到上海是靠坐船的。以前是木船、帆船，人力操行，缓慢沉闷。托洋务运动之福，上海与海宁间已经通航小火轮，烧的是煤油，走得虽然慢，却比木船快多了。"王升记"小轮船从海宁出发，两岸平畴桑野，一一向后退去，王国维的心，也像轮船的机器声，一声声不停跳动。当天晚上抵达平湖，第二天上午才到上海，停靠在自来水桥码头。父子两人乘人力车，先到一间叫永保的小客栈，定下房间，放下行李，然后向《时务报》报馆奔去。到了报馆，王氏父子首先拜见主人，也是他们从《时务报》上早就知道的汪康年、汪诒年兄弟。

汪康年（1860—1911），浙江杭州人，字穰卿，一字毅伯。光绪二十年（1894）进士，曾入张之洞幕府。甲午战争后，主张变法图存，参加过上海强学会。他是近代杰出的报人，很早就认识到新闻舆论对社会的重要影响，1896年创办《时务报》，后改办《昌言报》，继办《时务日报》，后改为《中外日报》。

① 陈平原、王枫编：《追忆王国维》，中国广播电视出版社1997年版，第7页。

1907年在北京创办《京报》，1910年办《刍言报》，直到去世，他都热心新闻事业。这位比王国维年长17岁的同乡，无论思想、文字，都比初到上海的王国维成熟得多。汪诒年（1866—?）是汪康年的弟弟，字仲策，又号仲谷，协助他哥哥办报，能力和名声远在其兄之下。

汪康年自己撰述不多，但创办《时务报》使他团结了一批有维新思想的文化人，梁启超、麦孟华、欧榘甲、章太炎等先后担任过特约撰稿人，还聘请译员翻译英文、法文、日文报纸上的重要文章，在《时务报》上刊登。《时务报》载有论说、上谕、奏折、中外杂志选文和域外译报等，文笔活泼尖锐的议论更受读者喜爱。在当时条件下，《时务报》创办数月之间，行销海内，发行一万余份，这是新办报刊前所未有的。

不过，王国维到《时务报》报到时，主笔梁启超已经辞职两个月了，报馆的欧榘甲便是王国维的入门师父。王乃誉日记记载，王国维"师事欧榘甲"，而欧榘甲也"示以传孔教，重民权，改制度。其所行则曰仁，曰诚；其书重六经公羊、董子《春秋繁露》《宋元学案》"。

欧榘甲（1869—1912），广东惠阳人，姓亦作区，字云樵，康有为的门生，继梁启超后主《时务报》笔政，后赴湖南时务学堂任分教习。戊戌变法后，协助梁启超办《清议报》，与革命党人有往来。后来往美国办报，始终犹豫在维新派与革命派之间。欧榘甲虽然有意培养王国维，但终于在王国维到任一个多月后，也辞职离开，去了湖南长沙。《时务报》先后失去梁、欧两支巨笔，当然可惜，但王国维失去欧榘甲这位老师，对他政治思想的成熟未能施加更多影响，也许更加可惜。

为什么梁启超、欧榘甲等人都先后到湖南时务学堂呢？这和湖南的新政有直接关系。原来当时中国18个行省中，真正轰轰烈烈大张旗鼓推行维新的政治、经济措施的，只有湖南。湖南巡抚陈宝箴（1831—1900），江西义宁（今修水）人，字右铭，别号峭庐。举人出身，曾追随曾国藩办团练，历官河北道，浙江按察使、布政使，长期在湖南任官，历辰、沅、永、靖道，升任湖南巡抚，掌一省行政大权。陈宝箴早就认识到在中国修铁路、设电报局、开矿、设厂的重要，他当上湖南巡抚后，实行新政，主要措施有清吏治、辟利源、变士习、开民智、敕军权、公官权，很有点近代资本主义的气息。1896年，陈宝箴支持宝善成机器制造公司设立学堂，并亲自命名为时务学堂，每年从省矿务余利中拨银3000两作为学堂常年经费，并以巡抚名义向全省招生。所颁布的《招考示》中说：

> 凡诸生入学三四年后，中学既明，西学亦熟，即由本院考选数十名，支发川资，或资送京师大学堂学习专业，获取文凭。或资送外国分别攻读水师、武备、化学、农学、矿学、商学、制造等学科。俟确有专长，即分别擢用。

这种招生办法在全国还是第一次，激发广大士人投身新政。与陈宝箴同声同气的，是主管湖南教育、考试的湖南学政江标。

江标（1860—1899），江苏元和①人，字建霞，进士出身，曾在同文馆学习，比较了解西方世界，留心中外大势，思想激进，是维新思想的有力推行者。江标创办的《湘学报》，是湖南第一张宣传维新思想的报纸，影响很大，甚至湖广总督张之洞也下令湖北各道府州县必须订阅，发给诸生阅读。

陈宝箴和江标，一个以行政首长身份，一个以学政首长身份，联袂大力支持改革，一时湖南风生水起，成为维新运动最有力量的基地。1897年11月，时务学堂正式成立，陈宝箴任命熊希龄为时务学堂提调（校长），主持学堂行政事务。熊希龄也是有维新思想的湖南学者、官员，民国后曾任北洋政府总理。时务学堂决定聘请当时以宣传维新而著称的梁启超为中文总教习，李维格为西文总教习。据说，最初想延聘康有为为中文总教习，但是陈宝箴经儿子陈三立的提醒，先避开顽固派的指责，改聘与康有为齐名的梁启超。

梁启超不负众望，一到学堂，即拟定《湖南时务学堂学约十章》，明确学生学习以致用为目的，并把目光放在维新人才的培养上。梁启超还引进一批康有为门下弟子，如韩文举、叶觉迈、欧榘甲等，充任中文分教习，此外还有日后

---

① 1995年前属吴县（旧）管辖。

为推翻清政权而牺牲的志士唐才常等，也任中文分教习。各地维新人士知道湖南有一展身手的机会，也纷纷前来。湖南遂成为维新人士的大本营。

在这个基础上，1897年冬，湖南成立了南学会。这个学会虽然不是行政机构，却是在湖南巡抚陈宝箴倡议和支持下成立的，以行民权、立议会、促地方自治为宗旨，也是陈宝箴的智囊团。

湖南的新政，和真正的资产阶级政治经济主张还有很大距离，所以洋务派领袖人物张之洞、李鸿章等人也乐观其成。湖南的维新活动如火如荼，作为舆论中心的上海反而比较沉寂。梁启超、欧榘甲等人先后离开《时务报》之后，《时务报》的思想变得稍为有点低沉，梁启超式笔端常带感情的火热文章很难再在《时务报》出现了。也许，这正合乎王国维当时的思想与性格。一个乡镇出来的穷秀才，没有参与过政治斗争，没有参与过维新宣传，到上海为的是寻求出路、谋生养家，总希望生活工作都平稳一些。

王国维在《时务报》的工作主要是“删东文（日文）、校报、尚需写信”，后来增加“代作文及复校书”，工作量不小。这倒罢了，更使王国维苦恼的是，工资太低，根本不够养家糊口。1898年4月13日，《时务报》账房送来正月、二月的工资，王国维一看，不禁又惊又气，马上向许家惺写了一封信诉说：

> 今日账房戴恺翁致送正二月薪水，除阁下还仲阁先生六元，及阁下年底赏项一元，弟支过六元外，仅洋十一元。弟不胜惊异，诘以何故？伊云，阁下确系每月二十元，弟则每月十二元。弟当时唯唯。惟念阁下与弟所办之事因属不殊，况弟系为阁下代庖，原与一人无异，何以前后多寡悬殊若此？即使弟办事或有不妥，亦应函告足下，申明当酌减之处，弟亦可以自定去留，未有追减前月薪水者！现在弟学东文，势难间断，已成骑虎之势，馆中可谓计之得矣！

王国维不知，代替许家惺的职务，并非连薪水也一样，而是报馆聘用，并非朋友间私下交接。王国维初次工作，显然不懂世道，未免气愤沮丧。所以，在三四月以后，王国维一面在《时务报》工作，一面托人找工作，解决收入问题。王国维之所以不愿辞职返乡，主要是留恋在东文学社读日文的机会。

实际上，正是东文学社，使王国维结识了对他的生活、事业有绝大影响的罗振玉。王国维借助罗振玉创造的条件，加上自己的不断努力，最终成了一位文化名人。

罗振玉（1866—1940），浙江上虞人，字叔言、叔蕴，号雪堂，乡试落第后，当塾师。1896年，在上海创办农学社，次年创办《农学报》，介绍日本及西方近代农业、教育思想，倾向维新。1898年创办东文学社于上海，培养日文翻译人才。后来任湖北农务局总理兼农务学堂监督，创办上海《教育杂志》，1900年入京后任学部二等咨议官、京师大学堂农科监督等，精心收罗甲骨文骨片及清廷内阁大库档案。辛亥革命后旅居日本，从事著述，在文字学、史学、考古学上多有建树。罗振玉是顽固的帝制派，辛亥革命后多方奔走，支持溥仪复辟。“九一八”事变后，积极参与制造“满洲国”活动，曾任伪满监察院院长。1937年退休后仍居旅顺，直至病死。罗振玉不仅是王国维一生事业的带路人，而且是学术上的同志，两人在史学、考古学、文字学方面的成就，学界称为“罗王之学”，影响深远。

1898年3月，罗振玉在上海开办东文学社，培养自己的翻译队伍，充实已经办得有声有色的《农学报》的力量。东文学社设在新马路的梅福里，离《时务报》报馆不远。根据罗振玉拟定的学社章程，招收15岁至30岁精通中文的学生，学制三年，成绩优异者可以提前毕业。教师有日本人藤田剑峰（字丰八）、田冈岭云（字佐代治）等，主要教日文，兼教英文。

东文学社开学时，学生只有6人，可谓小班教学，收效明显。同学有绍兴的樊炳清、桐乡的沈纮等。王国维究竟是如何打听到东文学社开办招生，又如何去报名上学的，现在已经不很清楚了。总之，他决心在工资微薄的书记工作之余，学一门外语，充实自己。《时务报》工作繁杂，王国维又如何读书呢？原来，王国维与汪康年商量，每日上午到报馆上班，午后三小时到东文学社读日文，晚间仍然为报馆办事。王国维所得薪水甚少，又不影响《时务报》的事务，汪氏兄弟也乐得做顺水人情，允许王国维去学日文了。

王国维学日语是困难的，特别是口语，一生没有学好。他生性内向，不善言辞，始终讲一口海宁土话，改变不了。所以，他学日文，以后学英文，依靠的是死功夫，背单词，背语法，日夜苦读，最后在阅读和笔译方面过了关。至于听力和口语，很难过关。果然，这年5月末，东文学社对6个学生进行甄别考试，结果满口海宁土话的王国维及樊炳清、沈纮3人不合格。本来按学社章程规定，甄别考不合格者，须令退学。但是，一个班6个学生，有3个不及格，竟占一半，令其退学，这个班还办得下去吗？何况这些学生日文程度虽然差一些，但都刻苦认真，还是可以造就的。于是，教师藤田丰八和罗振玉商量，决定让这3个不及格的学生继续学习，王国维的学习生活才得以没有终止。

罗振玉把王国维留下继续学日文，还出于一件巧事。有一天，罗振玉到东文学社视察学生的情况，忽然在一位同学手中的折扇上发现一首诗，诗云：

西域纵横尽百城，
张陈远略逊甘英。
千秋壮观君知否？
黑海东头望大秦。

诗中吟咏的是甘英西行的宏远大略。原来东汉安帝刘祜时，敦煌太守张珰上书，建议击退匈奴，保卫西域领土。尚书陈忠也上疏，建议设置敦煌校尉，驻兵镇抚西域各国，汉安帝接受了张、陈的意见，派班勇为西域长史，西屯柳中，于是西域与中原的交通重新开通。原来，早在汉和帝时，班超出使西域，曾派部属甘英向西出使大秦（古罗马帝国），一直行至今伊拉克、伊朗一带，在黑海沿岸，东望故国，离开玉门关已有四万余里了。汉代开边的宏图远略，常是后代读书人景仰的事。这首绝句以张珰、陈忠、甘英的故事，申述一种远大的抱负。原来这是王国维当年写的《咏史》二十首之一。

罗振玉把玩良久，心情很不平静。他是诗人，当时又正从事救亡图存的事业，心中当然有共鸣。他连忙询问这是谁的大作。站起来承认的，便是沉稳镇静、不善言辞的王国维。于是，罗振玉专门召见王国维，深入了解他的学识和家庭情况，知道这个22岁的青年，文史知识厚实，胸怀大志，学习努力，但家贫境困，生活有很大困难。罗振玉不愧有伯乐的眼光，亦有办事魄力，马上决定免除王国维的各种学习费用，后来还安排王国维参加东文学社事务的管理，给予薪水，使他无后顾之忧，得以专心学习。

罗振玉的赏识和帮助起了决定性作用，王国维终于可以集中精神学日文了。恰巧，《时务报》景况日益不好，报馆事务渐渐减少，也使王国维有了更多的时间学日文。实际上，经过艰苦的学习，到这年夏天，东文学社的学生已经能翻译日文了。这批学生精通中文，当时日文汉字多，理解起来较易，又有日本老师的认真教导，日文进步很快。王国维也不例外，日文有了长足进步，可以从事笔译了。

正当王国维用心学日文、安心在《时务报》工作的时候，中国政局出现了一件大事：维新变法经由光绪皇帝颁诏而正式进行了。1898年6月11日，光绪下“明定国是”诏书，宣布变法，“开特科，裁冗兵，改武科制度，立大小学堂”，还任命康有为做总理各国事务衙门章京，可以专折奏事。同时，光绪下谕旨，命各省督抚推荐新政人才。湖南陈宝箴先后荐举了17名维新人才，其中谭嗣同、杨锐、刘光第被光绪任用为章京，他们也是变法失败后被杀害的“六君子”中人。变法有点轰轰烈烈的样子，主要是不断以皇帝的名义下诏书，颁布许多新政，仿佛依靠各项新政就能改变中国政局。其实，光绪的新政并没有走出京城，上面有慈禧太后为首的顽固派冷眼旁观、蓄势待发，下面各省督抚大多老奸巨猾，把这场政治游戏看透，故意虚应故事，拖延时日，静观其变。但是，稍有维新意识的士人，是欢迎变法的，王国维便是变法的拥护者。这段时间，他在给别人的信件中明确表示支持变法的态度：

> 连日读上谕，均有怵惕振厉之意。又常熟（翁同龢）罢相，实非意料，足为天下庆幸，但去翁而召王（王文韶），一间耳。

这是光绪“明定国是”诏书颁布后七日写的信，可见王国维很注意政局变化。接着，康有为取得光绪的同意，以上谕名义下令上海《时务报》改为官办，任命康有为做“督办”。《时务报》本是同人刊物，由创办人集资，算是私人报馆。

而这些“同人”，本是维新人士，所以由私营改官办，指导宗旨应不会有变化。康有为努力把《时务报》改为官办，恐怕是要树立一份有权威的代表政府的维新宣传刊物，从政治变化而言，是必要的，也是有长远眼光的。

正值变法维新高潮的1898年阴历四月，王国维写了一组五言古诗，一组三首，总题为《杂诗》，把个人身世与变法政局联系起来，良可玩味：

一

飘风自北来，吹我中庭树。鸟乌覆其巢，向晦归何处？西山扬颓光，须臾覆霾雾。倏倏长夜间，漫漫不知曙。旨蓄既以罄，桑土又云腐。欲从鸿鹄翔，铩羽不能遽。阴阳陶万汇，温溧固有数。亮无未雨谋，苍苍何喜怒。

二

美人如桃李，灼灼照我颜。贻我绝代宝，昆山青琅玕。一朝各千里，执手涕汍澜。我身局斗室，我魂驰关山。神光互离合，咫尺不得攀。惜哉此瑰宝，久弃巾箱间。日月如矢激，倏忽鬓毛斑。我诵《唐棣》诗，愧恧当奚言。

三

豫章生七年，荏染不成株。其上矗楩楠，郁郁干云衢。匠石忽惊视，谓与凡材殊。诘朝事斤斧，浃辰涂丹朱。明堂高且严，詄荡天人居。虹梁抗日月，菡萏纷披敷。顾此豫章苗，谓为中樽栌。付彼拙工辈，刻削失其初。柯干未云坚，不如栎与樗。中道失所养，幽怨当何如？

第一首写壮志欲伸的情绪；第二首写家庭、兄弟之情，似有所喻；第三首以樟树喻人喻事不能一蹴而就。诗从情出，意象鲜明。在变法维新高潮时，王国维写下这组诗，隐约透出对维新变法的担忧，来得太快了，根基不稳啊！

正在这个时候，王国维病倒了。1898年7月中旬，王国维从上海回海宁治病。病在足部，无法行走。他在7月25日（阴历六月初七）写给《时务报》管事汪诒年的信中说：

昨得初二日手书，敬悉一切。贱恙仍不见松，寸步不能行走，医者或云风湿，或云虚弱，几乎无所适从。拟俟天稍雨，河水可通，或至省城大英医院医治，大约不能骤愈，甚恨！

8月1日（阴历六月十四）给汪康年兄弟信中，再次说治病经过：

据云系鹤膝风，因三阴之气不足，风邪乘之，乃虚劳之极。原据云连针灸七次（五日一针），当可能行。现两腿渐瘦，所云鹤膝风似为不谬，颇为焦虑。

一年来过分用功，瘦弱的身体终于顶不住了。祸不单行，8月8日，长女因病夭折了，年龄不到三个月。这是王国维与莫氏的第一个孩子，舐犊情深，王国维夫妇伤心可知。病足兼丧女之痛，让王国维无法工作，只好在海宁家中将养。

王国维在海宁养病期间，北京政局风云突变，以慈禧太后为首的顽固派终于向维新变法挥动屠刀了。1898年9月，慈禧在变法103天之后，发动政变，幽禁光绪，维新派的靠山一下子倒了。9月27日，一天之内颁发9项废止新政的谕旨：

复置变法中被裁汰的衙门及官员；
禁止士民上书；
废官报局；
停止各省、州、县设立中、小学校；
恢复八股取士；
废止经济特科；
废置农工商总局；
命各省督抚查禁全国报馆，严拿报馆主笔；

禁立会社，拿办社员。

参与维新变法活动的人士，纷纷被革职、圈禁、停差、逮捕，如湖南巡抚陈宝箴父子，就被革职永不叙用。最使天下震动的是，在北京菜市口，公开杀戮了康广仁、杨深秀、杨锐、林旭、刘光第、谭嗣同等6人（戊戌六君子），康有为、梁启超被迫潜逃，亡命海外，一时黑云压城，志士痛心。

养病在海宁的王国维只是《时务报》一个小角色，虽然思想倾向维新，但政治杀戮不会牵连到他。身在局外，心却不平静。在写给老朋友许家惺的信中，他袒露了自己的心情：

弟足力尚弱，约能行半里许，且上下楼梯颇嫌不便，望（阴历八月十五日）边恐未能至沪。穰卿闻亦株连。闻沪上共拿八人，穰与江建霞、汪甘卿均在内。此次变故，实与日本幕府杀藩士相似，但中国士气薾敝，不敢望尊攘也。

今日出，闻吾邑士人论时事者蔽罪亡人不遗余力，实堪气杀。危亡在旦夕，尚不知病，并仇视医者，欲不死得乎！①

这便是王国维对戊戌变法的正面态度。

在海宁养病期间，王国维还得关心自己的工作问题。上海《时务报》已经停办了，何去何从，要多方联系。他与汪康年、汪诒年兄弟联系，希望介绍担任翻译，每日可笔译千余字，又希望在其他书报馆招揽点译事，以获取稿费，维持家用。最关心王国维前途的朋友，算是罗振玉了。他同情这个才华出众但贫困无依的青年，决定帮助他继续学习，请他担任东文学社的庶务，付给月薪30元，又免去他在东文学社的各种费用，诸如学费、住宿费之类，王国维终于解决了生活问题，可以继续学习了。

1898年11月29日，王国维乘小火轮离开海宁，再次到上海。这次主要是

① 刘寅生、袁英光编：《王国维全集·书信》，中华书局1984年版，第17—18页。

作为东文学社学生兼庶务去上海的。

东文学社原来是用罗振玉办《农学报》的盈余来办的，戊戌变法被镇压下去，《农学报》停办，东文学社经济来源困难了。幸好罗振玉是个有远见、有魄力的主办人，毅然以自己的私款，甚至借债，维持学社的运转。东文学社的师生也很努力，一面读书，一面翻译些社会需要又有销路的书，如历史、地理、理化、农学等各种日本及西方著作，由学社印刷出售，销行很畅，终于解决了学社的经济困难。在边学、边译、边做庶务的两年多时间里，王国维不但学好了日文，还打下了良好的英文基础，甚至大大提高了工作能力。东文学社是直接关系《农学报》的，所以学社除日文、英文外，还有物理、化学、数学等自然科学的课程，这使王国维得以全面地接触近代西方自然科学的发展，不再仅仅知道文史伦理了，王国维后来回顾这段岁月时说：

是时社中教师，为日本文学士藤田丰八、田冈佐代治二君。二君故治哲学，余一见田冈君文集中，有引汗德（今译康德）、叔本华之哲学者，心甚喜之。顾文字睽隔，自以为终身无读二氏之书之日矣！次年社中兼授数学、物理、化学、英文等，其时担任数学者即藤田君。君以文学者而授数学，亦未尝不自笑也。顾君勤于教授，其时所用藤泽博士之算术代数两教科书，问题殆以万计，同学三四人者，无一问题不解，君亦无一不校阅也。

不过，学了一年半英文，只读完第三册。在以后日子里，虽然自学英文第四、第五册，仍有“不解者”，却没有机会专心学习英文了。

王国维是个表面冷静而心中热情的人，对家庭、妻子、儿女都有深深的眷恋。从1898年冬天他离开家乡，到上海东文学社当学生兼庶务，直到1900年8月在文学社提前结业，他多次回海宁探亲，享受家庭欢愉。1899年初夏，王国维从上海回海宁，心情愉悦，写了一首《嘉兴道中》：

舟入嘉兴郭，清光拂客衣。
朝阳承月上，远树与星稀。

岁富多新筑，潮平露旧矶。

如闻迎大府，河上有旌旗。

很快就能见到妻子莫氏了，心情当然开朗，江南初夏的田畴村落也抹上了一层亮色。

王国维与莫氏虽然是包办婚姻，但两人感情很好。结婚以后，离多聚少，王国维常年在上海读书、工作，对妻子很是思念。1899年深秋，在上海孤身生活的王国维，怀着相思之情，写下四首怀念妻子的诗，总名为《红豆词》：

一

南国深秋可奈何，手持红豆几摩挲。

累累本是无情物，谁把闲愁付与他。

二

门外青骢郭外舟，人生无奈是离愁。

不辞苦向东风祝，到处人间作石尤。

三

别浦盈盈水又波，凭栏渺渺思如何？

纵教踏破江南种，只恐春来茁更多。

四

匀圆万颗争相似，暗数千回不厌痴。

留取他年银烛下，拈来细与话相思。

缱绻深情，足见夫妻相爱之深。这已经透露出数年后写《人间词话》的境界了。这年的11月，莫氏为王国维生下一个儿子，即王潜明，字伯深。长房长子的出生，给王家带来欢乐，王国维当然也很高兴。

四海一身原偶寄

戊戌变法失败，东文学社解散，王国维也面临出路问题。

按照王乃誉的打算，王国维仍然应该在科举上一搏，再一次应乡试。原来，慈禧夺权以后，废止所有变法的新政，重开科举。王乃誉日记1900年5月17日记载：

> 余令静或仍入乡闱，此冀此失彼得，但伊不为然，未免胶执，此时虽未甚有为，然入场乃系正办，能有获则进途广，即仍理出洋事亦似较易。若执迷蹉跎，是自误终身，少年此日一刻不容错过，但一老大，欲求功名之望若登仙，晚矣！

父亲和儿子对前途的规划是不同的。王乃誉主张儿子应该去参加乡试，能中个举人，就走上做官的正途。这是当时许多读书人的想法。王国维接受西方教育，懂日文、英文，眼界比父亲开阔远大，想出国留学。父亲的意志不可拗，王国维只好先到省城看看究竟今年乡试是否举行。6月，王国维到杭州，准备考完乡试以后，直接到上海去。

不过，随着中外形势的发展，这年的乡试显然不能举行了。这时，究竟发生了什么政治大事呢？这就是震惊中外的义和团起事和八国联军侵入天津、北京。

甲午战争以后，山东民间出现了义和团，最初叫大刀会，是一种迷信的民间会社团体，利用百姓对洋人的积愤，团结大批会众。义和团有许多神秘的仪式和宣传，很能蛊惑人心，有强烈的煽动作用。山东巡抚李秉衡及毓贤先后鼓励义和团，使义和团张扬扶清灭洋的口号，势力不断扩大。1899年，袁世凯任山东巡抚，根本不相信义和团装神弄鬼那一套，把这些会众当乱民，派兵痛剿。义和团在山东站不住，逃到直隶。直隶当局不但热烈欢迎，还向慈禧太后宣扬义和团如何忠于大清，忠于太后，如何勇敢神威，刀枪不入，足可以抗衡洋人。

得到慈禧太后默许之后，义和团堂皇进京，甚至许多王公大臣家中也设了义和团的神案，贵族高官也不惜纡尊降贵，和义和团员结交饮宴。蒋廷黻《中国近代史》是这样评价义和团事件的：

西太后及想实行废立的亲贵，顽固的士大夫及顽固的爱国志士都与义和团打成一片，精诚团结去灭洋，以为灭了洋人他们各派的公私目的都能达到。庚子年拳匪之乱是我国顽固势力的总动员。

经过四次御前会议之后，清政府居然在1900年6月21日对外宣战了。即使清政府没有宣战，战争也会打起来的，因为英、美、法、德、俄、日、意、奥八国痛恨义和团的灭洋行为，更痛恨清政府支持义和团的政策。实际上，从6月起，包围、进攻西方各国在东交民巷的公使馆的，主要是清军，那些手持“法宝”的义和团，只是在军队后面鼓噪叫嚣而已。东交民巷攻不破，八国联军却从大沽攻占天津，最后攻入北京。慈禧太后、光绪皇帝等仓皇逃跑，狼狈地流落到西安。八国联军在北京大烧大抢，皇宫和颐和园的珍宝被洗劫一空。最后是威迫清政府签订屈辱的《辛丑条约》，除了惩办祸首及道歉外，还有赔款四万万五千万两白银，承认各国从北京到山海关沿线可以驻兵，使馆也可以驻兵，中国首都之内，有了西方国家独立的地盘、独立的军队，清政府已经没有什么力量对抗西方，更没有什么自立的尊严了。

这一场战争，当然以中国的失败与屈辱作为结束，也终止了王国维走科举道路的最后尝试。显然，乡试不必去参加了，王国维足病已经痊愈，就去了上海。

罗振玉慧眼识才，十分器重王国维。八国联军攻陷北京后，形势紧张，东文学社提前结业，只办一期的东文学社也结束了历史。王国维到上海，住在罗振玉家中。罗振玉手中还有《农学报》，销路不错，正需要人翻译外国的有关著述。于是，王国维翻译日本人池田升三的《农事会要》，后来该文刊登在《农学报》第118、第119和第122期中。

王国维在上海期间，更重要的是和罗振玉商量今后的去向，又和已回到东京的藤田丰八商量到日本留学的事。显然，在东文学社当过几年老师的藤田，是希望王国维这位高才生到东京留学的。不过，王国维家道中落，已经不再是中产之家，自己收入不多，是无法负担留学费用的。

这年秋天，湖北都督张之洞邀请罗振玉到湖北去，任湖北农务局总理兼学堂监督。罗振玉办《农学报》多年，影响很大；办东文学社，造就人才，也甚有口碑。张之洞善识人才，毅然将素未谋面的罗振玉请去担当一方面专业工作的大任，罗振玉当然也愿一展身手。罗振玉离开上海赴武昌时，王国维仍然住在罗家，双方大概商定了一些事情。罗振玉走后，上海《农学报》一摊事就由王国维等几个东文学社的毕业生负责，他们译书编报，主持《农学报》的日常工作。第二年春天，罗振玉又邀请王国维、樊炳清到湖北农务学堂，担任翻译农书工作。

王国维有工作，有收入，不能不说是罗振玉帮助的结果，所以，王国维对罗振玉怀有感激之情。在1899年，王国维写过两首《题友人三十小像》，最初有人考证，“友人”是王国维的同学陈守谦，后来据罗振玉弟弟罗振常确认，这两首诗的“友人”是罗振玉。罗振玉到上海办农学社时，实际年龄正好30岁。就诗中说及两人交谊而言，“友人”似指罗振玉较为恰当。诗云：

劝君惜取镜中姿，三十光阴隙里驰。
四海一身原偶寄，千金三致岂前期。
论才君自轻侪辈，学道余犹半黠痴。
差喜平生同一癖，宵深爱诵剑南诗。

几看昆池累劫灰，俄惊沧海又楼台。
早知世界由心造，无奈悲欢触绪来。
翁埠潮回千顷月，超山雪尽万株梅。
卜邻莫忘他年约，同醉中山酒一杯。

正因为王国维对罗振玉怀有感激之情，所以他很愿意和罗振玉一起工作。

1901年，罗振玉仍在湖北当农务学堂监督，王国维、樊炳清也在该学堂讲课、译书。学堂功课较少，比较空闲，罗振玉是个事业心很强的人，觉得不能空耗时日，便起了创办教育类杂志的念头。经过他的筹办，当年夏初，由罗振玉、王国维主编的《教育世界》始刊行于上海。

《教育世界》的创刊，无疑推动了王国维的翻译工作。这一年，他先译由日本中村五六编纂、顿野广太郎修补的《日本地理志》（后由商务印书馆出版），后又译日本文学士立花铣三郎撰写的《教育学》（发表在《教育世界》第9—11号中）。后来，王国维又应罗振玉的邀请，编撰中小学堂教科书。在这期间，上海南洋公学曾请王国维去当教师，王国维婉言谢绝了，因为他还是希望能到日本去留学。

20世纪头几年，中国历史发生了重大变化，政治形势的激变更加强烈地冲击着中国人。1900年，八国联军攻陷北京，导致下一年清政府与各国签订屈辱的《辛丑条约》。政府的腐败，促使人民觉醒。1900年10月，革命党领导人孙中山命令郑士良于惠州起义，虽然很快被镇压下去，但武装推翻清政权的活动已经开始。之后，革命团体纷纷成立，黄兴、宋教仁等成立华兴会，蔡元培等成立光复会，到孙中山团结革命党人在东京成立中国同盟会，实现了推翻清政权的革命大联合，统一进行革命活动。清政府为了收拢人心，也逐步推行一些改良政策，从1901年下诏改科举、废八股，到1905年正式宣布废除科举，结束了科举取士制度，代之以兴办学堂。得风气之先的士人，也逐渐看清了形势，开始为自己寻找新的出路。王国维正是在这时代激变的大背景下去日本留学的。

王国维去日本，得到罗振玉的资助。1902年1月，张之洞派罗振玉赴日本考察学校教育，并选购教科书，以便回国译用。罗振玉在东京和原在东文学社任教师的藤田丰八相聚。王国维的留学安排大概是这时候定下的：由罗振玉负责留学费用，到东京后入学的事由藤田负责。

1902年2月，王国维终于乘日本的三菱博爱丸轮船，东渡日本了。藤田丰八是个重情谊的老师，特地赶到上海，陪王国维一起东渡。到东京后，藤田建议王国维进东京物理学校专修理科。这个学校有夜校，王国维白天随藤田学英文，晚上就到学校学数学。

现在也弄不清楚，为什么藤田丰八建议王国维学物理，王国维会欣然同意。但王国维追随罗振玉服务于农学会，办《农学报》《教育世界》，看到19世纪以来的士人首先看中西方文明的是自然科学、声光化电，搞所谓实业救国；罗振玉前半生，也并未热衷政治，只想办刊物、办教育，并以此出名，王国维是罗振玉最赏识的青年助手，当然想在自然科学知识上有长足进步。

东京的学习比较枯寂，使王国维不安的不是学习环境，而是政治环境。原来19世纪末以来，东京乃至日本已经成为中国各种政治倾向、政治团体集中的地方，其中最活跃的便是中国留学生。梁启超在戊戌变法失败后流亡日本，办《清议报》，鼓吹君主立宪，“斥后保皇”。他的保皇态度又和他的老师康有为不一致，言论不统一。1902年2月，立宪保皇派喉舌《新民丛报》创刊于日本横滨，主笔就是梁启超。梁氏名声大，文笔好，一时影响不小。革命派领袖孙中山也在东京宣传推翻清政府的理论，有大批追随者，还有刊物《二十世纪之支那》鼓动推翻清政权。另外还有各种各样的学说主张，争论得相当热闹。

罗振玉刚去过东京，自然看到听到不少。他很有政治头脑，身份又是湖广总督派往东京的人员，当然不会赞同革命，也不会支持被清政府通缉的梁启超。所以，在王国维到东京不久，罗振玉便去信提醒王国维。王国维呢，终生认同清王朝，留学东京时更是坚持清王朝臣民立场，他复信给罗振玉说：

> 诸生骛于血气，结党奔走，如燎方物，不可遏止。料其将来，贤者以殒其身，不肖者以便其私。万一果发难，国是不可问矣！①

年仅26岁的青年王国维，政治思想已同遗老一样，对革命舆论既害怕，又反对。

物理学校是不好上的，特别对于没有多少自然科学基础的王国维，简直是

① 罗振玉编：《王忠悫公遗书》一集《出版弁言》，转引自陈鸿祥：《王国维传》，团结出版社1998年版，第55页。

苦事。数学课讲几何，听不懂，学不会。不久，脚气病发作，不利于行，王国维受不住东京的苦生涯了，向罗振玉倾诉。罗振玉建议王国维回国养病。于是，东京物理学校只读了一个学期的王国维，拖着一双病足，回到上海，仍然住在罗振玉家里。从此，王国维便结束了学校学习的日子，走上了在工作中学习的道路。王国维在《三十自序》中回顾这段生活时说：

> 留东京四五月而病作，遂以是夏归国。自是以后，遂为独学之时代。体素羸弱，性复忧郁，人生之问题，日往复于胸臆，自是始决计从事于哲学之研究。

1902年下半年，罗振玉担任南洋公学东文学堂监督，聘王国维为南洋公学东文学堂的执事，兼为罗振玉编译《农学报》及《教育世界》，空余时间就继续学英文，老师仍然是藤田丰八。此时藤田也应罗振玉之聘，到南洋公学工作了。除了教学、编杂志、翻译、学英文，王国维的“独学”侧重哲学。26岁的王国维开始严肃地探究宇宙、社会、人生诸问题了。

欲求大道况多歧

除了编《教育世界》之外，王国维还有大量余暇，1902年上半年，他翻译了许多日本人的著述，主要关于教育学和哲学方面。教育学的有藤泽利喜太郎著的《算术条目及教授法》、文学士牧濑五一郎著的《教育学教科书》等，哲学的有文学博士桑木严翼著的《哲学概论》，文学博士元良勇次郎著的《心理学》《伦理学》等，以及《哲学小辞典》，大多刊于《教育世界》，或由《教育世界》单行本出版。这些翻译活动，显示王国维这段时期“独学”的兴趣是在教育学和哲学方面，兼涉伦理学、心理学。

1902年10月，王国维收到两处聘请，一处是当北京京师大学堂的日文教习，一处是通州师范学校的国文、伦理课的教员。本来，王国维不想出任教职，希望专心学习心理学、物理学、哲学，迟一两年再出山。但经和罗振玉商量之后，决定出外任教，答应张謇的邀请，到南通通州师范学校当教员。原先张謇想与王国维签三年之约，罗王二人商量，先教一年再说。于是，王国维与通州师范学校订了任教一年的聘约。

通州师范学校是张謇独力主办的师范学校，也是中国第一所民办的师范学校。张謇（1853—1926），江苏南通人，字季直，号啬庵。光绪二十年（1894）状元，授翰林院编修。甲午战争后，辞官返南通，兴实业、办教育，对中国近代轻工业的兴起和教育事业的振兴有巨大贡献。通州师范学校就是张謇精心策划、筹建的。校园三面环水，景色优美，距当地名胜千佛洞也很近，足以使师生优游而学。

1903年3月，王国维从上海到南通报到，正式担任通州师范学校国文和伦理学教员。4月1日，学校开学，师生们列队就位，先向孔子行三跪九叩礼，再是学生向老师行三长揖礼，然后同学分列东西，相向一揖。张謇在开学典礼上的讲话，无非强调师范教育的重要，师范学校就是培养小学师资的，关乎雪国耻、普及国民教育的大事。简单严肃的开学典礼之后，教学便井然有序地开始了。

师范学校的学生，并不都是有志于教育的青少年。按张謇写的学校组织章程《通州师范学校议》，这个培养小学教师的学校，招生对象是“贡监廪增附五项生员”，这五种生员其实都是秀才，只是资历不同而已。年龄规定为18岁至30岁。课程设置分本科和随意科（选修科），本科教学为小学设立的课程，是必须学习的，将来当小学教师要用。随意科有政治经济学、农艺化学、英文三门课程。学校的生活秩序仿照日本，设立宿舍、食堂、盥洗室等，还要学生轮流值日，打扫卫生。这些都是旧式学塾所没有的。

王国维在通州师范学校教书，既满足又不满足。学校待遇优厚，环境优美，可堪安慰，但教学并不痛快，自己研究学问也未有成就，很是苦恼。这年初夏，他写了一首五言古诗《游通州湖心亭》，表达心中的矛盾：

扁舟出西郭，言访湖中寺。
野鸟困樊笼，奋然思展翅。

入门缘亭坳，尘劳始一憩。
方悉亭午热，清风飒然至。
新荷三两翻，葭菼去无际。
湖光槛底明，山色樽前坠。
人生苦局促，俯仰多悲悸。
山川非吾故，纷然独相媚。
嗟尔不能言，安得同把臂。

王国维教学生涯不太顺利，和他太年轻，又满口海宁话有关。据当时一个老学生的回忆说：

著名的近代学家、考证学家王国维，他曾是通州师范初期的教师，在校时间不过半年（1903年2月至7月），教伦理学和国文。那时他才二十六岁，年龄比一般学生还小，再加上所写的讲义多从日文翻译过来，不能像一般古文那样顺眼，因而他在举贡生监出身的学生们眼中，也没有得到尊重。①

实际上这一年王国维虚龄27岁了，但学生有些比他还大，又是专学古文、时文出身的秀才，对这个小老师当然不够尊重。不过，既签一年的合约，王国维当然遵守，所以一直教学到这年放寒假为止，并非只到7月。

虽然教书不甚惬意，自学和翻译却有相当大的收获。

在这一阶段的自学中，除日文以外，王国维已经能阅读英文原著了，他大量阅读西方哲学著作。在《三十自序》中举出的就有“翻尔彭之《社会学》、及文之《名学》、海甫定《心理学》之半。而所购哲学之书亦至，于是暂辍心理学而读巴尔善之《哲学概论》，文特尔彭之《哲学史》……次年始读汗德之《纯理批评》……”值得一提的是，王国维虽然口语表达能力不强，终生讲的是海宁

① 陈平原、王枫编：《追忆王国维》，中国广播电视出版社1997年版，第20页。

话，在学习外语上却有过人之处。他通日文之后，学会英文，又从日文、英文延伸到学习德文，最后达到英文、德文都可笔译的水平。他读哲学著作，大多是日、英、德原文，无疑提高了他的外语水平。作为学英文的成果，1903—1904年，王国维翻译过西额惟克的《西洋伦理学史要》《叔本华之遗传学》（即叔本华的《意志和表象的世界》）等英文著作，思想也深受影响。

1903年末，通州师范学校放寒假，王国维也结束了一年的教师合约，离开南通，准备经上海返海宁。当年阴历十二月十二日（1904年1月28日），王国维乘美顺号轮船颠簸了一日，到天黑时才抵达浦东码头。本来约定长春客栈到码头接客，并将行李运到客栈。谁知王国维这位书生，生活能力比较差，到码头接收轮船送上来的行李时，发现箱子的锁头断落了，箱子内衣服都湿透，更惨的是，箱内一包100元的英洋竟然不见了，包括张謇写的对联等纸卷文字也不翼而飞。王国维在通州师范薪水的节余全数遗失，这样的重大损失，怎不叫人沮丧！没有办法，王国维只好丧气地回到海宁过年。

和家人相聚不久，过了春节，王国维再到上海，仍然住罗振玉家，继续主编《教育世界》。大抵是辛劳过度，心境不佳，他竟然患上瘰疬（淋巴发炎、溃腐），这使他更为苦恼，每天去诊治，均要花费一块银圆，真是身心疲苦。好在治疗及时，两三个月后就痊愈了，而且没有对编译工作产生严重影响。

从1904年3月开始，王国维担任《教育世界》的主编。有了时间，更因为有了多年的历练，思想和眼光与以前不同，王国维开始改革《教育世界》。1904年《教育世界》第68期上，王国维发表了《本报改章广告》，提出本刊的宗旨："一、引诸家精理微言，以供研究；二、载各国良法宏规，以资则效；三、录名人嘉言懿行，以示激动。"《教育世界》内容栏目也有很大变化，以前只有"文篇""译篇"两部分，以译为主，从第69期开始就丰富了，内容栏目有论说、学理、教授、训练、学制、传记、小说、中外学事等，并由旬刊改为半月刊。《教育世界》的改版，得到罗振玉、罗振常兄弟，张元济以及王国维的一些老同学、老朋友的支持，大家纷纷撰文送稿，使《教育世界》变得更有生气和影响，而且不仅仅就教育而论教育，还扩大到人文学科各方面的翻译、研究、讨论、宣传等。

20世纪头十年，是中国传统科举制度向近代学校制度转变的重要十年，也是中国普通教育大发展的十年。以下几件事，尤为教育界人士重视。

1901年3月，传教士所办的东吴大学在苏州开学，这是最早的教会大学之一。

1901年8月，清政府下诏改科举，废八股，改试中西政治艺学，并废武科。

1901年10月，遵照清政府《兴学诏》“着各省所有书院，于省城均改设大学堂”的规定，浙江求是书院改称求是大学堂。

1902年4月，蔡元培、黄炎培等人发起在上海成立中国教育会。12月，中国第一所公办大学京师大学堂开学。

1903年1月，孙诒让、林文潜等在温州组织师范教育研究会，专门探讨各地纷纷拟办的师范及其教育特点问题。

1905年9月，清政府正式宣布废科举、推广学堂。各省也借机办学堂，并选派青年士人出洋留学。11月，浙江选派100名学生留学日本，专习师范，拟三年毕业。这便是浙江教育史上有名的“百名师范”事件。

1906年6月，北京贵胄学堂开学，满族王公大臣也感到八旗子弟不学新学，有被淘汰的危险了。7月，清政府的学部设置编译图书局，以翻译日本、西方的教育类书籍为大宗。10月，浙江决定设立浙江两级师范学堂。这一年，各省都设置专门管理学校的衙门——提学使司，隶属学部。

1907年，各地纷纷成立以推广教育增民智为宗旨的教育会，浙江教育会于10月成立，孙诒让被推为首任会长。教育会是民间社团，常常成为推动新式教育的渊薮。

1908年4月，浙江两级师范开学。

1909年，各地奏称建立图书馆，浙江图书馆于当年3月决定建馆。9月，外务部奏建游美肄业馆于北京清华园，是为清华大学前身。

全国上下出现了一股谈教育、办教育的热潮，特别是开明的人士，更感时代变化的迅速，不办教育培养下一代，中国就更危险了。在那个时代，人们把教育当作救亡图存的措施之一而大力推广。王国维和罗振玉一起主编着当时中国第一份教育杂志《教育世界》，到1904年王国维主持编务后，又把《教育世界》内容大大扩展，涉及社会方方面面，在知识阶层中更有影响了。

1903年，王国维发表了第一篇教育学论文《论教育之宗旨》，刊在《教育世界》第56期上（1903年8月）。文章明确指出："教育之宗旨何在？在使人为完全之人物而已。"这种以人为本的教育宗旨，是对传统教育思想的一大反动，也是对当时清政府推行的读书做官的仕途教育的严正否定。怎样才能通过教育使人成为完全之人呢？王国维提出充满近代教育思想的"四育"：体育、智育、德育、美育，特别是后面的"三育"，是培养学子真、善、美之理想，使学子"知力""感情""意志"到达完全的境界，成为完全之人。显然，王国维已经把人的素质教育提到教育宗旨的高度，在当时具有巨大的开拓意义，在今天仍然有重要参考价值。

从此，王国维发表和译介了一系列教育学的文章，突出了他培育完全之人的教育思想。1904年有《孔子之美育主义》《叔本华之哲学及教育学说》《教育偶感二则》等，1905年有《论近年之学术界》《论新学语之输入》《论平凡之教育主义》等，1906年有《教育小言十二则》《奏定经学科大学文学科大学章程书后》《教育普及之根本办法》等，1907年有《论小学唱歌科之材料》《教育小言十三则》等。另外还翻译与教育学相关的专著和论文，编写高等小学教科书。王国维以极大的热情，投身近代教育理论工作中。

还值得提到的是，《论教育之宗旨》一文的姐妹篇《哲学辨惑》，刊在《教育世界》第55期上。如果说《论教育之宗旨》是正面立论的话，《哲学辨惑》则是驳论了。驳些什么？原来由张之洞、张百熙主持的学部，竟然认为哲学是有害无用的学科，应从大学教育中删去。大概这两个大官僚也敏感地意识到，哲学这门关系人的世界观人生观的学科，如果引入西方近代民主思想，必然直接影响清王朝统治的思想理论基础，以此培养学生，岂非自掘坟墓！王国维倒没有从学科引发革命思想那样的高度去认识，只是从培养完全之人的角度，强调教育必须有哲学一门，哲学是教育的基础学科。《哲学辨惑》从五个方面进行驳论：（一）哲学非有害之学；（二）哲学非无益之学；（三）中国现时研究哲学之必要；（四）哲学为中国固有之学；（五）研究西洋哲学之必要。

王国维详尽地批评了"哲学有害无益论"之后，还正面地提出了他的教育理想：

> 今夫人之心意，有知力，有意志，有感情。此三者之理想，曰真曰善曰美。哲学实综合此三者而论其原理者也。教育之宗旨，亦不外造就真善美之人物。故谓教育上之理想，即哲学上之理想，无不可也。试读西洋哲学史、教育史，哲学者而非教育者，有之矣；未有教育学者而不通哲学者也。不通哲学而言教育，与不通物理、化学而言工学，不通生理、解剖而言医学，何以异？

《哲学辨惑》和《论教育之宗旨》两篇论文先后刊出，比较完整地体现了王国维教育思想的根本，同时，也昭示着王国维对研究哲学的热衷。在20世纪初，王国维的教育理念显然走在时代的前沿，发表在有广大读者的《教育世界》杂志上，当然有不小的影响。

1903年发表《哲学辨惑》之后，王国维又深入探研哲学，并把哲学作为培养“完全之人”的必要。当年任通州师范学校教师期间，以及下一年主编《教育世界》期间，王国维一面苦读康德、叔本华、尼采的著作，一面不断撰文表达自己对这几位影响巨大的西方哲学家的理解。1903年撰有《汗德像赞》《叔本华像赞》等，1904年撰有《论性》《叔本华之哲学及教育学说》《叔本华遗传说后》《叔本华与尼采》《尼采之教育观》《汗德之哲学说》《汗德之事实及其著书》《汗德之知识论》等，比较广泛地评介了这三位哲学家的生平与理论。

王国维决计研究哲学，是从东京物理学校病退回乡后开始的，先读一般哲学概论和哲学史，对西方哲学发展历史有一个较清晰的了解，然后读汗德《纯理批评》（今译康德《纯粹理性批判》），开始时读不懂，改读叔本华的《意志及表象之世界》。他在《三十自序》中回顾读康德与叔本华的过程：

> 叔氏之书，思精而笔锐，是岁前后读二过，次及于其《充足理由之原则论》《自然中之意志论》及其文集等。尤以其《意志及表象之世界》中《汗德哲学之批评》一篇为通汗德哲学关键。

从27岁到30岁，王国维四次读康德的书，可以说先后四次探研康德。随着他英文程度的加深和德文的学习，康德三大批判著作即《纯粹理性批判》《实践理性批判》和《判断力批判》，都被王国维啃下来了。他说："体素羸弱，性复忧郁，人生之问题，日往复于吾前，自是始决计从事于哲学之研究。"王国维研究哲学，着重解决"人生之问题"。他对康德的称颂，可说达到极致。在《汗德像赞》中说康德：

赤日中天，烛彼穷阴。
丹凤在霄，百鸟皆喑。
谷可如陵，山可为薮。
万岁千岁，公名不朽。

事实上，王国维以后岁月的思想和判断，都依然带着康德主观论的强烈影响。1903年8月，通州师范学校放暑假，王国维回海宁度假，路过海宁硖石镇，住了一晚。夜静人孤，想及人生的问题，联系到自己读康德著作的感受，写了一首七言律诗《六月二十七日宿硖石》：

新秋一夜蚊如市，唤起劳人使自思。
试问何乡堪着我？欲求大道况多歧。
人生过处惟存悔，知识增时只益疑。
欲语此怀谁与共，鼾声四起斗离离。

读康德著作的超功利的审美快感，与主观创造的天才论，对王国维有很大启发，后来，他在《静安文集自序》中说：

哲学上之说，大都可爱者不可信，可信者不可爱。余知真理，而余又爱其谬误。伟大之形而上学，高严之伦理学，与纯粹之美学，此吾人所酷

> 嗜也。然求其可信者，则宁在知识论上之实证论，伦理学上之快乐论，与美学上之经验论。知其可信而不能爱，爱其可爱而不能信，此近二三年中最大之烦闷。

这位被王国维喻为“息彼众喙，示我大道。观外于空，观内于时。诸果粲然，厥因之随”（《汗德像赞》）的康德，的确为王国维理性地认识世界打开了一扇大门。

通过康德，王国维接触到叔本华。1903年夏至1904年冬，即在通州师范学校任教，到主编《教育世界》直到赴苏州师范学校教书为止，王国维以叔本华的书作为伴侣。叔本华的悲观论和唯意志论，最为王国维欣赏赞叹，他在通州师范学校编译的《西洋伦理学史要》中说：

> （叔本华）所以异于汗德者，则其物之本体之说也。彼谓意志者，乃一切生物、无生物之极内部之精髓。此意志之真性，则欲使自己化为客观之冲动力是也。

悲观论与王国维性格相契，唯意志论与王国维在学术上的大志有直接关系，王国维以更大的热情接受叔本华学说。著名的王国维研究专家佛雏先生正确地指出：

> 至于叔本华哲学（包括美学）何以受到先生如此青睐，窃尝以为有如下数因：1. 当时强邻逼侵，国势阽危，先生一介书生，思以振兴学术为救亡之根本，而哲学为诸学之冠冕，在他看，康叔哲学又属哲学中之“第一义”。2. 先生赋性“忧郁”，庄列思想盖所固有，今于叔氏之书而得一大印证，而其体系之“绵密”“精锐”处，又似足补庄列诸家之所不及。这比之苏子瞻初读《庄子》那种若有夙契之感，实更有过之。3. 先生少年时期英雄崇拜心理（观其《咏史》诗可见），若康若叔，在他看，均属“旷世之天才”。4. 叔氏之书不甚艰晦而富文采，叔氏自称其书不缺乏“美”，亦哲学，

亦文学，这对先生也是完全相投的。[①]

不过，在表现的文字中，王国维更突出了悲观论。学康德，学叔本华，并未能解决他的“人生之问题”，他眺望未来，还有许多犹豫、许多担心。1903年秋，他写下两首诗，可说是学哲学又怀疑哲学的心理的形象再现。诗题《来日二首》：

一

来日滔滔来，去日滔滔去。适然百年内，与此七尺遇。尔从何处来？行将徂何处？扶服径幽谷，途远日又暮。雪然一罅开，熹微知天曙。便欲从此逝，荆棘窘余步。税驾知何所，漫漫就前路。常恐一掷中，失此黄金注。我力既云痡，哲人倘见度。瞻望弗可及，求之缣与素。

二

宇宙何寥廓，吾知则有涯。面墙见人影，真面固难知。箘簬半在水，本末互参池。持刀剡作矢，劲直固无亏。耳目不足凭，何况胸所思。人生一大梦，未审觉何时。相逢梦中人，谁为析余疑？吾侪皆肉眼，何用试金篦。

康德、叔本华哲学为王国维打开思想的眼界，推进他认识宇宙、认识人生。但是，并没有解决王国维面临的现实问题，所以他仍在徘徊之中。不过，在20世纪初，在中国大量地介绍西方思想家的著述和思想的学者中，王国维是最用功者。此后一二十年间，不懂外语而通过王国维的译介评说而认识西方哲学家的中国士人，是不少的。很多人心目中，王国维是当时有影响的哲学研究者，甚至辛亥革命后，王国维到日本，还有日本学者向他请教西方哲学问题。

在王国维浸淫康德、叔本华哲学，申论近代教育思想的同时，特别重视美学的研究。他的美学研究，首先从教育入手，认为美育是培养完全之人不可或

① 佛雏编：《王国维学术文化随笔》，中国青年出版社1996年版，第52页。

缺的一环。

1903年，王国维发表的《论教育之宗旨》一文指出："美育者一面使人之感情发达，以达完美之域；一面又为德育为智育之手段，此又教育者所不可不留意也。"1904年又发表《孔子之美育主义》，详细地介绍了康德、叔本华、拜伦、夏夫兹伯里、哈奇生、席勒等西方近代美学家关于美的阐说，强调"美之为物，不关吾人之利害者也"。引入超功利美学观，使人耳目一新。并且指出，孔子的教育是始于美育，终于美育。王国维阐明，人们一旦进入美的境界，则"无希望，无恐怖，无内界之争斗，无利无害，无人无我，不随绳墨而自合于道德之法则。一人如此，则优入圣域；社会如此，则成华胥之国"。

同年，王国维还写了《叔本华之哲学》《叔本华与尼采》两文，集中地介绍了叔本华的美学理论，指出叔本华的美学理论内容的两个方面，一面是实念，即理念，"故美之知识，实念之知识也。而美之中，又有优美与壮美之别"。另一面是天才论，"天才者不失其赤子之心者也"，又因知识（知力）不同，知力优秀的便是人类真贵族，"故有天才者，往往不胜孤寂之感"。

王国维正是立足于叔本华学说，形成他的美学思想的，最能体现的是他对《红楼梦》的评论。《红楼梦》是伟大的白话小说，清中叶出现以来，评论蜂起，目为淫书者有之，指为索隐影射者有之，使这部小说始终蒙着一层神秘的面纱。《红楼梦》的研究，从胡适、俞平伯、鲁迅等人开始，才走上正轨。而在此之前，能冷静地剖析《红楼梦》的第一人，应该是王国维。1904年，王国维发表《红楼梦评论》，连载于《教育世界》第76、第77、第78、第80、第81期，后来又收入王国维自己编的《静安文集》，可见他对此文的重视。

王国维鲜明地指出，《红楼梦》是彻头彻尾之悲剧，悲剧中之悲剧。这一定位，确立了此后中国红学的基调，日后所有的研究者，都承认悲剧这一结论，百余年来种种评红谬说，都被打破了。

《红楼梦》是什么悲剧呢？王国维先介绍叔本华三种悲剧说：

第一种之悲剧，由极恶之人，极其所有之能力，以交构之者。第二种，由于盲目之命运者。第三种之悲剧，由于剧中之人物之位置及关系而不得不然者；非必有蛇蝎之性质，与意外之变故也，但由普通之人物，普通之境遇，逼之不得不如是；彼等明知其害，交施之而交受之，各加以力而各不任其咎。

而《红楼梦》“则正第三种之悲剧也”。宝玉、黛玉爱情的悲惨结局，是因为贾母、王夫人、凤姐、袭人等爱宝玉之故，“金玉以之合，木石以之离，又岂有蛇蝎之人物，非常之变故，行于其间哉?”这种分析，在世纪初年，无疑使学界人士耳目一新，启发人们思索。

王国维又指出：“此书中壮美之部分，较多于优美之部分，而眩惑之原质殆绝焉。”并举出宝玉与黛玉最后相见的描写，称赞其壮美动情。悲剧不可解脱，显示了人生的真相，“由是《红楼梦》之美学上之价值，亦与其伦理学上之价值相联络也”。

与此同时，王国维还宏观地审视了中国戏曲小说庸俗的“乐天之精神”，大多以大团圆的结局来安抚人心。而《红楼梦》则大大违背这种“乐天之精神”，所以有价值。

王国维的《红楼梦》研究，为从哲学、美学和文学去研究古代小说，开辟了一条新颖的、较为科学的道路。当然，他的评论，也有不足，主要是对悲剧的历史性、社会性缺乏深层的考察。

1904年以后，王国维还发表了一些关于美学的论文。对于《人间词话》的意义，我们以后再说，因为这要联系到他的词创作和词籍整理。关系着王国维美学思想的，是1907年发表的论文《古雅之在美学上之位置》，刊于《教育世界》第144期。

此文提出“一切之美皆形式之美”的美学命题。他第一次提出美有“第一形式”与“第二形式”的区分。属于“第二形式”的“古雅”，不同于“优美”或“壮美”，是完全独立的一个美学范畴。王国维指出：

故古雅之致存于艺术而不存于自然。……优美及宏壮必与古雅合，然后得显其固有之价值。不过优美及宏壮之原质愈显，则古雅之原质愈蔽。

古雅这种审美观念，与王国维日后在《人间词话》中提出的“境界说”有传承关系，也是从审美观上给予文艺的判断。

王国维的美学研究，表示王国维的兴趣从哲学到文学的转移。美学研究的对象主要是文学艺术，用王国维的话来说，是可爱的。以他的个性而言，结束了青年时期的哲学探求之后，逐步转移到文学创作和评论方面，也是自然而然的。1905年他写了一首绝句《坐致》：

坐致虞唐亦太痴，
许身稷契更奚为？
谁能妄把平成业，
换却平生万首诗。

王国维探究哲学，想解决人生之问题，也是社会的问题，到最后终于觉悟到自己是一介书生，要成为古时圣贤是不可能的，“太痴”了。他既然不是治国平天下之才，那还是关心自己的“万首诗”——学术事业吧！用“万首诗”，而不用“文章”，文学活动已经呼之欲出了。此前王国维写诗无非是师友之间投赠应酬，以后他创作的词、他的词学评论，一旦发表，就成为一种社会存在了。

朝朝吴市踏红尘

在20世纪初年，废科举之后，兴办各级学堂，成为朝野共识。各地督抚也纷纷办学，以示其思想趋新。南方各省办学的人，也都到各处物色人才。江苏省办学校是最积极的。先是张謇以状元的名头，曾和两江总督刘坤一商量兴办中小学师范学校。本来已经商定好原则、经费，但有关部门与张謇有矛盾，故意出难题阻挠，结果竟未办成。张謇一气之下，回家乡南通自己出资创立了中国第一所私立师范学校，招聘日本及国内教师，办得有声有色。张謇与罗振玉是熟人，又知罗振玉多年办教育、创办《教育世界》杂志，在教育界甚有影响，便向罗振玉要教师，结果便是由罗振玉推荐，聘王国维为通州师范学校教师。王国维当时年轻，实际只有26岁，语言表达能力不强，又满口海宁话，在江北的南通教书，不被学生看重。当然，幽美的环境和安静的书斋，大大地帮助了王国维的“独学”，学问大有长进，尤其在哲学研究与美学研究方面，已经卓然成一家言了。王国维只教了一年书，便回到上海，专门主编《教育世界》，直到1904年底。

罗振玉仍然热心办学。先是在上海南洋公学任东文学堂监督，1903年应广东提督岑春煊的邀请，赴广州担任教育顾问，1904年，端方任江苏巡抚。端方虽是满族大臣，但雅好考古金石，和罗振玉是老相识，深知罗振玉是办学能员，便请罗振玉任江苏教育顾问，这实际上是在筹办师范学堂。到这年11月，端方主持下的江苏两级师范学堂在苏州成立，罗振玉当上监督，主持学堂大计。罗振玉一旦上任，便想到当年东文学社的高才生、自己的得力助手王国维、樊炳清等人，很快便把他们请到苏州，担任江苏两级师范学堂的教师。

王国维是喜欢苏州这个城市的，在江苏师范学堂主讲，他也得心应手。除了学问大增、腹笥甚丰之外，王国维的海宁话对江苏（特别是苏南一带）学生来说较易接受，又有了一年师范教育的经验，所以教学生活还比较顺利。这时候，罗振玉又把日本人藤田丰八请到江苏师范学堂任教。藤田是东文学社时的老师，又是王国维留学东京时的主人，师生相聚，自然愉快，常常在一起游览、倾谈。

江苏师范学堂当时聚集了一批饱学之士。藤田丰八是总教习，日本人冈真山、林房吉、小仓孝治等八人为教习，主讲教育学、外国历史、外国地理、算学、格致（物理）、体育、油画等课程；中国教员方面，聘王国维、徐嘉、葛懋文三人，主讲修身、中国文学、中国历史、国画等课程；樊炳清任编译。王国维主讲的是修身、中国文学、中国历史等课程。王国维此时已经比较成熟，讲课不泥古，常创新。当时一位学生回忆说：“王虽讲授修身、伦理，出入于封建名教纲常之领域，然王能沟通不同之中外礼俗，时创新说，着眼当时之国势民风，讲求实效，而为学生心悦诚服。”[①]鉴于王国维的学问深邃、讲课新颖，受到学生的欢迎，罗振玉及时地提升王国维为中文方面的总教习。

当个师范学堂的教师是不容易的。特别当时废科举之际，入学的学生有不少年纪较大，读书（私塾或书院）多年，把中国传统儒学经典背得很熟，教师功力稍有不逮，就会当堂出丑。当年江苏师范学堂第一届招生，分为两科：一为讲习科，招生40名；一为速成科，招生120名。名称有点混乱，其实讲习科学制只半年，培养已有相当文化知识基础的士人，可以迅速地走上小学讲坛。速成科学制却为一年半，招收年纪相对小些、文化知识稍弱的学童，经过一年半培训，便可担当小学教师了。

罗振玉、藤田丰八和王国维等人在江苏师范学堂推行的是新的近代性质的教育，从课程设置到教员选聘，从教师讲授到学生讨论，都和传统书院制度大不一样。特别是学堂大量地介绍西方的历史、文学、哲学、伦理学、心理学等课程，向学生灌输带有近代民主主义色彩的知识，这是对当时教育制度的创新。当时，中国两所最早的师范学堂，一所是私立通州师范学堂，一所是公立江苏师范学堂，王国维都承担了工作，成为第一批师范学堂的教师，这也是王国维生平颇引以为豪的。

在江苏师范学堂任教，王国维的心情是愉快的。1904年10月，学堂正在筹办，王国维应罗振玉之邀，到苏州协同办事。业余时他和朋友们去游玩留园。留园是苏州四大名园之一，有三峰一村，风景幽美。时逢重阳节，良辰美景，好友把臂，王国维欣然命笔，写下《九日游留园》：

> 朝朝吴市踏红尘，日日萧斋兀欠伸。到眼名园初属我，出城山色便迎人。奇峰颇欲作人立，乔木居然阅世新。忍放良辰等闲过，不辞归路雨沾巾。

奇峰便是三峰，实则是太湖石，其一称为冠云峰的太湖石，是北宋花石纲的遗

---

① 王国维原著、佛雏校辑：《王国维哲学美学论文辑佚》，华东师范大学出版社1993年版，第398页。

物。在诗中“乔木居然阅世新”一句，写的是高大的乔木，其实隐约托出他们到苏州办学的心情。十年树木，百年树人，师范培育人才，又要阅历新的时代了。

王国维在苏州任教时，去得最多的园林是留园，最称赏的也是留园。初次游留园，江苏师范学堂还未开学，他就兴奋赋诗、寄托壮怀了。江苏师范学堂开学以后，教学渐入正轨，王国维心情舒畅。1905年春天，他又一次去游留园。这次正是玉兰花烂漫的时节，而王国维也特别欣赏玉兰花，又写下一首诗，诗题便是《留园玉兰花》。诗云：

> 庭中新种玉兰树，枝长干短花无数。灿如幼女冠六珈，踯躅墙阴不能步。今朝送客城西隅，留园名花天下无。拔地扶疏三四丈，倚天绰约百余株。我上东楼频目极，楼西花海花西日。海上银涛突兀来，日边瑶阙参差出。南圃辛夷亦已花，雪山缺处露朝霞。闲凭危槛久徙倚，眼底层层生绛纱。窈窕吴娘自矜许，却来花底羞无语。直令椒麝黯无香，坐使红颜色消沮。将归小住更凝眸，暝色催人不可留。归来径卧添愁怅，万花倒插藻井上。

这首诗写得明白如话，不用典故，直抒欣赏、留恋玉兰花的心境与行为，在王国维青年时代的诗中是很少见的。这个时候，他仿佛把叔本华的悲剧人生观暂时抛却，回复一个从容教学的青年士子身份了。与这首诗的欢愉基调相似的，还有《五月二十三夜出阊门驱车至觅渡桥》等诗，都是王国维在江苏师范学堂任教时的心情表露。

就是在这种愉快心境之下，王国维觉得他应该把两年来写的文章汇集了，作为一段研究生涯的结集。1905年9月，他选出一批文章，结集为《静安文集》，由教育世界社刊行，由商务印书馆代售。《静安文集》收文章12篇，篇目如下：《论性》《释理》《叔本华之哲学及教育学说》《红楼梦评论》《叔本华与尼采》《国朝汉学派戴阮二家之哲学说》《教育偶感四则》《叔本华遗传说后》《论近年之学术界》《论新学语之输入》《论哲学家及美术家之天职》《论平凡之教育主义》。前七篇发表于1904年，后五篇发表于1905年。集后附录《古今体诗五十首》。这是王国维最早一本论文自选集，他认为可以表达30岁前的思想轨迹和研究收获。更重要的是，文集前有王国维写的自序两篇，即《三十自序》一、二。自序比较完整地叙述了他成长、治学的经过以及思想的发展变化，所谓"存此二三年间思想上之陈迹"。附录的诗集则与文集互为表里，也是思想的陈迹，但更重在感情的记录。

王国维对文集的选择是有思考的，1905年以前他发表过很多文章，都没有收入集中，可见他对入集文字的重视。王国维去世后，他的学生赵万里又辑录了一批文章，编为《静庵文集续编》，收入23篇文章。但是仍有遗漏，今人仍然辑佚不少。不过，这都是王国维身后事，他已经不与闻了。

翁埠潮回千顷月

留园虽好，不是久居之地，王国维终于要离开江苏师范学堂了，而这距他兴冲冲地来任教之时，不过一年。

这件事的缘起比较复杂。据罗振玉的孙子罗继祖回忆，是由张謇与罗振玉的矛盾引起的。张謇是江苏教育会的会长，又主办通州师范学堂，在江苏教育界有重要影响。江苏两个师范学校，一私立一公立；一在南通，比较偏远，一在当时省城，中心地带。两者的竞争当然是有的。罗继祖说，张謇指使苏州绅士诬陷罗振玉占地建校。罗继祖所言并没有证据，事实是苏州士绅不满江苏师范学堂的建立，而罗振玉办事雷厉风行，不讲情面，未免得罪了一些当地人物。于是，这些人找个借口，说苏州师范学堂建在沧浪亭附近，侵占私产等。罗振玉当然不认账，与这批守旧士绅理论起来，一时舆论大哗。罗振玉既愤怒又伤心，刚好他父亲去世，就以此为由，辞去学堂监督，回淮安办丧事去了。这是1905年11月的事。[①]大树既倒，无荫可遮。罗振玉所聘请的日本教师也相继辞

① 钱剑平《一代学人王国维》作此时为罗振玉母亲去世，误。详见罗继祖：《鲁诗堂谈往录》，上海书店出版社2001年版，第115页。

职。至于王国维等教职员，当然更以罗振玉之进退为进退，纷纷辞职离开苏州。

1905年11月，王国维回到故乡海宁。家庭生活是恬静舒适的，王国维也难得如此闲适，除了读书、写作和编辑《教育世界》，还有许多空闲去探访旧友。在王国维的住处，即周家兜附近，有一所园子，虽然不大，远比不上苏州的留园，但花木扶疏，可堪流连。更重要的是，花园的主人张光第是王国维小时的同学，花园就叫张家花园。

张光第，字渭渔，祖辈为儒商，家底丰厚。张光第进过学，但绝意仕途，喜欢收藏书画金石、图书文献。既是读书人，有知识有眼光，家中又有足够的财富，张光第很快就成为海宁一带有名的收藏家。

王国维本来对金石书画就很感兴趣，到上海就读东文学社后，又和罗振玉这位收藏家、学问家结下深厚关系，罗家的金石书画收藏极富，王国维披览之后，得益很大。这些年来研究美学，探究美术，无论见识与理论都有长足进步。既然老同学张光第收藏丰富，王国维当然不会错过机会，经常去张家花园访谈，那个收藏书画的小清仪阁，成了王国维、张光第品鉴书画、品茶倾谈的地方。张家丰富的藏品，使王国维眼界更开阔，精品之间比对校勘，也提高了王国维的书画金石鉴定能力。

有一天，张光第兴冲冲地持着两张画卷，到周家兜王家，请王国维欣赏他最近收到的两幅精品。王国维打开一看，一幅是唐寅的芍药图，另一幅是马湘兰的兰石小幅。唐寅就是大名鼎鼎的唐伯虎，杰出的画家，花鸟人物皆精妙无比，他的芍药图当然是画得鲜艳欲滴、光彩照人，是唐寅作品中的精品。

王国维更欣赏的是第二幅，即马湘兰的兰石小幅。马湘兰是明末秦淮河名妓，“秦淮八艳”之一，艳名甚著，直到清末民初，还成为许多文人墨客笔下的人物。马湘兰原名马守真，并不是只靠长得漂亮而得艳名，她很有文化修养，不但吹拉弹唱皆精，歌舞曼妙，诗词歌赋，也都有不俗的造诣，图画尤出色，以花鸟草木画闻名。清代著名散文家汪中《经旧苑吊马守真文序》称赞她的画说：“秦淮水逝，迹往名留。其色艺风情，故老遗闻，多能道者。余尝览其画迹，丛兰修竹，文弱不胜，秀气灵襟，纷披楮墨之外，未尝不爱赏其才，怅吾生之不及见也！”

不过，这幅马湘兰的画幅，究竟是王国维自己收藏，还是张光第所藏，有人提出疑问。原因是王国维为此事写过两首诗，诗题为《将理归装得马湘兰画幅喜而赋此》，诗中又有“书生归舸真奇绝，载得金陵马四娘”之句，好像是王国维从金陵（南京）把马湘兰的画幅带回来了。[①]但王国维在《敬业堂文集序》中明白地说：“光绪乙巳，余归自吴门，渭渔访余于西城老屋，出唐解元芍药、马湘兰兰石小幅，相与把玩移晷。”可见，马湘兰的画并非王国维自己的，而是张光第的藏品。其实，把上述两句诗的“书生”二字理解为张光第便易于解释了：收藏家张光第在金陵收得马湘兰这幅兰石小幅，乘船带回海宁家乡。

不过，王国维的诗还包含着另一种更深刻的思想。先读诗：

一

旧苑风流独擅场，土苴当日睨侯王。

书生归舸真奇绝，载得金陵马四娘。

二

小石丛兰别样清，朱丝细字亦精神。

君家宰相成何事，羞杀千秋冯玉英。

原注：马士英善绘事，其遗墨流传人间者，世人丑之，往往改名为冯玉英云。

第一首“土苴当日睨侯王”意思是把当日的王公大臣当作糟粕（土苴），统统看不上眼。这里写马湘兰的傲骨。因人品而重其画品，这是王国维欣赏马湘兰画的立足点。马湘兰以名妓身份，虽然征歌逐舞，但性格潇洒恬雅，身有傲骨，很瞧不起南明那些贪黩卑污的文武大臣，一直受到人们敬佩。

第二首直接牵出一个“冯玉英”来。原来明末时，马士英在南京拥立福王，任东阁大学士（宰相），专权昏聩，迫害复社及志在反清的正直士人，为士类所不齿。马士英善绘事，技艺颇佳，不过人们也是因人鄙画，认为这个贪官的图

① 陈永正：《王国维诗词全编校注》，中山大学出版社2000年版，第81页。

画也不是好东西。为了收藏，有人就把马士英画作的署名改为妓女冯玉英，这样就可以保存了。这一首从反面说，即使马士英这样的堂堂宰相，人品低下，图画上只能署妓女的名字，真叫人羞杀！

两首诗体现了王国维文学批评的一个重要观点，即人品与作品的统一。这和中国古代儒学知人论世、知人论事的观点一致，也和他在诠释美学时强调真、善、美统一的思想一致。

总之，王国维、张光第两位老朋友相与赏鉴书画，是一大快事，也是1905年末至1906年初王国维在家闲居时的人生情趣。此后王国维离乡北上京华，张光第仍乡居。民国以后，张光第去世，家中丰富的金石书画藏品也星流云散了。

这时，罗振玉仍在淮安老家丁忧守制。按古代丁忧，要守制三年（实为27个月），但明清以后，守制已不守古训，不必在家无事待三个年头了。罗振玉办教育，已经很有名气，引起清廷许多大臣的注意。所以，罗振玉丁忧不及半年，到1906年2月，学部尚书荣庆便一纸公文调罗振玉入京，担任学部参事。于是，罗振玉便携带家口，收拾书画金石，到京师做学部的中级官员去了。王国维居家无事，编《教育世界》，更希望能到京师扩大见识，罗振玉也希望身边有个得力的助手、朋友，便邀请王国维同行。王国维从此开始旅京生涯。

第三章　京华初度

哀乐偏于我辈深

1905年到1906年，中国政治形势变化得非常迅猛。首先是革命党人团结起来，形成一支主导革命潮流的队伍。1905年8月20日，同盟会在东京成立，通过《中国同盟会总章》和《军政府宣言》（即《同盟会宣言》），推举孙中山为总理，制定了“驱除鞑虏，恢复中华，建立民国，平均地权”的政治纲领。从此，革命派更坚定地走上了武装夺取政权的道路。国内不少地方，革命党人纷纷起义，虽然都被清政府镇压了下去，但起义的势头已经不可遏止。其次是清政权为了维护岌岌可危的局面，不断采取一些改良措施，企图整顿政局，蒙蔽人民的觉悟。1905年7月，清廷派载泽等五大臣赴西洋各国考察。9月，清廷决定自次年起废止科举。11月，清廷设立学部以总全国教育，荣庆为尚书。1906年9月，慈禧太后下旨准备“仿行宪政”，这是抗御革命的预备立宪闹剧的开场。此时，全国士人因科举废止纷纷自寻出路，办实业、办学校成为时尚。罗振玉正是在这种大形势下，赴京出任学部官员的。

学部前身为礼部，本为主持科举取士的机构，现在成为有后来教育部样子的国家最高教育机关。学部的主官三人，对改革教育意见不统一。尚书荣庆主张调和新旧，被视为中间派。侍郎张劭予要保留旧时书院等制度，为守旧派。另一侍郎严修要维新，主张加大改良力度。罗振玉本是办新式师范学校出身，到学部当参事，开头时提出国子监不当废，临雍御座不能动，教师不应滥升，于是被认为属于调和新旧的中间派一党。[1]虽然罗振玉任职后提出过一些改良教育的建议，但他维护清廷的主导思想并未改变，所以，仍然不可能全面接受近代西方教育和民主思想。

罗振玉邀请王国维入京，本意是想推荐王国维在学部寻个差事，既弄个职务出身，又可得薪水养家。不过，在清朝廷的官僚贵族眼中，王国维资历浅（只当过两年教师），年纪轻（在中央机关任职，30岁的王国维实在太年轻），一时不予安排。1906年2月，王国维只身一人，随罗振玉一家到达北京，暂住在罗振玉家。罗振玉的学部参事为五品官，后来升任农科大学监督，为四品。京官俸禄并不高，学部又是清水衙门，外快不多，罗振玉收入有限，又要养一大家子，经济上援助王国维不多。所以，王国维也急于找个正式职位。

1906年春夏两季，王国维在北京闲居，一方面编《教育世界》，还撰写诸如《奏定经学科大学文学科大学章程书后》等文章，表达对改良教育的意见，以期引起学部官员的注意。另一方面又迷上了词，创作词、整理词籍已成为他新的爱好，昭示着他的研究重点从哲学向文学转移。1906年4月，王国维把自1904年以来所填的61阕词，汇总为《人间词（甲稿）》，发表于《教育世界》。1907年又汇成收词43阕的《人间词（乙稿）》发表，以后词的创作渐少，以至于绝笔不为了。王国维的词和词学思想，后文还会介绍。

还没有等到学部的职务，王国维家庭就发生了变故。1906年8月，其父王乃誉病逝于海宁老家，享年60岁。本来60岁就不是高寿，且王乃誉等不到儿子成名，就撒手人寰了，更是憾事。王国维在北京接到家中的噩耗，马上南下返海宁奔丧。到11月，作为长子的王国维主持葬仪，把王乃誉安葬在海宁县徐步桥的墓地里。父亲去世，儿子是要在家守制的，虽然当时并不严格了，王国维还是循其旧制，略尽孝思。作为人子，又是善文墨之人，王国维自己写了一篇《先太学君行状》，详细地叙述王乃誉的一生，寄托对父亲的哀思。王国维4岁丧母，30岁丧父，虽然继母尚在，但已经不是一个完整的家了。

① 参见罗继祖：《鲁诗堂谈往录》，上海书店出版社2001年版，第6页。

1906年冬天，王国维正在海宁老屋中守制，也是无事闲居罢了。有一天，六七位同乡同学来访，他们原来是有设想的。寒暄过后，谈话渐入正题。

有一个人说：现在学部有新的指令，每个府、州、县都可设置一所劝学所，并且设一位学务总董，全盘总揽一个地区的教育。王先生深切了解教育，只是长年不在家乡，未能一展身手。现在我们奉长官的意思，想请先生担任本地学务总董，希望先生答应这件事吧！

王国维沉吟了一会儿，很冷静地说：以目前的教育形势来看，我即便不想推掉这个总董职务，也不行啊！你们想想，浙江省还没有一所完全的师范学堂，在高等学堂附设的师范简易科毕业的人，学术水平低下，教授方法拙劣，根本不能胜任教员的工作。我们海宁州，在已经成立的学校中，称职的教员，十个里面还没有一两个。你们还想增设学校，到哪儿去找教员呢？其实，地方教育的发展，必须由学部统筹全局，全面安排，否则，一个人即便有圣贤的本事，也不能办好，何况我王国维这样无能的人呢！我还想研究学问，马上又要出门去工作了，实在不能够在家乡做办学这样的公益事业啊！

王国维不但为自己推辞学务总董的职务，还否定在州县建立劝学所（实际即县立学堂）的建议。他从人才、建制、经费等各方面，分析了当时办县学堂的不可能。不过，王国维说自己要研究学问，倒是实话。幸好王国维没有答应在家乡办教育，否则终老乡间，中国就少了一位学贯中西的国学大师了。

这年冬天，王国维安心地待在家乡，编《教育世界》的稿子，写文章。也许受那些同乡同学举荐办学的触动，他写了一篇《教育普及之根本办法》，既作为建议条陈学部，又发表在《教育世界》中，以求响应。

这篇文章有两个要点，第一，教育需要经费，而经费不能由各地方自筹，没有章法，筹款人既当征税人，又当办学人，必然会混乱不堪，许多贫困地区则毫无办法。这要全国统筹安排。第二，高等学堂要以初等、中等学堂为基础，没有广大有质量的生源，高等学堂也办不好。这两个意见，当然是正确的，这正是王国维所了解的西方各国普遍的做法。

因为罗振玉的不断推荐，也许还有王国维主编《教育世界》、发表众多教育论文的影响，1907年春天，学部终于任命王国维为学部总务司行走，后又充学部图书馆编辑和名词馆协修，算是在京师充当了一位学部的一般办事人员了。

手持红豆几摩挲

王国维从哲学转向文学，又开始接触殷墟甲骨文字、敦煌简牍文书这些20世纪最新的学术了。1904年至1907年间，是王国维词学活动最活跃的时期，正是这几年的词学活动，使王国维以词人、词论家、词籍整理专家的多重身份，出现在中国近代文学史上。

先说王国维的词创作。

王国维的词，现存115首。1906年有《人间词（甲稿）》61首，1907年有《人间词（乙稿）》43首，均作于1904年至1907年间，发表在《教育世界》上。以后零星有词作，但已是吉光片羽了。所以，王国维作为词人出现，还是在1904年至1907年这四年间。

王国维喜五代、北宋词作。他托名樊志厚写的《人间词（甲稿）》序说：

> 君之于词，于五代，喜李后主、冯正中；于北宋，喜永叔、子瞻、少游、美成；于南宋，除稼轩、白石外，所嗜盖鲜矣。

嗜好与模仿，往往在创作中留下痕迹，王国维的词也免不了这样。不过，王国维对自己的词作，既自信又自负，甚至认为，自欧阳修以后，近千年的词作者，没有比得上他的。这也未免太气盛了，词史上的评价当然不是像王国维自诩的那样。

现存115首词，就吟咏的内容而言，基本上可分两大类。第一类抒述个人生话的遭际、家庭生活的涟漪等，可以说是个人感情的浪花。第二类针对当时社会各种变化而抒发，透露个人对社会包括政局、交往、社会活动等方面的评论和褒贬。当然，诗无达诂，词亦无达诂，这两类内容，主要是通过词的意境呈现，所以解说也不一致。

先看第一类词。

现存王国维词，最早的一首是写于1904年春的《如梦令》：

点滴空阶疏雨，迢递严城更鼓。睡浅梦初成，又被东风吹去。无据。无据。斜汉垂垂欲曙。

作此词时，王国维刚到通州师范学校任教，也是王国维第一次出门担任公众职务。之前他只在罗振玉的东文学社学习，并兼职庶务。词中流露家乡之思，不过语言较拘谨，意象也较浮浅，很有点初入社会的神态。

到了1904年秋天，王国维随罗振玉到苏州创办江苏师范学堂，那时他既有一年教学经验，更重要的是有一批志同道合的朋友在一起谈诗论学，饮宴游乐，心情放松，词笔也流畅起来，呈现一种豪洒的风格。有两阕词可作代表：

浣溪沙

路转峰回出画塘，一山枫叶背残阳。看来浑不似秋光。隔座听歌人似玉，六街归骑月如霜。客中行乐只寻常。

鹧鸪天

列炬归来酒未醒，六街人静马蹄轻。月中薄雾漫漫白，桥外渔灯点点青。　从醉里，忆平生。可怜心事太峥嵘。更堪此夜西楼梦，摘得星辰满袖行。

青年意气，胸中豪情，这两阕词足以表之。摘星一语，虽出自古时传说殷纣王曾建摘星楼，无非说此楼之高，作为词的意象，我怀疑受龚自珍词之影响。龚自珍有《梦玉人引》下阕云：

陡然闻得，青凤下西池。奏记帘前，佩环听处依稀。不是人间话，何缘世上知？梦回处，摘春星满把累累。

这段时期的词作中，最得评论者激赏，认为属于词最高格的“无我之境”

的当是《浣溪沙》：

山寺微茫背夕曛，鸟飞不到半山昏。上方孤磬定行云。试上高峰窥皓月，偶开天眼觑红尘。可怜身是眼中人。

眼界阔大，悲天悯人，又显示青年王国维的抱负。

词是最适合抒情的，尤其男女之情，在词人的笔下，抒述得淋漓尽致。王国维词中有歌女，有不知名的女子，其中许多故事已无法知晓了。不过，他怀念妻子莫氏的词作，还是可以看出来的。莫氏是王国维发妻，长王国维三岁，温婉贤惠，深得王国维敬爱。王国维20岁结婚，22岁时就到上海《时务报》工作，此后一直在家乡之外谋事。虽然每年都回家乡团聚数次，但家中侍奉公婆、抚育儿子、操持家务的责任都由莫氏承担，所以王国维对妻子莫氏又敬又爱。在离开家乡的时候，不能无思，更不能无词。1906年2月，王国维随罗振玉北上京师，别离时刻，不禁写下柔情缱绻的《鹊桥仙》：

绣衾初展，银釭旋剔，不尽灯前欢语。人间岁岁似今宵，便胜却、貂蝉无数。　　霎时远送，经年怨别，镜里朱颜难驻。封侯觅得也寻常，何况是、封侯无据。

上阕使人想起秦少游的词“金风玉露一相逢，便胜却人间无数”；下阕使人想起柳永的词“闲拈针线陪伊坐，和我，免使年少，光阴虚过”。别意离情，总是让青年夫妻难受。但更使王国维难过的是，发妻莫氏34岁就去世了，王国维从北京赶回海宁，不及十日，莫氏即抛夫别子而逝。王国维事后写的悼亡词，极其沉痛。《蝶恋花》是其中之一：

冉冉蘅皋春又暮。千里生还，一诀成千古。自是精魂先魄去，凄凉病榻无多语。　　往事悠悠容细数。见说来生，只恐来生误。纵使兹盟终不负，那时能记今生否。

此后，即1907年秋，王国维又写下《菩萨蛮》《鹧鸪天》等词，深切哀悼、怀念莫氏夫人，字里行间，一往情深，也是王国维感情生活的真实写照。

再看第二类词。

这类词的内容主要抒述对当时政局、社会、人事的评议感受，正是王国维在江苏师范学堂时期和初到京师时期对人事的臧否。

1907年春，在京师目睹达官贵人的腐朽生活，王国维不禁失望，有点梦醒而悲的感觉，试读《虞美人》：

犀比六博消长昼，五白惊呼骤。不须辛苦问亏成，一霎尊前了了见浮生。　　笙歌散后人微倦，归路风吹面。西窗落月荡花枝，又是人间酒醒梦回时。

比较切实写兴亡之忧的词作，许多评论者都认定为1907年写的《蝶恋花》：

忆挂孤帆东海畔。咫尺神山，海上年年见。几度天风吹棹转。望中楼阁阴晴变。　　金阙荒凉瑶草短。到得蓬莱，又值蓬莱浅。只恐飞尘沧海满。人间精卫知何限。

一般古诗词中，常用蓬莱宫阙比皇宫，喻政权。这里的蓬莱宫阙衰败凄凉，仿佛清廷已是日暮之时，一片灰暗了。对国事的忧虑，对清王朝的留恋，隐约托出。

不过，鉴证诗词，尤怕落实。王国维自己重境界，不肯把作品定位在某时某事上，所以后人的诠释，只能得其意而不详其所指。王国维《浣溪沙》的首两句为："本事新词定有无，这般绮语太胡卢。"佛家把藻饰不实之词泛称为绮语，胡卢为"胡卢提"之省，有可笑之意。把词的本事（具体故事）落实，是十分可笑的。王国维词是他思想感情的陈迹，是他对己、对人、对事、对世界的感受，别人在品味其词时，恐怕有不同的感悟吧！

王国维在词学理论上的成就和影响，远远超过他的词创作。他的词学理论，有不少文章涉及，最集中的表现则是《人间词》甲稿乙稿的序，以及著名的《人间词话》。

《人间词》有两篇序，分别刊于甲稿乙稿之前，作者署名山阴樊志厚。以前许多人都猜疑不定，论述不少。其实，这两篇序是王国维写的，只不过请樊志厚署名而已。

樊志厚原名樊炳清，字杭父，山阴（今绍兴）人，是王国维在东文学社时的同学，又是好朋友。两人经常在一起读书评议，又同在江苏师范学堂当教员(樊为编译)。后来樊志厚还娶了罗振玉继室丁氏的族侄女为妻，与罗家结亲。樊志厚日文很好，腹笥甚富，只是不肯为文，极少撰述。曾翻译日文《中国通史》，由商务印书馆印行。参与《辞源》《四部丛刊》的编辑，长期与商务印书馆合作，深得张元济（商务印书馆经理）的器重。1906年，王国维在江苏师范学堂任教，课余把两三年来写成的词编为《人间词（甲稿）》(61首)，即将发表于《教育世界》。以前，王国维曾与樊志厚约定，请樊为自己的词集作序，樊也答应了，却迟迟不下笔。王国维也深知老友疏懒，索性写好序，请樊志厚改定。这时，樊志厚正在上海译书。一天，樊志厚收到一包来自江苏师范学堂王缄的书稿，当时，罗振玉的弟弟罗振常在座。两人一齐把包裹打开，一看原来是《人间词（甲稿）》的手稿，里面还有一篇写好的序，只是未署名。樊志厚读完，哈哈大笑，随手取过案头的笔，在序的下面署上“光绪丙午三月山阴樊志厚叙”，很快地邮寄回苏州。于是，在《教育世界》第123号上刊出的《人间词（甲稿）》前面的序，便成樊志厚所作。到第二年《人间词（乙稿）》发表于《教育世界》第161号时，第二篇署名“山阴樊志厚”的序，又出现于读者面前。直到20世纪80年代末期，人们才在罗振常的遗文中发现了《人间词》两序署名的故事，原来《人间词》前后两篇序，均出自王国维之手，是王国维词学理论的代表作之一。

《人间词（甲稿）》序表达了王国维对词史的评价，认为词以五代、北宋为佳，“自南宋以后，斯道之不振久矣”。同时，他认为自己的词有两大优点，一是“其言近而指远，意决而辞婉”，二是“观物之微，托兴之深”。王国维所作词大多为小令，以小观大，寄兴深遥。因此，王国维自己相信，《人间词》水平甚高，“自永叔（欧阳修）以后，殆未有工如君者也”，“求之古代作者，罕有伦比”。显然王国维对自己的词作，评价是很高的。

《人间词（乙稿）》序从文学理论角度出发，着重提出了意境论。序说：“文学之事，其内足以摅己，而外足以感人者，意与境二者而已。”在论说意与境关系之后，又指出“静安之为词，真能以意境胜”。除了仍然对自己的词作自信自负之外，还提出“观我”“观物”的意与境之关系，直接和后来的《人间词话》的“境界说”“有我之境”“无我之境”等论题相衔接。王国维以西方哲学观点来审视词学理论，突破传统词学的樊篱，终于形成一种新的词学理论，提升了词学的理论水平，开拓了词学理论新境界。

1908年11月开始，王国维的《人间词话》64则，分三期连载于《国粹学报》，这是王国维词学思想的又一次集中体现。《人间词话》发表时，由王国维删定为64则，还有不少未发表的手稿，经历代学者搜求，到1960年人民文学出版社印行的《人间词话》（与《蕙风词话》合集）中收有《人间词话》64则、《人间词话删稿》49则、《人间词话附录》29则。虽然后来还有学者从王国维其他著述中选出若干论词短语，但基本面貌没有太大的变化了。当然，人们更重视发表于1908年由王国维自己选定的64则《人间词话》。

《人间词话》是用传统的诗话、词话的形式，表达王国维对词学研究的新方法、新思想，涉及创作论、本体论和接受理论。其中核心便是境界说。他提出：“词以境界为最上。有境界则自成高格，自有名句。五代北宋之词所以独绝者在此。”又分析了“造境”与“写境”、“有我之境”与“无我之境”，又说“境界有大小，不以是而分优劣”，因为有境界，而气质、格律、神韵三者随之。境界说不但是意境论的新阶段，而且昭示着西方哲学、文学观点与中国古典诗学的交融，推拓了中国现代诗学的发展。“境界”这个概念，实质上与“意境”一致，但在使用上被推广到更广泛的社会和自然的审美对象。他把境界创造分为“造境”与“写境”，指出这是理想与写实两派之所由分，和西方文论中浪漫主义与现实主义两种创作方法相对应。他提出“有我之境”与“无我之境”这两个美学命题，根据不同的审美观照方式对意境创造加以区别。王国维的境界说，对意境论的精致化、理论化有重大意义，推动了中国古典诗学向现代诗学的过渡。他的许多诗学命题，至今仍有巨大的生命力。

王国维的境界论，引发后代许多研究者的探究、阐发，但对王国维而言，已经完成了一个研究课题。《人间词话》发表之后，王国维便很快退出词学理论研究领域，参与到20世纪考古新发现的新学问中去了。

词的校勘辑录，在清末民初成为许多学者的爱好。自明代毛晋辑《宋六十名家词》后，至清末民初，词籍的校勘辑录规模空前，影响很大。先是王鹏运有《四印斋所刻词》，选辑五代、宋、金、元诸词家别集、总集及《词林正韵》等24种，后附《四印斋汇刻宋元三十一家词》。稍后吴昌绶、陶湘辑《影刊宋金元明本词四十种》，共收五代迄元明词别集、总集43种。朱祖谋收辑《彊村丛书》，共收唐宋金元词集173种。有许多词集，又得到多位学者的校勘，丰富异常。王国维也在这种风气下参加词集校勘工作，但与同时代专注校辑词集的学者相比，未免起步较晚，收效也不明显。1908年夏，王国维辑成《唐五代二十一家词辑》，每家词后附跋语，说明作者生平、词集版本源流等。同年，又成《词录》，收目329条，其中现存词目225条，亡佚未见词目104条。《词录》只成手稿，后由罗振玉女儿收藏，未见刊印。

王国维校勘辑录词籍不过是他学术活动的小小方面，并没有产生大的影响，只是表现他文学创作研究的另一面。与对词创作、词学理论研究一样，随着辛亥革命的成功，王国维感到连文学也不可爱了，于是，他也像抛弃哲学研究一样，离开了文学创作和文学研究，包括词创作和词学研究，进入考古学、历史学的领域，再登上另一座学术高峰。不过，在告别文学之前，或者说连接文学研究与考古学、历史学、文字学研究之间，有一座桥梁，那便是王国维的戏曲研究。

从著录看，戏曲研究起自1909年，当年的著述主要有《曲录》六卷、《明杂剧六种跋》《宋大曲考》（后增订为《唐宋大曲考》）、《优语录》《曲调源流表》；1910年主要有《古剧脚色考》《录鬼簿校注并跋》；1911年有《大唐六典跋》等；1913年著成中国第一部戏曲史《宋元戏曲史》，标志着王国维戏剧研究工作的结束。此后虽然有个别序跋，但戏曲研究工作已经停止。为了比较集中地说明王国维文学道路的终结，也突出他从文学向广义的史学过渡，在这里先行介绍他的戏曲研究，时间从他到北京后直到旅居日本初期。

王国维在《静安文集》自序中说到自己的研究由词而曲的心路历程：

> 因词之成功，而有志于戏曲，此亦近日之奢愿也。然词之于戏曲，一抒情，一叙事，其性质异，其难易又殊，又何敢因前者之成功，而遽冀后者乎？但余所以有志于戏曲者，又自有故。吾中国文学之最不振者，莫戏曲若。元之杂剧，明之传奇，存于今日者，尚以百数。其中之文字，虽有佳者，然其理想及结构，虽不欲谓至幼稚，至拙劣，不可得也。国朝之作者，虽略有进步，然比诸西洋之名剧，相去尚不能以道里计。此余所以自忘其不敏，而独有志乎是也。

且勿论其评论中西戏剧之高低，就专注研究戏曲一事，已是十分严肃的学术活动。

和研究词一样，研究戏曲也先有一个收集文献资料的过程。1909年7月，王国维编成《曲录》6卷，包括宋金杂剧院本、元杂剧、明杂剧、清杂剧、明清传奇30余种，“是用博稽故简，撰为总目，存佚未见，未敢颂言，时代姓名，粗具条理，为书六卷，为目三千有奇，非徒为考镜之资，亦欲作搜讨之功，补三朝之志所不敢言，成一家之言请俟异日”。他已经透露出要完整研究中国戏曲史的志向了。《曲录》应是一次很好的准备。

可惜的是，同《曲录》一样体例的著作，80年前姚燮《今乐考证》已经完成，王国维并不知晓。从学术独创性而言，是说不上了，不过对于王国维自己大有裨益。同年春天，王国维写了《戏曲考源》一文，考察中国戏曲的起源，指出：“戏曲一体，崛起于金元之间。于是有疑其出自异域而与前此之文学无关系者。此又不然。尝考其变迁之迹，皆在有宋一代，不过因金元人音乐上之嗜好而日益发达耳。”杂剧源于宋，成熟于金元，这个观点已被学界接受。

王国维把戏曲研究的眼光从金元引向唐宋。1909年，他连续写成《宋大曲考》（后增订为《唐宋大曲考》）及《优语录》《录曲余谈》《曲调源流表》等论文，次年再成《古剧脚色考》《录鬼簿校注并跋》等，确立了自己在戏曲史研究上的学术地位。

《优语录》从正史、野史、笔记小说中搜集了唐宋滑稽戏56则，有些还说不上是“戏”，不过是优人对话而已。成此文的目的，王国维是明确的，他在序中说：“盖优人俳语，大都出于演剧之际，故戏剧之源与其迁变之迹可以考焉。”“是录之辑，岂徒足以考古，亦以存唐宋之戏曲也。”这是从戏曲史研究着眼，进行唐宋戏曲艺人言论资料的搜集。

如果说，《优语录》是王国维对宋元戏曲的对话或者插科打诨加以注意的话，同年撰的《宋大曲考》（后增订为《唐宋大曲考》），则集中考察唐宋戏曲中的音乐和舞蹈。《宋大曲考》先考察音乐，指出：“赵宋大曲，突出于唐大曲；而唐大曲以《伊州》《凉州》诸曲为始，实皆自边地来也。”唐代西域少数民族的音乐，传入中原，结合中原流传的音乐，演变为大曲。少数民族能歌善舞，所以大曲都是舞曲。唐宋大曲是以音乐舞蹈的形式出现在表演场地上，这当然还不能算戏剧，因为音乐舞蹈仅是有节拍的律动，而戏剧的自由度大，有情节有对白。音乐舞蹈必须与一个有情节变化的故事结合，才形成戏曲。王国维指出：“二者合并必在以大曲咏故事之后。而以大曲咏故事见诸记录者，以王子高《六么》为始，此曲实始于元丰以前。”“其盛行当在南渡后。”这就是说，北宋时代，音乐舞蹈开始与故事相结合，形成一种新的艺术形式——戏曲。到了南宋，戏曲才大盛。

《古剧脚色考》是王国维的又一篇戏曲论文，考察戏剧角色生、旦、净、丑命名的含义及其渊源变化，还考察了宋元戏曲中的面具、涂面、男女合演的源流。王国维指出，宋代以后，角色分为“三级”，实际上有三种含义，“一表其人在剧中之地位；二表其品性之善恶；三表其气质之刚柔也”。这是中国戏曲史研究中首次从理论高度对戏曲角色命名的概括。

王国维分别研究了戏曲目录、戏曲音乐、舞蹈和戏曲角色之后，对唐宋以来戏曲的发展线索已经了然于心，又搜集了大批戏曲史的资料，便进入戏曲史的研究和撰述了。据考订，王国维正式撰述《宋元戏曲史》是1912年，到1913年完成，1913年4月1日在上海《东方杂志》第9卷第10期开始连载，分8期载完。1915年，《宋元戏曲史》由商务印书馆出版单行本。

《宋元戏曲史》分为五大部分，共16章。钱剑平的《一代学人王国维》一文对该书内容作了如下的概括：

> 第一部分略论上古至五代戏剧，阐述了戏剧起源、发展的过程。第二部分论断了宋金戏剧的状况。第三部分叙述元杂剧的渊源、时代、存亡、结构与评论。第四部分阐释了元代的院本和南戏，着重对南戏进行了考证。第五部分为“余论”。……另附元代戏曲家43人的小传。[①]

《宋元戏曲史》是中国戏剧史开山之作，也是学术水平极高、影响极大的戏剧史著作，一直影响着中国戏剧史研究的发展，直到今天。

《宋元戏曲史》的发表，引起学术界的极大重视。王国维自己也为完成这部学术著作而自豪，他在序言中踌躇满志地说：

> （《宋元戏曲史》）凡诸材料，皆余所搜集。其所说明，亦大抵余之所创获也。世之为此学者自余始，其所贡于此学者亦以此书为多，非吾辈才力过于古人，实以古人未尝为此学故也。

《宋元戏曲史》发表后，好评如潮，无论学术界的旧派还是新派，都称赞不绝。日本学者更是推崇备至。此书把王国维推至当时学术界一流学者的地位，也是名实相副的。当然，随着时代迁移、研究深入，戏曲史的研究已经发展了，但学者研究宋元戏曲史时，仍然绕不过《宋元戏曲史》这部著作。

《宋元戏曲史》共5万余字，在商务印书馆的《东方杂志》发表时，只得稿费200元，王国维相当不满意，认为辛勤探研四五年，所得竟如此微薄，未免有些伤心。

《宋元戏曲史》的完成，也标志着王国维告别文学研究，走向史学研究。之

① 钱剑平：《一代学人王国维》，上海人民出版社2002年版，第245页。

前，他在《静安文集·自序三》上曾坦陈心态：

> 虽然，以余今日研究之日浅，而修养之力乏，而遽绝望于哲学及文学，毋乃太早计乎！苟积毕生之力，安知于哲学上不有所得，而于文学上不终有成功之一日乎？即令一无成功，而得于局促之生活中，以思索玩赏为消遣之法，以自逭于声色货利之域，其益固已多矣。

探求新的研究方向，留恋哲学、文学的品鉴，复杂的心情，也会随时间变化而渐次安定下来的。

杜鹃千里啼春晓

从1906年春，王国维随罗振玉入京等候差事以后，家中不断发生变故，使王国维南北奔波，身心疲惫。

1906年8月，王乃誉病逝于海宁老家，享年60岁。1908年1月，王国维的继母叶氏病卒于家。2月，王国维又一次从北京回海宁奔丧。1906年8月丧父，1907年7月丧妻，1908年1月又丧继母，前后三个年头，实际上只是一年半时间，家中失去三个亲人，王国维也三次从京南返奔丧，精神上的打击、身体上的辛劳真是无法形容。

妻子莫氏去世时，长子潜明（字伯深）8岁，次子高明（字仲闻）5岁，三子贞明（字叔固）还不足3岁。叶老夫人去世后，家中已无长辈照顾这三个年幼的儿子，自己又必须到北京学部当差，续弦是可行的办法。

娶谁家的女子来做三个幼子的继母呢？王国维想到发妻莫氏的嘱咐，便定了年轻的潘丽正。潘氏是发妻莫氏的表甥女，比王国维小10岁。莫氏在世时，潘丽正常来家中玩耍，和孩子们也熟悉。莫氏深知，王国维是不管生计之人，自己的饮食起居尚且弄不顺畅，三个儿子怎能依靠这个书生父亲照料成长？所以，临终的时候，莫氏曾向王国维推荐潘丽正，认为熟悉王家事务又是自己本家甥女的潘氏，一定能管好王国维这个家。亲属也知道莫氏的意思，纷纷劝说，说是趁叶老夫人丧事办完，就把潘氏娶过来，带到北京安好家。王国维和莫氏夫妻情深，不忍违背莫氏嘱咐，又有幼儿无人照顾的实际困难，于是便答应娶潘氏为继妻。莫夫人的母亲极力支持这件事，老人家为女婿着想，希望女婿能有安稳的家，继续做他的学问。好在旧时续弦，不像当年初婚那样有那许多礼仪，又是特殊时期，一切从简。1908年3月1日，潘丽正过门，正式成为王国维的继室夫人，称潘氏。这一年，王国维32岁，潘氏22岁。

也许家中最不适应这门婚事的，是长子潜明。这年9岁的潜明已经比较懂事了。原来经常来家玩的表姐，一下子成了自己的继母，对他刺激不小。日后潜明与继母不和，潜明与罗振玉女儿结婚后，婆媳不和，这给后来的王国维与罗振玉断交隐约埋下了因子。

北京学部差事不容拖滞。婚后，王国维只在海宁停留了一个月，便与潘氏收拾行装，于当年4月携家带口北上北京。这时候当然不能再住到罗振玉家里，便在宣武门内新帘子胡同租了一所小院子，全家安顿下来。从此，王国维便正式融入京华生活了。

文物千秋有废兴

1925年7月，王国维应清华学校学生会之请，作了一次讲演，介绍最近二三十年中国新出现的学术课题，后来记录稿发表在《清华周刊》第350期上，题目就叫《最近二三十年中中国新发现之学问》。王国维指出，这新发现之学问有五项，即殷墟甲骨文字、敦煌塞上及西域各地之简牍、敦煌千佛洞之六朝唐人所书卷轴、内阁大库之书籍档案和中国境内之古外族遗文。并且断言："古来新学问起，大都由于新发现。"

王国维很幸运，20世纪这些新发现，他都是第一批接触者和第一批研究者，站到了新学问研究的最前列。

王国维于1907年春天就接触到最新发现的敦煌文献了。

敦煌文献的发现和流失，也是20世纪中国学术史极其沉痛的事件。清光绪二十六年（1900）五月二十六日，敦煌莫高窟发现了藏经洞。原来敦煌鸣沙山一带是一片沙崖山坡，从六朝开始，人们就在山坡上开凿洞穴，洞内有泥塑彩绘菩萨像，四壁及洞顶皆有绘画，大多为佛教本生故事及飞天神仙之像，还绘有出资建洞的供养人像。千佛洞就是因为数百个洞窟、数万个佛像而得名。经过历代战乱，大多残破，残留部分仍然呈现惊人的美丽。1900年前后，已经荒凉不堪的千佛洞，由一个叫王道士的老人管理，其实也是民间行为，因为王道士供奉道家三清，居住在千佛洞。有一天，他无意中敲开洞壁，发现里面有个不到10平方米的小室，从地上堆到洞顶，都是手抄或印刷的书籍、佛教经典、绘画，甚至有唐宋以来的各种文书账册，内容极丰富。王道士据以为宝，但消息慢慢传出去。敦煌当地官吏昏聩无知，竟然置此国宝不顾，使大批国宝仍然堆放在这个小洞窟里。后人称这个小洞窟为藏经洞。

1907年5月，英国考古学家斯坦因到新疆一带活动，先在敦煌塞上及新疆罗布泊附近发掘到汉代木简数十枚，后来，在千佛洞认识王道士，终于以捐金修道观的引诱，使王道士打开了敦煌宝藏藏经洞。据斯坦因描述，藏经洞内佛经文书的卷子一层又一层地堆叠在地上，高达10英尺，地下还有无数散乱的文书、册页、画卷等，简直是一个文物宝库。佛经卷子中有许多是藏文写本，还有无数用印度文、梵文写的纸页，更有不少中东地区文字的纸片单页。斯坦因把这批文物挑选了一部分，装成24箱，另外将绣品及美术品又装成5箱，运回英国，至今藏于伦敦大英博物馆。王国维回顾这段过程时说：

> 千佛洞本为佛寺，今为道士所居。当光绪中叶，道观壁坏，始发见古代藏书之窟室。其中书籍居大半，而画幅及佛家所用幡幢等亦杂其中……至光绪丁未（1907），斯坦因与伯希和氏先后至敦煌，各得六朝人及唐人所写卷子本书数千卷，及古梵文、古波斯文及突厥、回鹘诸国文字无算。我国人稍稍知之，乃取其余约万卷，置诸学部所立之京师图书馆。前后复经盗窃，散归私家者亦当不下数千卷。

两个外国人运走数千件敦煌文物，才使国人惊醒：原来中国古代还有这部分财宝未为人所知！于是，一部分敏感的中国学者便开始注意收集、研究这批宝藏，终于开拓了一门新的学问——敦煌学。

1908年，与斯坦因先后到敦煌骗取各种文献的法国人伯希和把数十箱敦煌写本运到北京，住在苏州胡同里。他先把大部分敦煌写本装在大木箱里，托轮船海运回法国，藏在巴黎图书馆中。还有一些他认为精品或有意思的文献，留在身边，以示重视。伯希和并不精通中文，对中国古文字的了解也不多，不能很好地研究这批敦煌文献。后来，他打听到在学部任参事的罗振玉在考古学上修养甚深，特别是罗振玉收集整理甲骨文，已是学名四播。1909年中秋节，罗振玉应邀去拜访伯希和，并且观看敦煌文物。罗振玉也请王国维、蒋伯斧、董康三人一起前往。

这一天，大家起了个早，到罗家集中，一起驱车前往苏州胡同伯希和住所。寒暄之后便切入正题：观看伯希和带来的敦煌文物，主要是唐人写本及石刻。每取出一件，罗振玉、王国维等人便惊赞一次，这真是人间瑰宝！罗振玉到底是政府官员，意识到这批文物的价值，但又不能收回，清政府积弱，法不治外。他只好对伯希和说：这些都是中国的东西，务请先生能够整理出来，代我们一一拍照，寄一份到北京来。伯希和是考古学家，深知一个国家的古物对这个国家的意义，便很干脆地答应了罗振玉的要求。伯希和倒很守信用，回到巴黎以后，陆续把敦煌文献的照片寄到中国，给王国维等人的研究提供了宝贵的基础资料。

王国维从这个时候便开始认识到敦煌文献的价值，并着手探究了。不过，他手头戏曲研究正在铺开，还没有正式开始撰述敦煌学的文章。

1908年4月，王国维一家定居北京帘子胡同后，生活渐渐安定下来。学部有一份差事，薪水可以养家；工作不忙，便于著述。这一年，他完成了《词录》《曲录》两部词曲目录学的基础工作，为以后撰写《宋元戏曲史》做了文献资料上的准备。

这年的11月，清朝廷发生了巨变：祸国殃民的慈禧太后在光绪皇帝死后一天，也死掉了。3岁的溥仪继承帝位，年号宣统。3岁的孩子怎能君临天下？清廷便命溥仪的父亲载沣为摄政王，代管国家政权，主持国家政事。这个宣统皇帝是在1908年12月2日“继承大统”的，他是清王朝最后一任皇帝。这时候，革命党人更加活跃，国内外革命势力也逐渐加强，明眼人都可以看出：清朝廷的气数已经尽了。罗振玉有一封给王国维的信，说“连日报章载各处饥民骚动，阅之心恻。生计不讲，国与民将日蹙”①，写出了士人们的心境。

从1908年起，革命党人组织的武装起义连绵不断。1908年3月，黄兴率领主要由华侨组成的“中华国民军南路军”，在两广的钦州、廉州、上思起义。11月，光复会会员、新军队军官熊成基率马炮营千余人，在安徽安庆城郊起义。1909年10月，同盟会南方支部在香港成立，着手发动广州新军起义。1910年2月，广州新军起义。同盟会会员在全国各地组织各种会社，联络会党，宣传革命，一时国内革命气氛甚为浓烈。

清朝廷的中心北京，表面上仍然比较平静。朝廷上层的斗争，诡秘复杂，这对在学部任小小差事的王国维并无影响。他的官位卑微，够不上与闻军政大事。

当时，罗振玉住在北京象来街。他藏书丰富，见识广，人又比较豪爽好客，所以罗寓常成为京师饱学之士相聚谈艺的场所。王国维是罗振玉多年的好友，当然常去罗寓倾谈。在友朋酒酣耳热之际，谈诗论学之时，王国维性情依旧，还是沉默寡言，听到新鲜深刻的言论时，只是点头微笑而已。

王国维和罗振玉长期的友谊，同样把王国维引入20世纪另一项新学问之中，这就是甲骨文字学。

甲骨文字的发现，首功应推当时国子监祭酒（国家学府最高官员）王懿荣（1845—1900）。原来，早在19世纪晚期，中药店有一种叫龙骨的骨片作药出售，据说可以治虚痨之类。这些骨片大多出自河南安阳小屯村一带，实在是龟甲。当时该地农民在田间地头锄地时，发现了一些大小不一的龟甲，也不知埋在土里多久，收集起来，卖给药商，最后出现在北京的中药铺里。有一回，这位相当于最高学府校长的王懿荣生病，医生开了方子，家人便去抓药，龟甲便是其中一味。药抓来了，王懿荣要打开药包查看。过去读书人，多少都懂些药物知识，验药也是常规行为。王懿荣拿起一片龟甲细看，发现上面刻有一些图

① 长春市政协文史和学习委员会编：《罗振玉王国维往来书信》，东方出版社2000年版，第2页。

形，很像古文字。像王懿荣这样对古代文字如大篆、小篆、籀文都相当了解的读书人，敏锐地感觉到这些图形肯定是一种文字，虽然不能识别，但有重要意义。只是药包的龟甲很少，无法比较鉴别。这位祭酒大人甚是机灵，马上吩咐家人：把北京城药铺里叫作龙骨的龟甲统统买回来！王懿荣既懂行，又有钱，更是国子监祭酒，办这件事并不难，一下子京城药铺的龙骨即甲骨文龟甲片都被他收购一空。

等到京城其他学者、官僚察觉这件事，再去药铺查问时，已经来不及了。王懿荣事前打听过，龟甲出于河南安阳小屯村，为了保持收罗的领先地位，他故意说是从河南其他地方收到的。同时，他不惜重金，派人往安阳小屯村一带直接向农民收购。这样一来，对甲骨上图形极感兴趣的刘鹗、罗振玉和很多日本、美国人士，都无法得到甲骨片，怅怅不已，而王懿荣则成为最早也最多收集甲骨片的人，而且以一个学者的敏感，推测这些图形是一种前所未见的古文字。

为什么是古文字？原来龟甲出土的河南安阳小屯村，正是殷代都城的废墟。司马迁《史记》中就有“洹水南殷墟”的记载，殷墟既是殷朝故地，出土的龟甲骨片，很可能刻画着有关殷朝的史事。

王懿荣也许对这些甲骨片考释过，结果却无从知晓，因为他已经再也看不到这些心爱的甲骨片了。原来，1900年八国联军先后攻陷天津、北京，那个使中国人备感屈辱的7、8月，慈禧和光绪仓皇化装逃跑，出城经西北山路，辗转逃到西安。王懿荣作为留守大臣，留在北京。眼见外国军人烧杀抢夺，无数中国珍贵文物宝藏被抢被毁，作为一个文化官员，他感到无法忍受，终于怀着极其沉痛的心情投水自尽了。一个诗礼传家的家庭，一个收藏许多文化古物的国子监祭酒的家族，从此沦落。王家后人也不争气，谋生无术，欠下许多债务，唯一的办法是出售祖上留下来的东西。1902年，王家的儿子把王懿荣收集珍藏的甲骨片1000多枚卖给了刘鹗。

刘鹗（1857—1909），江苏丹徒（实居淮安）人，字云臣，笔名鸿都百炼生、老残。他学识广博，对数学、医术、水利、乐律都有研究；人很聪明，又长袖善舞，在上海开店、设书局、办工厂，又在英国人办的煤矿任职，积蓄了不少家财。八国联军侵占北京时，他向俄军购买被他们掠夺的太仓储粟，用来救济灾民。这本是好事，谁知被一批官僚嫉恨，他们在1908年告了刘鹗一状，罪名为“私散仓粟”。刘鹗流戍新疆，最后病死在乌鲁木齐。他写过著名的谴责小说《老残游记》，表达救国思想，文字生动，脍炙人口。他又是一个多面学者，金石碑版书画都有收集珍藏，也是最早注意甲骨文字的学者之一。

当年王懿荣的儿子为了还债出售其父珍藏的甲骨片时，刘鹗就出重金收购过来。细品这些骨片，刘鹗感到价值重大。接着，他又打听到山东潍县有个叫范维卿的古董商，曾卖给浙江定海人方药雨300多枚甲骨片，又设法买了回来。同时，他又多方搜求，重金求购，前后共得5000多枚甲骨片。这已经基本上把出土流传于社会的甲骨片收得差不多了。这是20世纪头几年的事。

恰好，那时罗振玉在刘家教书，学生便是刘鹗第四个儿子刘大绅。后来罗振玉索性把一个女儿嫁给刘大绅，刘罗两家成了姻亲。刘鹗和罗振玉都是学者，又共同对甲骨文字感兴趣，两人便决定要把这埋没2000余年的甲骨文字公之于世。1903年，刘鹗从自己收藏的甲骨片5000余枚中选出1053片，编成《铁云藏龟》一书，正式印行。这是一次极有远见的学术行为，中国第一部甲骨文字著作问世，正式宣告一门新的学问诞生。罗振玉为这部学术专著写了序，主要对甲骨文字形成的技艺，以及产生的原始，作了一番考察。不过，《铁云藏龟》印行时，刘罗两位还来不及对甲骨文字本身进行识别。

中国第一位识别甲骨文字的人是浙江瑞安人孙诒让（1848—1908），他是国学大师、著名的教育家，曾任浙江教育会首任会长，擅长经史之学，引领一时之潮流。孙诒让并不守旧，虽然他不参加革命派活动，但他的学术眼光要比革命派学者敏锐得多。当时章太炎就否认甲骨文字，认为是伪造的，不成文字云云。孙诒让很专业，在《铁云藏龟》印行后，他得到一部，马上进行研究。以其深厚的文史和文字学水平，以及精湛的学术思辨能力，他很快便认识到甲骨文字的意义。1904年，孙诒让写成《契文举例》，研究了甲骨文字的字形、字义，考释了许多甲骨文字。这是中国第一本专门从文字学角度对甲骨文字进行研究的著作，把甲骨文与“六书”直接联系起来研究，标志着甲骨文字研究已经进入到文字本身了。孙诒让因此也成为中国第一位识别甲骨文字的学者。

所以，从甲骨文字发现到成为一门专门的学问，王懿荣、刘鹗、孙诒让三位学者功不可没。

接下来认真研究甲骨文的，便是罗振玉、王国维了。20世纪初，刘鹗编印《铁云藏龟》时，罗振玉便参与其中，还为此书作序。1906年罗振玉任学部参事，便开始注意收集甲骨，以后更加竭力搜求，请好友及弟弟罗振常多次往彰德地区、洹水之阳及河南其他地方，尽力搜购。当然，一旦成为商品，甲骨片也会有人造假。有一次买来2万片，去伪存真，只得3000余片。不过，罗振玉大网搜求，收获当然很大。到他1916年写《殷虚书契后编序》时，他收藏的甲骨达数万片。当年刘鹗收藏的甲骨，后来流散了，一部分归罗振玉。罗振玉为了纪念老朋友，把这一部分拓印为《铁云藏龟之余》。有千余片被上海的犹太富商哈同买走，到1916年时，哈同的夫人罗迦陵请王国维选拓，成《戬寿堂所藏殷虚文字》，收拓片600余片。另外一些分别被一些学校和学者收藏。

甲骨文字的出现和研究，可以说王国维几乎从一开始就参与了。1906年，王国维在北京学部当差，几乎日日和罗振玉在一起，切磋学问。罗振玉收集研究甲骨，王国维不能无动于衷。王国维治学严谨，厚积薄发，对甲骨文字也是这样。同时，1906年至1909年间，王国维正集中精力研究宋元戏曲，也腾不出更多精力开拓新的领域。

1908年春，王国维在北京的生活颇为舒适，生活稳定。他一家人住在新帘子胡同一所四合院里，房子不少，住着王国维一家五口，还雇有男仆女仆各一人。王国维在学部上班，工作很清闲。本来学部就是一个闲置的机构，堂上长官也很少理事，王国维正好埋头读书著述。即如《词录》《曲录》等著作，要阅读很多书籍才能写得出，王国维也能比较快地完成。

潘氏是一个能干的女人，王国维不管家务，薪水发来，如数交给潘氏。平时吸烟、买几包红锡包，再伸手向潘氏讨钱。潘氏对莫氏留下的三个男孩，也是执行家教，虽然有时要求过于严厉，但不管怎样，家庭生活总算舒适平顺的。1909年7月，潘氏生下了一个女儿，王国维取名为明珠，仿佛真是掌上明珠了。不过，也许注定这颗明珠受不起家人的珍爱，只活了七个月，于1910年2月死了。计算起来，王国维两个妻子，各生的第一个孩子都是女儿，都不能成活。

莫氏的长女活了两个多月，潘氏的长女活了七个多月。[①]

女儿早夭，并不会给王国维带来太多的痛苦，因为他正在学术中愉快地游行。王国维把新帘子胡同这所小四合院命名为“学学山海居”。“这个名称，原出于扬雄的名言：‘百川学海而至于海，丘陵学山不至于山。’意谓学海有涯，而学无止境。”[②]当然，王国维高阳酒徒式的单身生活也结束了。妻儿没有到北京时，王国维常和罗振玉的女婿刘大绅、长子罗君美一起，到宣外大街喝大酒缸，一杯酒，几颗咸水毛豆、煮花生，喝得红鼻子、红眼睛，飘飘然回家去。[③]等潘氏和儿子们到了北京，又单独租有四合院居住，喝酒逛街的日子一去不复返了。当然，王国维也有了更多研究学问的时间。他写《词录》前后，校辑词集三四十种；他写《曲录》，阅读各种参考书，得目2220本，最后录3000本；校订《录鬼簿》，写《宋大曲考》（后增订为《唐宋大曲考》）等，收获是很丰硕的。

日本学者狩野直喜在《回忆王静安君》一文中，回顾这段时期与王国维交流戏曲研究学问时说：

> 可能明治四十三年（?）左右吧，我们得到一个消息，在敦煌发现的遗书，除了法国的伯希和、英国的斯坦因带走的以外，都在前清朝廷的学部里保管着，我与我们京都大学的内藤（虎次郎）、小川（琢治）、滨田（耕作）、富冈（谦藏），奉命去北京出差，作一些调查。当时罗叔韫君是京师大学堂的农科大学长，前面提到的藤田博士也在那里任教，他们为我们的遗书调查提供了许多方便，王静安君也在农科大学当职员，挺热情地招待我们。
>
> 当时我打算研究元杂剧，在京都大学也已经开始讲授这门课，恰巧王

① 袁英光、刘寅生《王国维年谱长编》、钱剑平《一代学人王国维》等专著，把明珠称“长女”，不确。王国维第一个女儿生于1898年5月30日，同年8月8日殇，是莫氏第一个孩子，未取名。

② 陈鸿祥：《王国维传》，团结出版社1998年版，第174页。

③ 参见刘蕙孙：《我所了解的王静安先生》，载吴泽主编、袁英光选编：《王国维学术研究论集》（三），华东师范大学出版社1990年版，第460—461页。

> 静安君与我相似，也作了一些这方面的研究，已经有了著述《曲录》和《戏曲考原》。我利用出差北京的机会面会王君，听了他关于元杂剧研究的谈话，觉得非常有意义。①

狩野直喜还说："根据王君的看法，传统的中国文学研究以诗文为中心而忽视了戏曲小说类，这种偏见是全然的谬见，戏曲小说也有跟诗文一样的重要性。"王国维研究《红楼梦》和宋元戏曲，就是用杰出的学术成绩反驳那种轻视小说戏曲的谬见的。从京都大学一群教师到北京起，王国维又多认识了一批日本学者，以后他流寓京都，彼此有了更多的交往，学问也有了更多的交流。

1910年，与王国维交流学问的学者中，增加了一位目录学家缪荃孙。

缪荃孙（1844—1919），江苏江阴人，字炎之，晚号艺风，目录学家、金石学家、藏书家、图书馆学家。早年为张之洞撰《书目答问》，闻名于世。1910年9月，任京师图书馆监督，王国维则在京师图书馆任编辑，以前早已谋面，现在又共事了。缪荃孙长王国维30多岁，学问已经成熟，尤其在目录学、金石学方面修养甚深，足为王国维的老师。缪荃孙也很尊重王国维。两人经常交流商讨古籍的版本源流、校勘订误等学术问题，使王国维受益良多。

1911年上半年，王国维仍然维持平稳的书斋生活。这年1月，第四个儿子纪明（字季耿）出生了，这也是潘氏第一个儿子。新帘子胡同这所四合院内，因婴儿的啼笑而增加了不少生气。

2月，罗振玉又创办《国学丛刊》，想借刊物推动学术研究。《国学丛刊》的发刊词是王国维写的，其文高屋建瓴地说：

> 学之义不明于天下久矣，今之言学者，有新旧之争，有中西之争，有有用之学与无用之学之争。余正告天下曰：学无新旧也，无中西也，无有用无用也，凡立此名者，均不学之徒，即学焉而未尝知学者也。

---

① 陈平原、王枫编：《追忆王国维》，中国广播电视出版社1997年版，第342页。

这表明了王国维纯学术的态度，也是他当时从事研究的切实体会。不过，《国学丛刊》是短命的，只出三期，便因辛亥革命而夭折了。即使以后罗振玉在日本办同名刊物，学术气氛已经不同，无法真正接续。因此，发刊词成为王国维在辛亥革命前最后一篇关于学术研究的理论文章。

第四章　浮泛海东

干戈满眼西风凉

辛亥革命，是20世纪中国最伟大的事件之一，推翻了两千多年的封建帝制。辛亥革命也是20世纪中国文化的大转折，科学、民主的思想堂堂正正地进入了中国文化主流。

当王国维还在北京新帘子胡同的“学学山海居”里沉迷于戏曲研究的时候，中国大地已经像一只沸腾的锅子了。

1911年4月，同盟会会员温生才刺死广州将军孚琦，虽然被捕就义，却大大激励了革命党人的斗志。过了20天，黄兴率100多名敢死队员，攻入广州的两广总督衙门，86位革命党人英勇牺牲，他们的埋骨处就是现在广州的黄花岗烈士墓园。

5月，清朝廷改组政府，撤销军机处，成立以五位皇族为首的责任内阁，企图稳定局势。但是，局势哪能稳得住！以保卫铁路的民族权益为号召的爱国运动风起云涌，从湖南、湖北、四川、广东直到东南各省，民众纷纷起来呼吁，罢工罢市罢课，抗议清朝廷所谓铁路国有实则出卖给外商的卖国行为。旅日旅美的华侨华人捐资出力，影响越来越大。

7月，同盟会人士及其他爱国人士纷纷建立组织，以团结群众，扩大革命影响。北京有宪友会，上海有中国同盟会中部总会，上海还有锐进学社等组织成立。

8月，上海丝厂工人罢工，反对减工资。成都举行万人保路大会，议定全省罢市、罢课，抗纳捐税，不认外债，得到各地响应。

9月，四川总督赵尔丰枪杀请愿群众32人，打伤数百人，造成“成都血案”。四川保路同志军立即实行武装起义，包围成都，全省响应。这个月，武昌的革命团体文学社、共进会组成统一的起义领导机关，决定总动员计划。月底，同盟会会员吴玉章等人领导起义军占领四川荣县，宣布独立，革命党人领导的第一个地方政权终于出现了。

革命浪潮汹涌澎湃，王国维的小四合院却依然安静，他并没有罗振玉的政治敏锐性。这时候罗振玉经常通告王国维形势危急：“昨闻湘变，湘抚被戕，电信已断。此变若起，恐不易扑灭，如何如何！”[①]他们这批清朝廷学部之官吏，当然是无可奈何的。

1911年10月10日，熊秉坤率新军起义，清廷的湖广总督瑞澂、新军统制张彪弃城逃遁，辛亥革命爆发。第二天，起义军攻占武昌、汉阳，中华民国湖北军政府宣告成立，并宣布废除清朝年号，中国为中华民国，推迫黎元洪为都督，还急电请孙中山回国主持大计。接着，湖南、江西、广东、山西、云南等地纷纷宣布起义，成立军政府。各地清朝廷官员作鸟兽散，狼狈逃亡。北京虽然没有起义，但起义的硝烟，已经把那个千疮百孔的王朝烤得焦头烂额了。

怎么办？三十六计，走为上计。在人心惶惶、形势混乱、战火将至的关头，许多贵族官僚都打算逃避。在北京，最方便的是逃到天津，那里有外国人的租界，“大概革命党人还不敢打进去”。不过，天津生活费用高，一下子涌进许多腰缠万贯的贵族官员，各种物价腾飞，房价更贵了。更重要的是，天津也是中国的一部分，一旦北京不保，声称“反对强权”的革命党人，焉知不把天津租界也收回？贵族官员们乱成一团，纷纷自找出路逃亡。

罗振玉肯定要走的，他已是清朝廷学部四品参事，地位同现在司局长一级，算是个头面人物，再加上他家财不赀，图书金石无数。王国维呢，只不过是一

① 长春市政协文史和学习委员会编：《罗振玉王国维往来书信》，东方出版社2000年版，第2页。

个小办事员，在政界没有地位。不过，王国维在处理日常生活事务上是个无能的人，时局混乱，他更没有主意。他原本可以回南方老家，但现在逃离北京的人很多，天津南下的船票价格飞涨，一家七八口人，支出甚巨，也不能不踌躇。这时候，也在学部工作的日本人藤田丰八给罗振玉、王国维出主意：你们为什么非要去上海不可呢？天津到上海船票每人数十元，而且不易购到。现在天津到日本的船票并没有涨价，还是十几元一张，合起来不过是到上海船票的六七分之一。你们都去过日本，熟人很多。日本生活费便宜，你们的川资足够在日本生活两年。不如你们先到日本，游历一番，以后看形势，是南是北，再作打算。事实上，当时从天津到日本，丙等（三等）船票不到三元，低廉的价格很有吸引力，特别对于收入不高、家财有限的王国维而言。

罗振玉和王国维等人还不甘心，在天津等南下的船，等了一个多月，仍买不到船票。

罗振玉等人还在犹豫等船的时候，日本方面的友人却热情相邀了。日本京都大学教授内藤虎次郎、狩野直喜、富冈谦藏等人，都来信邀请。还有一个本不认识的和尚，本愿寺住持大谷伯光瑞派了一个在北京的本愿寺僧人，上门极力邀请罗振玉去日本，还许诺借给房子以居住眷属。国内形势紧迫，日本友人又不断发出热情邀请，罗振玉和王国维等人再三商量，下了决心，还是先到日本再说。

1911年11月，天气已是初冬，天津往日本的轮船码头在大沽口，亦快要结冰了，只有一艘千吨的商船“温州丸”开往神户。一起同行的，有罗振玉一家、罗振常一家、罗振玉女婿刘大绅一家和王国维一家，共20余口。其中王家算是人口多的，王国维、潘氏、四个儿子（莫氏生的三个，潘氏一个）、男仆冯友、女仆钱氏。他们上船后发现，船上已经人满为患，客房根本无法安排。罗振玉官大年长，被船长尊重，让出船长室给他居住，其他三家只能一起挤在货舱中。海上风大浪高，船的吨位又小，上下颠簸，行速缓慢，在海上挣扎了七天，才抵达日本神户港。

日本京都大学的教授们，包括藤田丰八和内藤虎次郎、狩野直喜等人，早在神户港码头迎候。当日，这四家人也不停留，马上驱车前往京都，到先租定的房子里安顿下来。日本朋友还一起护送到京都。当晚，狩野直喜夫妻还在自己的寓所里准备好饭菜，招待这批旅途劳顿、饥肠辘辘的客人。

王国维等人租住的房屋在京都郊外吉田町田中村。罗振玉先住在山下，王国维等另外三家则住在吉田山的山坡上。一排五六幢出租的日本平房，刘大绅一家住在最前面，隔壁是罗振常一家，再过一两栋空房，就是人口众多的王国维家了。

此地是城郊的村舍，四面环山，风景优美。罗振常的女儿罗庄后来回忆道：

> 西京四面皆山，旧称山城国。初居田中村，再移神乐冈。其地风景幽胜，气候适中，小楼一楹，仅堪容膝，而纤尘不染，席地凭几，犹然古风。窗外山光岚气，朝晖夕阴，奇瑰不可名状。绕屋则溪流如带，日夜潺湲。比屋而居者，有刘季缨姊丈大绅、王静安姻丈国维。二家多仆媪童稚，隔篱呼应，悉作乡音，颇不岑寂。[①]

仿佛桃花源，这几家人安定下来，又可以过读书研究的平稳日子了。可是，正如罗庄感叹的："虽山川信美，惜非吾土，终难已故国之思。"是的，宣统皇帝还没退位，这批感情上忠于清王朝的人始终放心不下，时刻想到居留田中村只是"暂避兵火"。

罗振玉离开北京时，王公大臣不以为然。皇族宝照就对罗振玉说："你竟然洁身自好离去吗？何不稍停留些日子，直到无可作为时才走？"罗振玉答应把家属送到日本后，只身返回北京。这几家人到京都田中村安顿好后，第三天，罗振玉果然乘商船到大连，再走陆路回到北京。这时，革命形势更加明显，清王朝覆灭只是旦夕之间而已。停留北京十多天，连贵族王公大臣都认为大势已去，无可作为了。罗振玉就离开北京，再次到京都田中村。罗振玉一去一来，给还存有妄想的田中村人带去了绝望：北京是回不去了。

更确切的消息在1912年初传到日本。1月1日，孙中山在南京宣誓就任中

① 陈平原、王枫编：《追忆王国维》，中国广播电视出版社1997年版，第418页。

华民国临时大总统，宣告中华民国成立。11日，孙中山宣布自任北伐军总指挥，任命黄兴为北伐军陆军参谋长，制订六路北伐计划。清政府当时的内阁总理大臣袁世凯要夺取政权，一面与南京革命政府谈判，一面压抑清朝廷，要宣统退位。内外交困、毫无希望的清朝廷只得屈服。1912年2月12日，清朝末代皇帝宣统宣布退位，统治中国268年的清王朝灭亡了。

清王朝灭亡，使日本京都田中村的流亡者断绝了希望，他们既回不了国，又不能以任何政治身份生活了。前学部参事罗振玉虽然"忠愤"，但饶有资财，衣食无愁。罗振玉还在吉田山下盖了一所相当大的房子，名之为"永慕园"，后来还在园中加了一栋小楼，楼下是写作室，楼上是大云书库和宝翰楼，存放着大量图书卷轴、金石文物。

王国维就不同了，他在日本始终没有自建房子，是租房居住。他官不过学部小吏，收入不多，积蓄有限，家口多，慢慢地经济便困顿起来。好在罗振玉够"义气"，每月赞助王国维一百元，算是请王国维帮他整理图书、抄定文稿的酬劳，实是帮助王国维一家生活。王国维也没有办法，原来以为局势很快平定，他一家可以从日本坐船返上海，回海宁老家，现在是不可能了。当得知清帝退位，袁世凯攫取了政权，王国维借古讽今，写下《读史二绝句》，其一云：

> 楚汉龙争元自可，
> 师昭狐媚竟如何？
> 阮生广武原头泪，
> 应比回车痛哭多。

项羽、刘邦真刀真枪争夺天下，龙争虎斗，原本没话可说。像司马昭那样用阴谋手段攫取政权，那算什么？《晋书》上记载，石勒曾骂司马昭"欺他孤儿寡妇，狐媚以取天下"，这里指袁世凯当上内阁总理大臣，上下其手，最终夺取了政权的事。后两句以阮籍自比。阮籍不满司马氏政权，途过河南广武楚汉争战的古战场，曾感叹说："时无英雄，使竖子成名！"这种痛苦，比平时驾车找不到道路而痛哭，更使人悲愤。在王国维的心目中，袁世凯比南方革命党人更加可恨。

日本生活，米价比较贵，其他反而节省，又没有更多交际应酬，只是帮罗振玉整理藏书，自己研读，所以，在北京时每月生活费百元左右，到田中村反而70元左右就可以维持了。

王国维深知，清朝已经不可能复辟，一个王朝已成过去。在日本住了半年之后，他写下长篇七言古诗《颐和园词》，以诗存史。诗成，受到许多有同样感受的士人赞叹，罗振玉甚至为之手写，再付诸石印。近百年来，为《颐和园词》笺释者不乏其人，从不同角度给予评论。直到1980年，王国维在清华研究院的学生谢国桢，还以小楷抄录，赠给学生邓云乡。

《颐和园词》全诗的感情是缅怀清室，感慨其沦亡，亦有对慈禧的讽刺和对袁世凯的揭露，因此，邓云乡先生认为："因而从诗见人，以人论诗，不唯存一时之掌故，见一代之沦亡，而更可以从诗中分析作者的感情，研究作者的思想。"①从缅怀清室到投水自尽，都离不开颐和园，这也是王国维的悲剧。

王国维也颇为《颐和园词》自豪，他在给日本汉学家铃木虎雄的信中说："前作《颐和园词》词一首，虽不敢上希白傅，庶几追步梅村。"又说："此词于觉罗氏一姓末路之事略具，至于全国民之运命，与其所以致病之由，及其所得之果，尚有更可悲于此者。"这封信透露了两点思想，一是王国维把清王朝称为"觉罗氏一姓"，并未表示如何忠贞志诚，只看作改朝换代，可见那时还没有以后那种愚忠。另一是认为清王朝的灭亡当然可悲，但国民的命运更加可悲。王朝并不与国民同一。不过，王国维还未清醒。

又向殊方阅岁阑

在田中村沉静的日子里，王国维一面继续戏曲研究，一面考虑学术重点的转移。前者的成果，便是发表于《东方杂志》上的《宋元戏曲史》，作为王国维戏曲研究的结束；后者则开始探索20世纪新出现的学问，走向古代历史、文物

---

① 邓云乡：《水流云在丛稿》，中华书局2001年版，第290页。

的考证论析。1911年六七月间写成的《唐写本太公家教跋》，便是王国维第一篇研究敦煌文化的文章。接着有《隋唐兵符图录附说》，研究古代器物，发表在《国学丛刊》第一、第三册上。到1912年，王国维写成《简牍检署考》，这篇用功甚深、四易其稿的学术论文，发表在日本《艺文》杂志上。这是王国维第一篇研究简牍的论文。敦煌文化、西域出土简牍，正式纳入王国维的研究范围。

《简牍检署考》一文得以发表，是译者铃木虎雄起了重要作用，他把这样艰深的中国古代书写工具的研究论文送到日本读者面前。“简”是竹简，“牍”是木片，也是书写文字的，今称木简。“检”是简册最上面的封板。竹木简捆成筒状，最外面的封板，有如现在的图书封面。“署”就是“检”上的文字符号。王国维考察，中华民族先民最早书写文字，从刻画开始，有甲骨、竹简、木简、金属等，竹、木、简使用最广。并且，他还详细地考索了简、牍、检、署的形制及其变化，并以古代典籍的记载和斯坦因在西域发掘的简牍检署作为实证。这篇关于中国古代书册的学术论文，是近代以科学方法观照书册史的奠基之作，影响甚大。

研究敦煌文化和古代书册形制，说明王国维具有深厚的中国历史文化知识的积淀和超越前人的学术眼界，以后他转入古史地文物研究，便不会有知识储备的障碍。

罗振玉是个相当有学术敏感的人。他们几家在日本安定下来之后，王国维天天到罗家，帮罗振玉整理图书器物，得以深谈。罗振玉劝王国维专门研究“国学”，罗振玉说：

> 至欧西之学，其立论多似周秦诸子，若尼采诸学说，贱仁义、薄谦逊、非节制、欲创新文化以代旧文化，则流弊滋多。……士生今日，万事无可为，欲拯此横流，舍反经信古未由也。公年方壮，予亦未至衰暮，守先待后，期与子共勉之。

罗振玉还慷慨地把大云书库向王国维开放，收藏的50万卷藏书、数千件古器物铭识拓本、千余件古彝器及古器物，都可以提供王国维检视研究。罗振玉一方面看到王国维是研究型的人才，另一方面深感旧文化的衰落，生怕随着清王朝覆灭而旧文化消亡，所以极力劝王国维研究“国学”。

当时，随着辛亥革命的胜利，以科学、民主为旗帜的新文化运动已经露头，大量宣传新文化思想的书报杂志，在国内如潮水般涌现。虽然各种思想主张并不一致，但对于批判封建主义的旧文化都是激烈的。远在日本的罗振玉，比王国维了解更多，想得更远。

王国维被罗振玉的谈话感动了，深深觉得自己以前的学问并未醇厚，特别是关于哲学研究的言论，不够深刻。感慨之余，为了表示转入“国学”研究的决心，王国维把行李中100多册《静安文集》一把火烧了，从此埋头进入古代历史文化领域研究中去。

有趣的是，王国维烧掉的《静安文集》只收12篇论文，都发表于1904年至1905年两年间。1906年后写的词学研究和戏曲研究的著述不在内，这表示他并没有忘情于文学。事实上，到王国维逝世，他的书房里还有《静安文集》，商务印书馆代售也没有停止过，古人“不悔少作”的心思，王国维还是有的。烧书不过是表明学术转向的决心而已。

王国维的朋友、日本京都大学教授狩野直喜回忆王国维到京都以后的学术兴趣转移，说：

> 我觉得来京都以后，王君的学问有一些变化。也就是说，他好像重新转向研究中国的经学，要树立新的见地。可能他想改革中国经学研究。比方说，聊天的时候我偶尔提到西洋哲学，王君苦笑说他不懂，总是逃避这个话题。以后他扩展了元杂剧研究，写了《宋元戏曲史》，可是对他来说，写这本书已完全属于消遣。此前他说过，杂剧的研究以他的《宋元戏曲史》为终结，以后再也不研究了。那么在京都的时候，他的学问研究的本领在哪些方面呢？当时他精细地重读《十三经注疏》《前后汉书》《三国志》等等，在京都他有很多自由的时间供他精读。[1]

---

① 陈平原、王枫编：《追忆王国维》，中国广播电视出版社1997年版，第344页。

这位日本学者的观察还是准确的，王国维转入“国学”研究，并不是沿着乾嘉学派的老路子走下去，而是要树立新的见地，想改革中国的经学研究。

王国维是一个质朴的学者，在京都期间，也是这样。据日本学者回忆，王国维到日本后，先住在京都田中百万遍（地名）的中华料理店，不久，搬到附近租的房子住，就是罗氏后人回忆的地方。后来又搬到百万遍寺庙左边古怪的日本房子里，住了比较长的时间，之后再迁居神乐冈。罗振玉就在神乐冈净土寺附近建了房子。不过京都城乡变化很大，原先的乡间土路现已通电车，所以已经没有当年的模样了。

著名的中国戏剧史专家、日本学者青木正儿有一段生动的回忆，写的是在百万遍初访王国维的情形：

> 顺着田中村百万遍邮局旁边的路向北走一会儿，西边有三个杉木围墙的小楼房。我想其中正中的一个大概是王先生的家。我向里边请求传达一下，一个女佣人从土间走出来，她好像正在厨房做事，这是我预先预料到的，并不吃惊。有生以来第一次说着实用汉语，后来我想，也许因为她是南方人，所以没有听懂我的官话，不过我的意思是很简单的。她并不搭理我，向二楼大声叫喊了一句。我大吃一惊，她像是不礼貌的寄宿老板娘向在二楼的书生喊叫。不久有了下楼梯声，一个人出现在门口了。这个垂着辫子、相貌丑陋的乡下人就是挺有名的王先生。①

许多日本学者的回忆，都说王国维在京都时期埋头读书，钻研甲骨文字，生活朴素。也说到王国维其貌不扬，不善言辞，有点口吃；会日语，但不流畅。不过，回忆中都一致推崇王国维学问深厚，又循循善诱。对来请教中国文学的日本友人，王国维总是以诚相待，切实指点。铃木虎雄回忆道：

① 陈平原、王枫编：《追忆王国维》，中国广播电视出版社1997年版，第379页。

> 他寓居京都田中村的时候专心于词曲研究，当时我也起了研究词曲的念头，屡次敲他的门，领受教诲。……当时王君精读《十三经注疏》。他又从与他一起来的罗叔言振玉先生研究龟骨文字。为了龟骨文字研究，王君差不多每天到罗先生处。我从王君那儿得到的启发不限于词曲一事，关于书籍、清朝典故、社会风俗、日常琐事等等受益处不胜枚举。[①]

后来日本学者盐谷温在《中国文学概论讲话》中也证实："王氏游寓京都时，我学界也大受刺激，以狩野君山博士起，久保六随学士、铃木豹轩学士、西村天囚居士、亡友金井君等都对于斯文造诣极深，或对曲学的研究吐卓学，或竞先鞭于名曲底绍介与翻译，呈万马骈镳而驰骋的盛观。"[②]

王国维对田中村一带风景很欣赏，认为日本树木多，是很好的。树的绿色给他的研读和著述带来很大的安慰。特别是秋天山野间的红叶，使他诗兴大发，写下《观红叶一绝句》：

> 漫山填谷涨红霞，
> 点缀残秋意太奢。
> 若问蓬莱好风景，
> 为言枫叶胜樱花。

樱花当然是美丽的，但花开花落，时间甚短。经霜的红叶就不同，可以在枝头比较长久地映日透红。王国维还是喜欢更耐久的生命吧？

1913年1月，罗振玉在田中村净土寺町的新居建成。土地是以日本朋友的身份购买的，因为日本法律不准外国人买土地。在这数百坪的土地上，建立四间楼房，后又增加藏书楼一所，这样宽大的房屋，既可居住，又可藏书、待客。原先寄存在京都大学的书籍古器物，现在都可安放在藏书楼中，还起了个名字

---

① 陈平原、王枫编：《追忆王国维》，中国广播电视出版社1997年版，第355—356页。
② 转引自袁英光、刘寅生：《王国维年谱长编》，天津人民出版社1996年版，第80页。

“大云书库”。整理书籍器物的工作，少不了王国维的帮助，而且，在藏书楼下的书房中，设两张书桌，一张稍大，是罗振玉的；一张稍小，是王国维的。王国维像上班一样，每天到大云书库去整理图书、研读古籍。

埋头读书，但仍不能忘情世事。1913年2月4日，是阴历壬子岁除夕前一夜，罗振玉、王国维几家旅居日本山中的中国人，仍然按中国风俗过年。每逢这种中华民族的传统节日，海外华人总是倍加思念家乡。对王国维来说，目前身居异国，生活困难，寄人篱下，不能不更有感触。他提笔写下《壬子岁除即事》一诗：

又向殊方阅岁阑，梦华旧事记应难。
缁尘京洛浑如昨，风雪山城特地寒。
可但先人知汉腊，定谁军府问南冠。
屠苏后饮吾何憾，追往伤来自寡欢。

诗的初稿与定稿有字句变化，但“追往伤来自寡欢”的主旨没有变。36岁的王国维，也有点感到老之将至的悲凉了。日本的山川虽美，日本的日月虽安，日本的朋友虽诚，但王国维浓重的故国之思，使他对日本友人举办的一些活动，特别是仿效中国古代仪礼游乐的活动，并不很领情。阴历三月三日，是中国晋代名士们修禊的日子，王羲之等人在绍兴兰亭修禊的事，成为士大夫模仿的雅事，曲水流觞也成了一种游乐。倾心中华文化的日本学者也学着修禊。据冈崎文夫回忆说：

癸丑（1913）三月三日在京都开兰亭会，当然不是为了修禊事，只是以禊序为由头的清游而已。让徵君（王国维）感兴的是会稽的山水、内史的风流以及流寓的嘉客，因事怀人，因人思国。徵君的胸中郁结着四千年的中国文化，他没有以青年时空想的自由的浪漫性安居异邦土地。[①]

---

① 陈平原、王枫编：《追忆王国维》，中国广播电视出版社1997年版，第370页。

王国维只觉得在异邦搞这种活动，十分可笑。他在给缪荃孙的信中便嘲讽道："春间，此间日人有兰亭会之举，因系永和后第二十六癸丑之故。讵知故国乃无年号可呼，与称牛儿年何异！以之相譬，可发一笑！"

既然有兰亭会，日本友人热烈相邀，王国维只好去参加。按修禊习惯，每人还要写诗助兴。王国维诗名在外，《颐和园词》早在日本传观，此时不能不为诗。写什么呢？王国维决定写一首学问诗，这便是《癸丑三月三日京都兰亭会诗》。此诗并没有写故国之思，更与亡清无涉。诗中考订《兰亭集序》版本的源流，从五义之起，写到历代对王书《兰亭集序》的重视和变化，对书体的变革给予高度评价。诗的最后感喟文物的废兴："文物千秋有废兴，江河万古仍滂沛。君不见，兰亭曲水埋荒烟，当年人物不复还。野人牵牛亭下过，但道今是牛儿年。"

这一年的4月，王国维把家搬到京都吉田町神乐冈八番地，其实都是田中村一带，与原来居处距离并不远，只不过地方风景好些，房租大概也便宜些。他在给缪荃孙的信中对自己的新居和生活作了介绍：

> 移居吉田町神乐冈八番地，背吉田山，面如意岳，而与罗、董二公新居极近，地亦幽胜，惟去市略远耳。移居以后，日读注疏一卷，拟自三礼始，以及他经，期以不间断，不知能持久否？[①]

果然，王国维一头扎在古籍中，甚至诗也不写了，直到两年之后，才动诗笔。不过，他的古代文物的研究开始有收获了。

1913年，王国维先把戏曲研究告一段落，写成《宋元戏曲史》，交上海商务印书馆主办的《东方杂志》发表，然后马上进入考古学、历史学、古文字学的领域，连续写成《明堂庙寝通考》《释币》《秦汉郡考》《齐鲁封泥集存》等著名论文，掀开他学术生涯新的一页。

---

① 刘寅生、袁英光编：《王国维全集・书信》，中华书局1984年版，第35页。

研究生活虽然如鱼得水，现实生活却日益窘迫。王国维在日本没有收入，只靠罗振玉每月补助100元维持，家庭人口又多，连潘氏新生下的女儿，一家九口人，衣食都依赖罗家供应，实在不可能。在收支不平衡时，王国维首先想到节约。长子潜明13岁了，照例要上学读书。本来，在京都有一所京都大学教职员办的同志社中学，是为大学教职员子弟就学而办的。铃木虎雄很关心王国维长子入学之事，前后奔走，总算答应收留。王国维一计算，学费很贵，自己实在支付不起，只好以日本中学课程不适合中国孩子，将来这些孩子要回中国作为理由，婉言谢绝了日本友人的好意。孩子不能入学，只好在家中自己教。好在王国维当过师范学堂老师，抽空指点儿子们读书还是可以的。

更重要的是要增加收入。写文章发表，一来稿费不高，二来没有保证。他的《宋元戏曲史》仅得200元稿费，其他文章稿费更少。

恰好，有个日本人宫房治郎是上海同文书院第一期毕业生，在沈阳主办一份《盛京时报》，任社长。王国维经朋友介绍，担任《盛京时报》特邀撰稿人，写些读书札记，在报上连载，专栏名《二牖轩随录》《东山杂记》和《阅古漫录》，《盛京时报》每月送稿费30元。这应该说是固定收入，而且对王国维来说，随读随写，也很方便。不过，这些读书札记的发表时断时续，从1913年7月12日开始，断断续续到1915年11月28日，并非连载。更叫王国维苦恼的是，《盛京时报》并没有按原来约定每月送稿费30元，而是时有时无。总之，这批札记虽然被王国维以剪报的形式保存，但并不重视，生前也没有提及，直到2000年11月，才由社会科学文献出版社收入《王国维学术随笔》中，予以出版。不管怎样，生活费用增收已经迫在眉睫，并且直接影响王国维家庭生活的平稳了。潘氏性格急躁，有时不免发脾气。

罗振玉对此当然有所了解。他正支持王国维“返经信古”，又需要王国维与他共同研究甲骨文等古代文物，就想出了一个学术性的法子：重新出版《国学丛刊》。清亡之前，罗振玉在学部当参事，曾创办一个学术刊物《国学丛刊》，由王国维主编，只出三册，就因逃亡日本停刊了。现在，罗振玉决定恢复《国学丛刊》，并且得到国内一些学者的支持。终于在1914年春天，《国学丛刊》复刊，主编王国维，月薪200元。这月薪可不低，几乎相当于当时国内一般大学教授的薪水了。王国维有了这样优厚的固定收入，家庭生活没有了困难，他可以从容著书立说了。

《国学丛刊》为双月刊，内容主要是校刊古籍和发表学术著作，这当然受到学术界的注意，而且印行出售也有一定收入。所发表的古籍和著作，以后再出单行本。这也是当时刊物惯常的做法。后来这个刊物的内容各自成书，取名《雪堂丛刻》，出了52种。雪堂是罗振玉的号，也是丛刻的出资人了。王国维主编《国学丛刊》扩大了发表著述的园地，许多新的论文都是先在《国学丛刊》上发表的。

从主编《国学丛刊》开始，王国维的古代历史、地理、文字、器物等各方面的研究，不断取得新的成果，到他1916年回国时，已经成为学术界独树一帜的专家了。正如他后来回忆道：

> 自辛亥十月寓京都，至是已五度岁，实计在京都已四岁余。此四年中生活，在一生中最为简单，惟学问则变化滋甚。客中书籍无多，而大云书库之书，殆与取诸官中无异。①

《国学丛刊》复刊时，王国维代罗振玉写了一篇序，刊于1914年6月印行的《国学丛刊》复刊第一册中。序里明确提出，学术研究的重点，放在新发现的古文献、文物上：

> 然而问诸故府，方策如新，瞻彼前修，典型未沫，重以地不爱宝，天启之心，殷官太卜之所藏，《周礼》盟府之所载，两汉塞上之牍，有唐壁中之书，并出尘埃，丽诸日月。芒洛古冢，齐秦故墟，丝竹如闻，器车踵出。上世礼器之制，殊异乎孙叔；中古衣冠之奇，具存于明器。并昔儒所未见，幸后死之与闻。非徒兴起之资，弥见钻求之亟。

---

① 转引自袁英光、刘寅生：《王国维年谱长编》，天津人民出版社1996年版，第140页。

后来，王国维把20世纪最早的二三十年（包括19世纪最后10年）称为“发见时代”，而王国维则成为“发见时代”的学术先行者。

王国维最早撰写的历史考古文章，应是1913年4月撰写的《明堂庙寝通考》。明堂原是古代帝王宣明政教的地方，凡朝会、祭祀、庆赏、选士、养老、教学等大典，都在这里举行。不过明堂的制度变化很多，历来学者众说纷纭。王国维根据已有的典籍，更根据金文、龟卜文等新的学问，详细地论析明堂从家庭居室到帝王宫室的历史，分辨宗庙、寝庙建筑的形制和名称，廓清古史上的迷雾，为古代宫殿建筑的历史和礼制作了小结。

两个月后，王国维又写成《布帛通考》（即《释币》），上卷由衣服制度考证布帛之长短广狭，下卷为附录，载有历代布帛之丈尺度数。文章对汉代至元代布帛价格的排比综合，可以见历代经济变化的情况。虽然考释的只是衣服布帛，实际上已是对古代经济的考察了。

1913年王国维写完以上两篇考古学文章，表明他在学问转移上的成功。他这些著作，得到不少学者的肯定。罗振玉曾回忆1915年春天拜访国学大师沈曾植时，沈曾植的赞赏态度：

> （沈曾植）指案上静安所撰《简牍检署考》曰，即此戋戋小册，亦岂今世学者所能为。因评骘静安新著，谓如《释币》及考地理诸作，并可信今传后，毫无遗憾，推挹甚至。①

学术转移顺利，使王国维更加坚定了研究的路子。

书声只在淙潺里

1914年，中国国内相对稳定，袁世凯坐稳了大总统宝座，北洋军阀也暂时安于现状，社会议论虽多，但相对比较平静。孙中山等革命党人被袁世凯势力

① 陈平原、王枫编：《追忆王国维》，中国广播电视出版社1997年版，第30页。

压迫，不少人到了日本。这年7月，中华革命党在日本东京成立，孙中山任总理。国民党的机关刊物《民国》在东京创刊。章士钊主编的鼓吹“国学”的《甲寅》杂志也在东京创刊。革命党人暂时还没有军事力量与袁世凯抗争。当然，西方科学民主思想通过书籍、刊物，特别是学校教育，更加流播。6月，留美学生胡明复、任鸿隽、赵元任、胡适等人在美国发起成立中国科学社，发行《科学杂志》。8月，第一届清华留美学生在上海登上“中国”号轮船出洋留学。当然，也有遗老从右翼反对袁世凯，劳乃宣在9月末发表《正续共和解》，曲解古事，妄图复辟。1914年的中国，有点像相对平静的大河，虽然波涛较小，但水下的暗流正激烈回旋。

1914年，王国维37岁。这一时期他的研究成果主要在汉晋简牍、金文、甲骨文三个方面。

在介绍这三方面的研究之前，还应提到头一年王国维为罗振玉收藏的齐鲁封泥拓片排比编辑成的《齐鲁封泥集存》一卷。古时简牍卷成筒状，最上的封板是“检”。用绳子捆好，在绳子收束打结的地方涂上泥块，再在湿泥块上加盖印章，就像后代火漆一般。这是秦汉前的官方文书常用的方法，既慎重又保密。这块泥土带着印章的纹刻，叫作封泥。封泥极难保存，因为泥块干后易碎，有关官吏收到公文后打开审阅，也往往毁坏封泥。目前以古代山东半岛齐鲁旧治出土较多。封泥出土多的地方也是官方文书较多的地方。封泥与官印相同，可以证实地名、官制、地理管辖等，由此还可推定当时的政治、经济情况。19世纪吴式芬、陈介祺的《封泥考略》已收部分封泥，除去重复的，罗振玉收有429枚。王国维为《齐鲁封泥集存》写了序，指出考释封泥，“皆足以存一代之故，发千载之覆，决聚讼之疑，正沿袭之误，其于史学裨补非鲜”。这种以地下实物与存世史料文书互证的方法，已开日后史学“二重证据法”之先河了。

先说汉晋简牍。

汉晋简牍的研究是20世纪新学问之一。1907年，英国学者斯坦因在敦煌西北古长城废墟中发现千枚汉代木简，以前他在尼雅及楼兰古国遗址上也曾发现过魏晋木简，以及两地出土的古代纸文件、帛书等，共计2000多件，都运到了法国。法国法兰西学院教授沙畹经过研究，选取其中较完整的991件撰成考释，付印成书。1913年，沙畹将此书初校本邮寄给罗振玉。这位法国汉学家对汉文字学和史学的知识有限，考释不准确、排比不科学之处很多。罗振玉和王国维看后，都认为必须对这批中国古代历史的遗物作重新研究，二人便作了分工。1914年2月，考释已成草稿，最初题名《屯戍丛残考释》。后来由王国维统一手写石印，书名定为《流沙坠简》三卷，“第一卷为小学术数方技书，共80片，由罗振玉署名；第二卷为屯戍丛残，由王国维署名；第三卷为简牍遗文，亦由罗振玉署名”[①]。

沙畹的著作是用法文写的，由罗振玉的三儿罗福苌译为汉语。罗、王两人认为，沙畹书中收的991件简牍中，588片应重新考释、分类。王国维负责的部分是直接关系两汉屯垦戍守驻兵的文件，反映当时史事，有些甚至是史书上失载的。王国维不仅认真考释，还感到这批文物关系到两汉魏晋历史的考证、研究，为此，他先写成《流沙坠简序》，后又写成《流沙坠简考释并序》《斯坦因访古图表》（图、表，并附记）等予以阐发。

《流沙坠简》是中国第一部以地下出土文物为实证的汉代制度和西北地理的研究专著，罗振玉和王国维两人都深知其意义之重大。罗振玉在《流沙坠简序》中强调：

> 乃知遗文所记，裨益甚宏。如玉门之方位，烽燧之次第，西域二道之分歧，魏晋长吏之治所，部尉由候数有前后之殊，海头楼兰地有东西之异。并可补职方之记载，订史事之缺遗。

1914年7月，王国维给国内学者缪荃孙的信中也兴奋地谈到此书：

> 岁首与蕴公（罗振玉）同考释《流沙坠简》，并自行写定，殆尽三四月之力为之。此事关系汉代史事极大，并观存之汉碑数十通亦不足以比之。东人不知，乃惜其中少古书，岂知纪史籍所不纪之事，更比古书为可贵乎！

---

① 袁英光、刘寅生：《王国维年谱长编》，天津人民出版社1996年版，第104页。

考释草草具稿，自谓于地理上裨益最多，其余关乎制度名物者亦颇有创获。

信中的“东人”指日本人。有些日本学者认为，西域这些出土文件中没有古书，即没有史书记载的中国古籍，所以价值不大。其实，许多中国学者士人亦持相同态度。王国维认为，正因为这些文件记录了史书上没有记录的事，才有极高的价值。一是发掘古董，一是研究历史（包括历史地理），两者侧重不同。王国维的看法，正表明他是一位真正的学者，他的思维与眼光超越了同时代许多人。

八个年头之后，鲁迅在《热风》一书有篇《不懂的音译》，对《流沙坠简》和王国维作出公正的评价：

> 中国有一部《流沙坠简》印了将有十年了。要谈国学，那才可以算一种研究国学的书。开首有一篇长序，是王国维先生做的，要谈国学，他才可以算一个研究国学的人物。

鲁迅的评价，代表了新文化运动的领袖人物对王国维的肯定。

再说金文研究。

金文是秦汉以前铸刻在青铜器皿上的文字。自春秋战国以来，上自天子诸侯，下至名门望族，都喜欢铸造青铜器皿，有些作为祭祀之用，有些作为生活之用。这些青铜器皿上铸刻的文字，称为金文。金文内容丰富，举凡国家大事、家族祈许、赐赠誓言等，都有表达，关系到许多历史事件，以及当时的社会制度。北宋以后，许多学者如欧阳修、吕大临、赵明诚等，对金文很重视，考释方面也很有成绩。明清以后，金文考释更受注目。不过，由于没有对青铜器皿上的金文作统一研究，各种考释歧出，不利于学术发展。王国维在前人著作的基础上，做了一个系统的整理和考释。从1914年开始，他先后写下《宋代金文著录表序》《宋代金文著录表》《国朝金文著录表序》和《国朝金文著录表》等著述。这不仅是金文研究的索引工具书，还为现代的金文研究开路。

这个工作是繁杂的，即便录载清代金文著录，就有3364件器皿。王国维完成这些著述后，也知道还有一些疏漏，但是因为转入甲骨文字研究，再没时间继续深入考索了。

但是，王国维对青铜器皿的考察研究并没有停止。以后，他写过《毛公鼎铭考释》（1916年）、《两周金石文韵读》（1917年）、《秦新郪虎符跋》（1920年）、《小盂鼎跋》（1921年）等，直到去世前，对金文研究仍未忘情。同时，王国维也以其精湛的金文知识指导学生。著名的金文学家容庚先生回忆20世纪20年代开始钻研金文时，得到王国维的指导甚多：

> 余之得读先生文，始于《雪堂丛刻》。时力不能购，乃假之于同学卢瑞，并录其《宋代金文著录表》《国朝金文著录表》两种，按图索骥，不啻得一良师也。民国十二年夏，北大研究所国学门欢迎会上始识先生，嗣后屡访之于织染局十号，录其所为金文题跋。《金文编》成，承订正二三十条。①

事实上，王国维指导过的学生中，许多人以古文字学家名世。王国维文字学研究的精神与学识，也会流芳久远。

最后介绍1914年王国维的甲骨文研究。

前面说过甲骨文发现的历史，到20世纪初，中国甲骨文存世的骨片及拓片，大部分为罗振玉收藏。最早的甲骨收藏者王懿荣来不及整理考释，便死于1900年八国联军之难。家中甲骨片大部分归刘鹗。刘鹗编成《铁云藏龟》，甲骨文才首次和大众见面。浙江学者孙诒让1904年写成《契文举例》，据《铁云藏龟》首次考释甲骨文字。不过，这本著作并没有及时付印，直到王国维从日本回上海，在罗振玉弟弟和三儿子合营的蟫隐庐书肆中，发现了孙诒让的手稿。原来孙诒让1908年逝世后，家人不懂珍惜，竟把《契文举例》手稿以五元廉价出卖，为罗家所得，无疑增强了罗振玉、王国维研究甲骨文的兴趣。

罗振玉收藏的骨片两万余件，加上刘鹗《铁云藏龟》的拓片，以及由其他途径收得的拓片，数量惊人。经过排比对照，1913年编成《殷虚书契前编》，

① 陈平原、王枫编：《追忆王国维》，中国广播电视出版社1997年版，第256页。

1914年有《殷虚书契菁华》，1915年有《铁云藏龟之余》，1916年有《殷虚书契后编》等著作，正式使甲骨文的考释和研究成为一门专学，成为20世纪文史研究的最大成就之一。王国维不仅参与了这些著作编辑、考释、论析的全过程，而且有不朽的贡献。至今学术界仍把甲骨文研究称为罗王之学，是公允的。

1915年，罗振玉写成《殷虚书契考释》印行，考出甲骨文485字，另编收1003字，并“考求典制，稽征旧闻”，考索了殷周的帝系、京邑、祀礼、卜法、官制、文字，奠定了甲骨文分类系统研究的基础。10年后，王国维还说：“（甲骨文）审释文字自以罗氏为第一，其考定小屯之为故殷虚，及审释殷帝名号，皆由罗氏发之。”①

罗振玉这部杰出的著作，虽然署名罗振玉，但从学术讨论、贡献意见、编校审定，到手写成书，都有王国维的功劳。

更重要的是，王国维为《殷虚书契考释》写了两篇序（分别称为“序”与“后序”）。两序首先从学术角度大力肯定罗振玉的功绩，甚至认为“我朝三百年之小学，开之者顾先生，而成之者先生也”，强调甲骨文字的研究是文字学的巨大成就。其次，王国维给甲骨文字作了比较完整的定义：“殷虚书契者，殷王室命龟之辞，而太卜之所典守也。其辞或契于龟，或刻诸骨，大自祭祀征伐，次则行幸畋渔，下至牢鬯之数，风雨之占，莫不眕于鬼神，比其命书。”殷代社会的各个方面，都由专门官员刻在龟甲、骨片上。因此，甲骨文实是殷代社会历史的实录。最后，论述甲骨文在文字学和文章学源流方面的作用，“使后之治古文者，于此得其指归，而治说文之学者，亦不能不探源于此”。

前后两篇序，实是我国正式论述甲骨文字的学术论文，指示了今后研究甲骨文字的途径。当时国学大师沈曾植曾这样评论王国维治学的创新精神：“君为学，乃善自命题，何不多命数题，为我辈遗日之资乎！”

善自命题，指王国维善于发现新的研究项目，以新的方法，探研出新的结论。王国维在史地学、文字学方面的成就，是创新的成就。

1914年是王国维完成学术转移的一年。这一年中，他研究汉晋简牍、金

① 佛雏编：《王国维学术文化随笔》，中国青年出版社1996年版，第288页。

文、甲骨文，均有开创性的成绩。生活的安定和经济收入的丰厚，又使他心情舒适。

关于《殷虚书契考释》一书的作者，曾成为一桩学术公案，直到20世纪50年代才大白于世。原来罗振玉撰写此书时，经常和王国维商量，采纳王国维的意见。最后，全书还由王国维书写定稿，交付刊印。所以，《殷虚书契考释》一书初印本是王国维手写本，作者署名为罗振玉。这本来并无争议。只是后来罗振玉拥戴的溥仪复辟，逃到东北弄了个伪满洲国，依附日本侵略者，成了傀儡。罗振玉在“满洲国”任高官，污名远播，为学界不齿。所以王国维在清华研究院教书时的学生向罗发难，一些革命人士甚至认为，《殷虚书契考释》一书定为王国维所作，只是署罗振玉之名，因为成书时罗振玉对王国维有恩嘛！实际上，1925年王国维在清华研究院给学生讲演时，就明确说“罗氏于宣统庚戌撰《殷商贞卜文字考》，嗣撰《殷虚书契考释》《殷虚书契待问编》等”。现在，《殷虚书契考释》的手稿已发现，完全是罗振玉的手笔。商承祚师有文回忆：

> 王国维之死，谣言蜂起，最引人注目的莫过于郭沫若谓王之死，乃罗振玉逼债造成的惨剧……正在此期间，我适在北京，有一天，途遇陈梦家，他悄悄的同我说：“《殷虚书契考释》的稿本被我买到了，完全是罗的手笔，上有王的签注，印本即根据此稿写定的，您有空，请到我家看看。”（陈去世后听说此稿归考古所）该书是请王为之謄（誊）正并加入王说而付印的，那些头脑简单和从恶意出发的人，以为王写的就是王著，得此“证据”，就断下结论，足见其可笑程度。①

这个学术小风波也因稿本发现而烟消云散了。其实，在研究甲骨文字方面，罗振玉和王国维各有创获，甲骨文专家陈梦家指出：

> 罗氏在《殷虚》贞卜（文字考）序中所举的考史、正名、卜法的三个

① 陈平原、王枫编：《追忆王国维》，中国广播电视出版社1997年版，第268页。

目标，他自己只做到正名的基础，卜法研究一直到科学发掘以后才开始，而考史一目是王氏首先建立根基的。联系正名与考史，以纸上史料与卜辞相印证，是王氏所特别看重的。①

随着时代进步，甲骨文字研究也有长足的进步，取得巨大的成绩。但是，由罗振玉和王国维开拓的这门罗王之学，还是值得学人们尊重的。

王国维自己当然为写定的《殷虚书契考释》刊印感到高兴，他既参与这部著作的创作，又为自己开辟新的学术领域而自豪，于是写下《题〈殷虚书契考释〉》一诗：

不关意气尚青春，
风雨相看各怆神。
南沈北柯俱老病，
先生华发鬓边新。

“南沈北柯”是王国维很尊重的老学者。“南沈”指沈曾植（1850—1922），浙江嘉兴人，字子培，号乙庵、寐叟等。清王朝时历任刑部主事、安徽提学使、署安徽布政使护理巡抚。支持康有为、梁启超变法。辛亥革命后以遗老自居，住在上海。学识渊博，对西北历史地理、古今律令、书法等有很深的研究，著有《海日楼文集》，包括文、诗、札丛等。王国维此时还未认识沈曾植，下一年返乡扫墓才相识，两人相见恨晚，彼此钦佩对方的学问。沈曾植很赏识王国维，而此后十年，特别居上海五年多，沈曾植亦师亦友，对王国维有较大影响。“北柯”是柯劭忞（1850—1933），山东胶州人，字凤孙（荪），号蓼园。清王朝时历任编修、侍读、湖南学政、湖北及贵州提学使、京师大学堂总监督。辛亥革命后，曾任议员、清史馆代馆长总纂，又任北京大学国学门导师。柯劭忞对传统国学钻研甚深，经史、词章、训诂、金石等都精通，著有《新元史》等。王

① 转引自钱剑平：《一代学人王国维》，上海人民出版社2002年版，第339页。

国维在学部当差时，曾经与柯劭忞交往，惺惺相惜。王国维特地把这两位前辈点出来，说明他对年长他11岁的罗振玉的尊重，有如对年长他20余岁的沈曾植、柯劭忞一样。

1915年2月，王国维终于把罗振玉的《殷虚书契考释》写完了，举首西望，屈指算来离开中国四年，家乡庐墓，时在念中。按中国民族传统，清明是要扫墓的。即便不是正日子，春天扫墓也是人子尽孝道的事。正好，罗振玉也要回国到故乡一行，两人约定，在上海会合，再定行止。

1915年3月，王国维带着家人，乘船到上海，马上转小轮船，回到海宁。一家大小，拜会亲友，有许多应酬，不在话下。更重要的是，王国维一家人到郊原王乃誉夫妇墓前，诚恳地祭拜一番。事后，王国维独自一人先到上海，迎候罗振玉。4月，罗振玉从日本回上海，王国维到码头迎接。罗振玉因为撰定《殷虚书契考释》，对甲骨出土地河南安阳很感兴趣，想约王国维一起到河南访古。谁知王国维眼睛又生毛病，不敢远行。这时，王国维承罗振玉介绍，去拜访沈曾植。在麦根路11号沈寓，王国维初次结识了这位学界前辈。这一年，沈曾植65岁，王国维39岁。

两人一见面，便谈论学问，主要谈古音韵。原来沈曾植事前读过王国维写的《殷虚书契考释后序》，沈曾植对后序中概括三百年来文字学的盛衰发展深感满意，认为王国维是可以讨论古音韵学的人。在沈曾植对其学问赞赏之余，王国维也谦虚地向沈曾植请教古音韵的学问，对以后的研究有所促进。

这年4月，罗振玉返回日本，王国维带着长子潜明随之一起乘船，再一次返回京都田中村神乐冈家中。妻子和其他儿女，早已安顿在海宁，不再赴日了。

1915年，王国维除了主编《国学丛刊》外，主要在撰写历史考据论文，如《鬼方昆夷玁狁考》《胡服考》《生霸死霸考》等，还和日本学者林泰辅讨论关于周代礼制问题。

《鬼方昆夷玁狁考》一文，考证《史记》中鬼方究竟是地名还是族名。王国维广泛参考各种青铜器铭，以及先秦两汉的文献，又从古地理和古音韵的情况考析，论定鬼方、昆夷、薰育、荤粥、玁狁，以及后来的匈奴、胡，都是同一民族名称的不同译音，殷代的鬼方即是汉代匈奴的族祖。这篇文章得到史学界广泛好评，也有学者提出不同意见。这是正常的。王国维作一家之言，启发了人们以地下出土的青铜器与传世文献互证，从多学科角度去研究北方古代少数民族的历史，是很有意义的。即便他的结论未必是史学界定论，却促进了学界同仁的思考和研究。

《国学丛刊》第十八卷中，刊印了王国维的一篇《袴褶服考》(后改名《胡服考》)。这是一篇很有趣味的文章，叙述胡服（少数民族服饰）在中国流行的经过，以及历代的变化。文章不只是考察服饰，而且深入到中国古代汉族与北方少数民族文化交流、互动的关系。对北方少数民族历史的考察研究，始终是王国维感兴趣的课题。

1915年末，王国维还完成了研究古代历法的《生霸死霸考》，文章刊于《国学丛刊》第二十卷，刊出时已是下一年的1月（阴历十二月）了。汉代刘歆《三统历》有“死霸，朔也；生霸，望也”。至于什么是“生霸”“死霸”，清代以来，莫衷一是。王国维据《说文》等典籍和《曶鼎铭》等青铜器铭文，指出这是古代把一个月分为四份的做法：“一曰初吉，谓自一日至七八日也；二曰即生霸，谓自八九日以降至十四五日也；三曰即望，谓十五六日以后至二十二三日；四曰即死霸，谓自二十三日以后至于晦也。”这解读了古文献上关于历法的问题。日本学者新城新藏认为，仅此一文，也足使王国维名垂不朽，因为：

> 根据这一解释，武成的日月能很通畅地解读出来，这不能不说是解决了刘歆以来二千年的悬案。进一步考虑，这一月的四分法被认为是西洋方面周的原始形式，所以王君的研究，不能不说对纪元前千年的周初或更早以前东西方是否有文化交流提供了极重要的材料。[①]

关于一月四分法的解说，至今学术界还有些争议，不过，王国维立此一说，影响至大，也确实解决了先秦古籍中的一些历法问题。

在日本的生活虽然平静，但王国维内心也是有考虑的：初到日本时靠罗振

① 陈平原、王枫编：《追忆王国维》，中国广播电视出版社1997年版，第352页。

玉每月补助100元为生，以后主编《国学丛刊》，每月领200元薪水。实际上这些钱都是罗振玉出的。罗振玉把弟弟派往上海，开了一间书店，收购古书画，拿到日本出售，赚些钱维持两个大家庭的生活，已日渐艰难。王国维年近不惑，永远依附一个人生活和研究，心中不能无憾。按常理推想，王国维早就设想过谋生之路了。1915年春回国扫墓，探访亲友时，王国维显然透露过回国谋生的口风。到了年底，王国维的同乡邹安来信，邀请王国维回上海，任哈同夫人出资办的学术杂志的编辑，待遇优厚。这显然是王国维谋事的回音。经过考虑，又和罗振玉反复商量，最后王国维决定接受邹安的邀请，携子回国，到那个还没有开办的杂志任事。

丙辰年（1916）正月初一，一大早王国维就到罗振玉家拜年，两位老友品茗清谈，欣赏古书画和翻印的照片，当然也谈到王国维到上海后的设想。正月初二（2月4日），王国维和长子潜明终于启程了。罗振玉和三个儿子，还有日本友人狩野直喜到京都车站送行，依依惜别。王国维父子当日抵达神户。初三，乘坐日轮“筑前丸”离开神户港，踏上回国之路。

王国维的离开，使罗振玉伤感怀念，在王国维坐的船还在海上航行的时候，罗振玉在2月5日（送别后一日）就写了一封信说：

> 公行后，岑寂殊甚，念二十年来，客中送客，已成习惯，然未有如此别之惘惘者。家人及儿子辈恐弟苦寂，日夕省视，以不言相慰。想公别离之感，与弟正相等也。①

这时王国维正在船上与风浪颠簸抗争。船过长崎时，风浪特别猛烈，虽然还没有呕吐，但不能起床，一直躺了一日两夜，才稍缓过来。因为风大浪高，轮船走了五天，直到初七下午两点钟，才抵达上海三菱码头。罗振玉的弟弟振常，以及老朋友樊炳清、范兆经、张尧香等人早已等在码头迎接。大家相见，当然高兴，自有一番说话。当天晚上，王国维父子就住在樊炳清家中。几天以

① 长春市政协文史和学习委员会编：《罗振玉王国维往来书信》，东方出版社2000年版，第26页。

后，再另行租房居住。王国维到上海后，接连收到罗振玉三封信，颇为感动，在2月13日给罗振玉的信中也说："读公初三日惜别之书，更难为怀，好在花事前后总可相见，多作书之约当能践耳。"

王国维从日本回到上海，生活掀开了新的一页。

第五章　哈园著述

蟪蛄十里违山耳

1916年，中国国内政治形势动荡复杂，南北双方政治势力的斗争，以及新文化运动的开展，都让人们思考中国未来的道路。

袁世凯称帝闹剧，是这一年头件政治大事。袁世凯早有做皇帝的打算，在坐稳总统宝座后，即加快称帝进程。1915年8月，袁世凯授意杨度等人成立筹安会，主张君主立宪，拥袁称帝。不久，英国政府对此表示欢迎。到12月，国民大会又“一致”赞成君主立宪，通过决议劝进。袁世凯假意推辞一番，然后装成勉为其难的样子接受帝位。1916年元旦，在文武百官的簇拥下，当上“中华帝国”皇帝，年号洪宪，1916年即为洪宪元年。袁世凯称帝的活动，南方革命党人始终反对。当所谓国民大会决议一出，云南军民在唐继尧、蔡锷、李烈钧等人的领导下，宣布云南独立，组织护国军，维持共和，起兵讨袁。接着，两广、贵州等纷纷宣布讨袁。而袁世凯的部属也明确反对帝制，使袁内部已无支持力量。再加上全国舆论抨击帝制，袁世凯这个皇帝实在当不下去了。3月22日，在内外反对声中，袁世凯宣布撤销帝制，他的皇帝梦只做了82天，成了一场闹剧。袁世凯也于6月6日发病死去。北洋政府陷入军阀派系纷争，而南方各地方势力乘机扩大地盘，巩固自己的权力。孙中山从袁氏称帝起，即积极部署讨袁活动，在军事方面派陈其美为江浙皖赣总司令，并就近联络湘、鄂两省，调动讨袁军事力量。孙中山又多次阐明共和政体，坚持中华民国的原则。北京的国会在袁世凯死后，也在全国民众舆论交迫中，通过废除帝制等各措施。袁世凯称帝失败，说明在中国复辟封建帝制已是绝不可能的了。

新文化运动此时也正风起云涌。1915年9月，陈独秀在上海创办《青年杂志》，宣传新的价值观、人生观。到1916年9月，改名《新青年》，成为新文化运动的理论刊物，有力地推动了时代思潮。1916年12月，蔡元培被任命为国立北京大学校长，以思想自由、兼容并收的主张，支持科学、民主思想，使北京大学成为新文化运动大本营，陈独秀、胡适等新文化运动领袖人物即以北大为阵地，鼓动全国舆论。

上海华洋杂处，还有一小批遗老，却安静如常，只是都相当悲观。王国维自称没有阅报，绝不知时事，实际上忙于两件事：一为租房搬家，一为任职仓圣学校事宜，实在顾不上外边的世界。

2月初，王国维看定了爱文义路上大通路吴兴里392号房屋，每月房租29元，2月起租。此处地段不错，房子也安静，他相当满意。接着是买家具、做书架、办家居杂物，忙个不停。长子潜明，于13日先行返海宁，准备把家属接到上海。王国维又为儿子们读书打听，安排两个儿子进青年会学校，学费每年60余元，午膳3元，若住校则年需一百六七十元。“初到沪上，费用甚大”，这便是王国维返国后第一件为之苦恼而忙碌的事。

更教王国维犹豫的，是哈同花园学校的事，因为王国维正是为到哈同花园编书而回国的。

介绍人邹安，是王国维的同乡朋友。邹安实是浙江杭县人，字寿祺，号适庐，对古籍金石颇有研究。1915年，被哈同夫人罗氏请去担任上海仓圣明智大学教授兼编辑。邹安知道罗氏想办一个学术杂志，主要考研“字学”“礼学”“文学”及释道宗教，认为王国维是最佳人选，又能为王国维解决生活问题，所以去信日本，邀请王国维回上海任编辑。想来邹安事前已经同主办方谈好了，否则王国维不会贸然回国的。

哈同花园的主人哈同（1856—1931）本人的历史就是一部西方人在上海的发家史。他是英籍犹太人。年轻时到上海，先在洋行当门童，仗着洋人身份，改行投机房地产业。19世纪末20世纪初，上海经济发展很快，各国商人和中国富人都在上海购地买房，哈同适逢其会，很快成了上海滩的大亨。有了财富，哈同就设法装扮自己的面目，先以慈善家身份出现，要办教育了。他在上海有一处很大的花园，众多的房子，起名爱俪园，通称哈同花园。1916年初，哈同夫妇在哈同花园内办了一个大学，先叫作广仓学宭。仓，是传说中造字的仓颉。他们要广大仓颉之学，但“学宭”之名到底不是学校名称，接着办了一个仓圣明智大学。有了大学，还要办学术杂志。有了钱，便弄出这样的荒诞剧了。陈鸿祥先生的《王国维传》描写这件事很生动：

曾与哈同夫人结拜过“姐妹”的前清上海道台瑞澂夫人廖克玉说，这个学校的校长是个“和尚”。所谓“大学”，全是鬼话，哈同夫妇附庸风雅，欺世盗名而已。事实上，哈同并不过问其事。哈同夫人罗诗，即王国维所称“罗氏”，原名俪蕤，字迦陵（1866—1941），自称“先世法兰西人”。廖老太太说她本是不学无术的“缝纫婆”，当哈同“司阍”时与之姘居。后来哈同变阔了，她在“哈园”内俨然是“老佛爷第二”，抬手举足都仿慈禧太后。而那个“和尚”，本姓潘，名翥云，江苏睢宁人。他“追本溯源”，因周文王姓姬而改姓姬，易名“觉弥”，号“佛陀”，比罗氏小二十来岁，此时正值30岁壮年，廖老太太说他是“哈同老婆的面首（男妾）”，所谓“学宭”“大学”“杂志”皆他一手操纵。王国维则说此人提倡“仓学”，皆“荒诞不经，随口胡诌”。①

王国维和姬觉弥见面，就十分不满意。1916年2月18、19日，王国维给罗振玉信中就表达了这种感受：

哈同花园连往二日，见其办事毫不合法，而某君（指姬）之言尤散无友纪。其欲刊行月报，曰欲提创仓教也，而所谓仓教（仓颉之教）者，又

① 陈鸿祥：《王国维传》，团结出版社1998年版，第213页。

全为荒谬不经随口胡诌之说，虽景叔亦畏而笑之。[①]

姬觉弥又想让王国维任教务长，被王国维婉言拒绝了。经过多方几次谈判，终于把哈同花园的工作事情定下来，决定办三个刊物：一是《学术丛编》，王国维主编；二是《艺术丛编》，邹安主编；三是《仓圣大学杂志》，况夔笙主编。《学术丛编》分经学、小学、史学三门。《艺术丛编》分金石、书画、古器等门。至于那本《仓圣大学杂志》，可刊载杂七杂八的文章，诸如姬觉弥发挥所谓仓教教理之类的胡诌，都可发表。

刊物采取包办的办法，即由主编决定发表的一切，每月主编薪水200元。稿子发表有稿费，每页五六百字的，每页三元，或者千字五元。发表金石书画古器物的照片，除照片费外，稿费与文章相同。

这个结果，王国维是满意的。上海米珠薪桂，家用很大，王国维有了固定收入，生计不愁了。同时，王国维离开日本后，罗振玉出资办的《国学丛刊》也办不下去，两人的学术著述总要有一个发表的园地。现在用哈同的钱办刊物，发表自己的学术成果，还有稿费，何乐而不为呢?

事实上，王国维主编《学术丛编》共20期，共刊行论著52种，其中有24种是王国维的著作，几乎占了一半，罗振玉的著作也大量刊行。一所“野鸡大学”办的学术刊物，成了王国维学术研究驰骋的疆场，许多质量高、影响大的著作，都先在《学术丛编》问世。

当然，王国维既然是仓圣学校的一员，就必须参加学校的活动。1916年2月24日，仓圣学校开学，举行开学典礼，还要与哈同夫妇见面，王国维是非去不可了。

开学典礼很是滑稽。王国维第一次参加开学典礼的情形，已不甚了然。后来，王国维以《学术丛编》主编兼任仓圣明智大学教习（教授）时，有一位当时的学生记下开学典礼的过程，借此我们可以看到王国维工作的环境气氛：

① 长春市政协文史和学习委员会编：《罗振玉王国维往来书信》，东方出版社2000年版，第34页。

> 明大（仓圣明智大学）的开学仪式，是特别值得一记的。在名义上，罗迦陵夫人是院长，姬佛陀先生是校长，实际上主持校务的是孙学濂先生。院长校长难得到学校来。但是开学典礼，校长必亲自主持。钟声一响，学生早已聚集于大礼堂，排成整齐的队伍，等候校长光临。照例，校长是在最前面，教务长在校长的侧面，接着的是王国维、王益吾、宋澄之等重要教习。他们的装束，都很古怪。王国维先生的大名，我在小学读书时，即已久仰。他是短短的身体，嘴唇上蓄着八字胡须，瓜皮小帽，缀着红帽结，后面拖着一根长辫子，这是他的特别表记，十足的清朝遗老，最引起同学们的注意。实际上，他的后面的王益吾先生，就是长沙王先谦，也是大名鼎鼎的文史学家，他的服装很普通，反倒引不起同学的注意了。
>
> 开学典礼的开始，是大家向“仓圣”像行三跪九叩礼。这个礼把学生行列弄得秩序大乱，因为每人之间的空隙有限，跪是没有问题，头可叩不下去，只好望空而叩，歪的斜的，在所不计了。叩完了头之后，开读院长和校长训词，这都是教务长预先准备好，以油印发给大家。训词例由郭本棠先生宣读。郭先生杭州贡生，也是八字须，瓜皮帽，没有发辫，可是他的红帽结特别大。读起训词来，摇头晃脑，韵味十足，而且院长的口气，校长的口气，铢两悉合，实在难得。可是他的帽结定得不牢，摇一下头，帽结也动一下，同学们只好强自忍禁，散礼后则狂笑不已。①

这样的学校，每年招的大、中、小学生加起来有二三百人。原来，哈同夫妇财大气粗，学生全部免学费，而且供给伙食、住宿。家境清贫又想读书的子弟，就到这所不伦不类的学校来了。学校招生不公开，只凭师生介绍，才可去投考，又弄得神秘兮兮的样子。

王国维的工作是编《学术丛编》，每月一期。这刊物从1914年创刊，一共出过24期，后来分种类装订成集，每集16册，更名为《广仓学窘丛书甲类》，也称《学术丛书》。《学术丛编》石印本中常有古字，抄录员不敢乱写，留空白，

---

① 陈平原、王枫编：《追忆王国维》，中国广播电视出版社1997年版，第43—44页。

让王国维找人或自己填上。王国维很重视自己的著作，所以丛书中有六种王国维的著作，是他自己誊写好影印的。

最初，校长姬觉弥还以自己是读书出身，要参与《学术丛编》的编校工作。王国维便让他试试。结果姬觉弥只校勘了一期，便觉得实在吃不消，才知趣地退出编校工作，让王国维独行其是了。王国维十分鄙视姬觉弥，但碍于他是“老板”，不宜公开得罪，便采取回避的办法。凡是姬觉弥叫王国维鉴定铜器或辨析字义，王国维总是敷衍应付，或者嘻嘻一笑，设法躲开。

王国维一旦任事，对哈同花园内的矛盾也渐渐明白。姬觉弥用钱比较随意，各种费用随口答应，但账房很小气，时时阻挠。账房是哈同夫人罗氏的旧人，有一定背景，有时不买姬觉弥的账，所以用钱常要拖延。甚至头月薪水，拖到第二月才发下，这些都是王国维不满意的。

朝访残碑夕勘书

1916年也是王国维研究工作取得丰硕成果的年份，有《史籀篇疏证序》《释史》《周书・顾命考》《释乐次》《说周颂》《毛公鼎考释序》《魏石经考》《汉魏博士考》《汉代古文考》和《〈尔雅〉草木虫鱼鸟兽释例序》等学术论文完成刊印。

值得重点介绍的是《毛公鼎考释序》一文，该文写于1916年4月，是王国维入哈同花园工作后第一篇重要的学术论文。

毛公鼎和盂鼎、克鼎是出土的商代青铜器物中最大最重的三件，清道光、咸丰年间出土，早有铭文拓本流传。许多学者也分别作过考释，铭文已基本可以读通了。王国维的工作，是用新的思路，把前人的考释统一起来，引申出一种全新的历史研究方法。他在《毛公鼎考释序》中指出：

> 自来释古器者，欲求无一字之不识，无一意之不通，而穿凿附会之说以生。……苟考之史事与制度文物，以知其时代之情状，本之《诗》《书》以求其文之义例，考之古音以通其义之假借，参之彝器以验其文字之变化，

由此而之彼，即甲以推乙，则于字之不可释、义之不可通者，必间有获焉。然后阙其不可知者，以俟后之君子，则庶乎其近之矣。

这对当时的人来说，是一种创新的研究方法，重在多学科的综合。此后，王国维把这一方法应用到古器物研究中，写出一系列高质量的论著，影响了中国现代大批考古学家和文字学家。

哈同花园的工作逐步稳定，王国维的家事也逐步稳定下来。长子潜明在育才学校读中学，其他儿子也就近读书，家中由潘氏操持，诸事平顺。

罗振玉在日本，以转卖中国古画来增加收入，其弟罗振常在上海开蟫隐庐书肆，是收购书画的地方。王国维回到上海，便与沈曾植一起参与联络、鉴定古书画的事。两人学识既广，眼力又好，对此工作也能基本胜任，加上沈曾植在之前做过省级官员，故家大族都有联系，所以在1916年王、罗的通信中，大量谈论收购书画、品鉴真伪的问题。王国维虽然自称不懂画，但过眼既多，通过鉴赏比较，也大大增长了他的书画鉴别能力。最使王国维得意的事，是以贱价收得国学大师孙诒让的《契文举例》手稿。12月14日当晚，王国维急忙写信告诉罗振玉：

兹有一事堪告者。旁晚出蟫隐，见孙仲容比部《契文举例》手稿，乃刘彝仲（书商）携来者，以五元从蟫隐得之（今日出甚得机会，刘彝仲适在彼处售书，否则蟫隐畏其人，未必购之）。书连序共九十六页，每半页十二行，行二十三字，其所释之字虽多误，考证亦不尽然，大辂椎轮，此为其始，其用心亦勤矣。[1]

王国维当即拟定将此书稿刊于第二年的《学术丛编》之中。《契文举例》是近代研究甲骨文的第一部著作，成书在罗振玉、王国维研究之前，显然未能出版，现手稿归王国维，正得其所。王国维决定迅速将此手稿影印，这也体现了

---

① 长春市政协文史和学习委员会编：《罗振玉王国维往来书信》，东方出版社2000年版，第208页。

他作为学者的惺惺相惜之意。

罗振玉得信狂喜，12月20日即发信给王国维：

> 奉到惠书，快悉《契文举例》竟为公购得，惊喜欲狂，祈即日双挂号邮示。弟意即付之影印，书来即付照，四五日内即奉缴。公选其精者入《学报》，与原书并行，最佳。[1]

这是两位学人共同的狂喜，因为他们的殷墟甲骨文研究有了更好的参考资料。

王国维两个最要好的朋友罗振玉、沈曾植都是遗老，总希望清王朝复辟，来往议论，倾向鲜明，这对王国维影响很深。6月时袁世凯病愤而亡，这批遗老还纷纷额手相庆，但很快政局又落入北洋军阀手中，争夺倾轧，竟没有人力主复辟，使遗老们悲观失望。王国维基本不问政事，虽有感受，却缺乏判断，加上上海生活费用高，谋生不易，而自己研究课题不断增多，忙不过来，也不能如沈曾植等人之关心时局。王国维甚至有到日本当寓公的打算，曾与罗振玉反复书信商量，总觉定不下，而哈同花园的工作收入也很有吸引力，基本能维持家用，所以仍在哈同花园编书，但心境不平静。

当年9月，王国维有酬答沈曾植七律诗《再酬巽斋老人》一首，以天气炎热的物象切入，写自己的心境：

> 八月炎蒸三伏雨，今年颠倒作寒温。
> 人喧古渡潮平岸，灯暗幽坊月到门。
> 迥野蟪蛄多切响，高楼腐草有游魂。
> 眼前凡楚存亡意，待与蒙庄仔细论。

春秋时凡国与楚国的存亡，庄子以心存或实存比较议论，在王国维看来，都可以讨论。眼前清朝已亡，袁世凯称帝不遂又病死，国家存亡问题，真教人放心

① 长春市政协文史和学习委员会编：《罗振玉王国维往来书信》，东方出版社2000年版，第216页。

不下！这些悲观和担心，也是沈曾植等一干遗老共同的心态。

1917年1月，丁巳年春节，哈同学校放假，王国维应罗振玉邀请，赴日本京都过春节。两位老朋友相聚，谈诗论学，议论时局。直到2月5日，王国维才乘船回到上海，重新开始哈同学校的工作，继续他的研究著述。

烬灰拨尽寒无奈

1917年是中国新文化运动高扬旗帜的一年。年头的1月4日，蔡元培就任北京大学校长。蔡元培以大无畏的精神，提出思想自由、兼容并收的主张，把反帝反封建的科学、民主思想引进了精英阵营。1月1日，胡适的《文学改良刍议》在陈独秀主编的《新青年》上发表。一个月后，陈独秀发表《文学革命论》，进一步申论胡适主张，得到钱玄同等人的支持。以这批北京大学的教授为主力，掀起了新文化运动的浪潮。上海、湖南、广东等地进步的文化人和青年学生，都密切注意北京的动向，深受鼓舞。

北洋军阀政府正陷于混乱，袁世凯死后，留下了一个烂摊子，矛盾争斗更明显。自1914年起的第一次世界大战，本无涉中国，但段祺瑞政府却于1917年3月宣布与德国绝交。为此，院、府、军各派争执不已。一小批军阀政客，则蠢蠢欲动，企图复辟清王朝。政坛的混乱，给新文化运动发展留下了空间。

北洋政府势力够不到的南方，孙中山领导革命党人，努力抓建军队，要以军事力量维护共和。1917年9月孙中山在广州就任军政府大元帅。从此，中国出现了南北两个政府的格局，各地军阀也各自为政。

居住在上海的遗老们，夹在政治动荡、思想活跃的时局中，更多的是观察、议论、担心、悲观，至于有才华有学问的人，却在这一处相对平静的地方，做出更大的学问。王国维便是其中最突出的一个。

1917年春天，王国维集中精力研究甲骨文，先后写成《殷卜辞中所见先公先王考》《殷卜辞中所见先公先王续考》及《戬寿堂殷虚文字考释》三篇文章，其中又以前两篇影响最大。

王国维在京都时，曾帮助罗振玉编写《殷虚书契考释》，写过前后两序，对罗振玉家藏两万多片甲骨很熟悉，手头也有《铁云藏龟》《殷虚书契前后编》诸书。春节后，罗振玉到上海，带来新拓的书契文字约千字。哈同花园内，又收藏有殷墟书契文字的骨片及拓本八百余种，这些文献资料，可说是包括了当时出土的甲骨文字之大部分，给王国维的研究提供了充分的实证材料。于是，他把出土的甲骨文字按历史的发展，考得王亥以下殷先公先王之名，将殷代的历史理出了一条传承的线索。

陈鸿祥先生的《王国维传》说：

> 所谓甲骨断片之“补缀”（或“缀合”），就是王国维这篇《续考》首创的，并开启甲骨“断代”之学，而在商周古史研究上，由于此二《考》问世，《史记·殷本纪》所载王室世系中之商代先王，几乎全部得到证实，并纠正了二千多年前司马迁在《史记》中所记个别人名与世次的讹误。由此，“卜辞的时代性得以确定，殷代之史实性亦得以确定”（郭沫若语）。这是多么重大的学术贡献！[①]

至于《戬寿堂殷虚文字考释》一文，署名为“姬佛陀类次、王国维考释”，实在因为哈同花园收藏有八百多片甲骨，大部分是从刘鹗后人手中购来的，其中有半片还是罗振玉《殷虚书契后编》中一品的另外半片，合起来刚好成完整的一片。不过，当时甲骨片价值不菲，王国维能多看到一批甲骨及拓片，也是高兴的。再说，姬觉弥是校长，出钱办《学术丛编》，情面上拗不过，只好编成这一篇文章，让姬觉弥（佛陀）出点名。当然，学界中人都明白，姬觉弥署名不过是盗名窃誉而已。王国维对这篇文章也并不满意，他在一封信中说：“《戬寿堂殷虚文字考释》将来想有单本出售，但此书无甚心得，除说物字旬字外，大抵皆弟旧说也。”[②]

当王国维醉心于甲骨文字考释，并作出巨大贡献的时候，中国长江流域以

---

① 陈鸿祥：《王国维传》，团结出版社1998年版，第218页。

② 刘寅生、袁英光编：《王国维全集·书信》，中华书局1984年版，第301页。

北，一场复辟逆流正在涌动。

原来在对德国宣战问题上，大总统黎元洪和国务总理段祺瑞意见对立，黎元洪利用“公民请愿团”包围议院，要求通过对德宣战提案。段祺瑞被黎元洪免职。当时，长江巡阅使张勋等支持段祺瑞，通电指责黎元洪不合法律。各省态度不一，安徽等省纷纷宣布“独立”。黎元洪无法收拾混乱局面，只好打电报邀请张勋入京，企图以这支据说很有战斗力的辫子军护驾。张勋趁火打劫，要求黎元洪解散国会，否则不负责调停，这是1917年5月的事。黎元洪屈服了。6月14日，张勋率兵进入北京。

张勋是一个顽固的军阀，对清王朝一片愚忠。他到北京后，一面添招新军，扩大军力；一面进谒清废帝溥仪，和一批遗老密谋，一时间北京张勋的私宅成为复辟大本营。同时派人威胁黎元洪，要他奉还大政、恢复帝制，让溥仪再坐龙廷。黎元洪拒绝了，但对这条入室之狼已毫无办法。7月1日，张勋即拥立溥仪复辟，还分封了一批大臣总督，张勋自己则任握有实权的直隶总督兼北洋大臣。这是清王朝覆灭以后最猖狂影响最大的复辟行动。一时北京街头挂出清朝的龙旗，估衣店里的旧官服成了许多人抢购的东西，假辫子成了紧俏货，大街上常见一些身穿清官袍褂的人，晃着辫子走来走去，北京百姓嘲笑说，这是跑祖宗。

张勋逆历史潮流而动，当然受到全国上下的反对。段祺瑞于7月4日在天津马厂誓师，出兵讨伐张勋。逃到日本使馆的总统黎元洪下令恢复段祺瑞国务总理职务，总统由冯国璋代理。这时北洋军阀又团结一致对付张勋了。5日，讨逆军攻占卢沟桥、丰台一带。12日，各军全力进攻，冯玉祥、吴佩孚等部包围天坛张勋部队的主力，辫子军不敌，缴械投降。另一支军直取南河沿张勋私宅，张勋兵败逃亡到荷兰使馆。于是，一场复辟丑剧便告收场，北京又回到民国时代。

张勋复辟只维持了13天，但事前、事中带给上海的遗老们很大的兴奋和希望。王国维也是希望复辟的，他虽然身处局外，心情却很紧张。张勋复辟时，王国维在上海的老友沈曾植秘密入京，参与复辟，失败后又匆匆返沪，连王国维也没告诉。

在《罗振玉王国维往来书信》一书中，有张勋复辟时期王国维给罗振玉的一批信件，这里按时间顺序择录几段，以见王国维在这一复辟丑剧中的心情。

（7月1日）顷见《每日新闻》号外，快悉黄楼（张勋）入卫，明日当可拜聆纶音矣。……西望祖邦，且喜且惧。

（7月5、6日）此间局势，近日始明，后事如何，尚难预睹。……昨日此书未发，今日情势大变，北军已多应段（段祺瑞），战事即将起于京津间，张军中断，结果恐不可言。北行诸老（指康有为、沈曾植等）恐只有以一死谢国。曲江之哀，猿鹤沙虫之痛，伤哉！《申报》与《时事新报》二种另行寄上。不忍再书矣！

（7月14日）此次之变，段、冯、梁（段祺瑞、冯国璋、梁启超）三人实为元恶，冯思为总统，段则欲乘此机恢复其已失之势力，梁为幕中划策之人。……人心险诈，乃至天理尽绝。

（7月17、18日）黄楼（张勋）赴荷使署，报言系西人迎之，殆信。又言其志在必死，甚详，此恰公道。三百年来乃得此人，庶足饰此历史。余人亦无从得消息。此等均须为之表彰，否则天理人道均绝矣。

当然，王国维不是张勋复辟活动的参与者，消息也是从报上知道，虽然倾向溥仪再当皇帝，但也只是思想感情上的拥戴而已。他到底是个书生，一旦复辟失败，对他并没有什么影响。实际上，张勋复辟猖獗时，王国维正在研究古音韵，写有《周代金石文韵读》等，接着又研究唐韵。

更滑稽的是哈同花园的姬觉弥要搞个古礼演习。事前，姬觉弥请王国维设计。王国维认为“其意甚善”，居然提出先造宫室，姬觉弥竟以古法建造了一座芦苇搭成的宫殿。如何行礼呢？王国维推辞不成，只好答应每月前往指导三次。演习者是学生，会读《礼经》的便可照演。后来，这件演习古礼的事也不了了之，谁还能经常按周代时的礼节去吟唱行动呢？

这年8月，北京大学校长蔡元培来信，表达了想邀请王国维担任北京大学教授的意向。王国维以哈同学校有合约的理由，婉言谢绝蔡元培的邀请。王国维对作为新文化运动阵地的北京大学始终不放心。

1917年8月，王国维写有《游仙》诗一律，寄托张勋复辟事件的感受，字里行间，闪烁着遗憾：

如盖青天倚杵低，方流玉水旋成泥。五山峙海根无着，七圣同车路总迷。员峤自沉穷发北，若华还在邓林西。含生总作微禽化，玄鹤飞鸮自不齐。

诗中用了许多神仙典故，语焉不详。撇开这些典故，我们也能体会到王国维的心境，有一种漂泊无定、前途渺茫的悲哀。

佳辰犹自感睽孤

1917年9月，王国维终于完成了他史学论著中的重要论文《殷周制度论》。赵万里在《王国维先生年谱》中介绍此文时说：

此篇虽寥寥不过十数叶，实为近世经史二学第一篇大文字。盖先生据甲骨及金文字，兼以《诗》《书》《礼》参之，以证殷之祀典及传统之制，均与周大异。而嫡庶之别即起于周之初叶，周以前无有也。复由是于周之宗法，丧服及封子弟，尊王室之制为具体之解说，义据精深，方法缜密，极考据家之能事。殆视为先生研究古文字学及古史学之归纳的结论可也。

王国维对《殷周制度论》也颇为自豪，在他代罗振玉作的《观堂集林序》中说此文“于周代立制之源及成王周公所以治天下之意，言之尤为真切。自来说诸经大义未有如此贯串者”。王国维的初衷，是通过考古的方法，论证复归“周孔”的必要，所谓“周之制度典礼乃道德之器械，而尊尊、亲亲、贤贤、男女有别四者之结体也”。但是，此文有其合理的内核，即历史的变化是具有必然性的，“殷周间之大变革，自其表言之，不过一姓一家之兴亡与都邑之移转；自其里言之，则旧制度废而新制度兴，旧文化废而新文化兴”。王国维在新文化运动勃兴之时，发此高论，是否意识到旧文化没落、旧王朝灭亡的必然呢？我们不得而知。我们只知道，《殷周制度论》中许多论定，如“殷以前无嫡庶之制”“由传子之制而嫡庶之制生焉”“是故由嫡庶之制而宗法与服术二者生焉”，以及“为人后者为之子”“分封子弟之制”，乃至尊尊、亲亲、贤贤、男女有别的制度，其产生演变的历史过程都解说得明明白白。因此，《殷周制度论》无疑是对殷周两代社会历史制度清晰的梳理，对史学有重大贡献。

1917年末，王国维感到，从辛亥革命避乱到日本以来，已经六七年了，自己的学术研究亦有相当大的收获，应当作一个小结。于是，他将这些年的文字选出57篇，分为2卷，署名《永观堂海内外杂文》。5年后，也即1921年，又将这些文字删繁挹华，编成《观堂集林》20卷，陈寅恪称其为“为吾国近代学术界最重要之产物”。

在《永观堂海内外杂文》中，最具现代“杂文”概念的文字，应是《墨妙亭记》与《此君轩记》，都是在京都生活时应日本友人之邀而写的。王国维平生写抒情散文很少，这两篇散文实在是当年王国维文学梦的余韵。我们来品味《此君轩记》的两小节：

> 竹之为物，草木中之有特操者。群居而不倚，虚中而多节，可折而不可曲，凌寒暑而不渝其色。至于烟晨雨夕，枝梢空而叶成滴，含风弄月，形态百变。自渭川淇澳千亩之园，以至小庭幽榭三竿两竿，皆使人观之，其胸廓然而高，渊然而深，泠然而清，挹之而无穷，玩之而不可亵也。
>
> 其超世之致，与不可屈之节，与君子为近，是以君子取焉。古之君子，其为道也盖不同，而其所以同者，则在超世之致与不可屈之节而已。

王国维笔下，亦竹亦人，透出自己的性格。

年终岁末，王国维还为哈同花园工作一事担心，因为姬觉弥此人不可靠。好在这年并无太大矛盾，王国维依然担任《学术丛编》主编，还兼授那个“野鸡大学”的几节课。学生程度差，王国维又不善表达，应付差事而已。所以，王国维心情并不舒畅。他给罗振玉的信中诉说：

> 永居上海二年，于此间社会情形乃稍详悉，无论公私，皆腐败颟顸，至无可言。……至于政局，则系此种腐败局面之放大而又极端者。不知我羲黄子孙、周孔之后裔，乃有此现象。……现在窃钩窃国，同一无罪，此后不为安南、高丽人不可得矣！

又说：

> 罗刹（俄国）分裂，殆不复国，恐随其后者尚有数国，始知今日灭国新法，在先破其统一之物，不统一则然后可惟我所为。至统一既破之后，欲恢复前此之统一，力则千难万难矣。[①]

指斥社会黑暗，为中国前途担忧，王国维不失为一个正直的爱国人士。至于沙俄覆灭，苏联建立，对当时的人们无疑是一个刺激，王国维也和当时许多守旧人士一样，称俄国革命党为“过激党”。

整个1918年，王国维研究古音韵，成《唐韵别考》《音学余说》二书，合署《声韵续考》。又为罗振玉寻找住宅，因为罗振玉去国多年，想回国谋事。虽然上海亦可居，但罗振玉实际上想落户天津。天津距北京近，北京是政治中心，废帝溥仪又在北京，对他更有吸引力。大概在这一年，罗振玉把三女罗孝纯许配给王国维长子王潜明的事也定下来了。

王国维著述不断，而家庭负担又更重，还要筹备长子的婚事，哈同花园的工作收入不够开支，正设法兼些工作。这年冬至，天气阴冷，王国维闷坐窗下，写下一首诗《戊午日短至》：

---

① 长春市政协文史和学习委员会编：《罗振玉王国维往来书信》，东方出版社2000年版，第323—324页。

常雨常阴阏下都，佳辰犹自感睽孤。
天行未必愆终始，云物因谁纪有无。
万里玄黄龙战野，一车寇媾鬼张弧。
烬灰拨尽寒无奈，愁看街头戏泼胡。

这时北方军阀政府正要南下与孙中山的军政府谈判。这几年谈谈打打，错综复杂，王国维以为政局变化好像唐代人看西域泼寒胡戏一样，“挥水投泥，失容斯甚”。忧虑与讽刺凝结诗中。

1919年春，罗振玉回到上海，这次有两件事，一是嫁女儿，二是托人到天津先租房再建房，作长久居留的打算。

5月天气温和，王国维长子王潜明与罗振玉三女儿罗孝纯结婚。从此，罗王两家不单是学术上的同伴、思想上的同志，更是儿女亲家，两家都很高兴。

正在这个时刻，伟大的五四运动爆发了。早在年初巴黎和会中，日本无理地要求继承战败国德国在山东的权益，遭到中国代表严正拒绝。北洋政府受日本方面的威迫利诱，竟然想在丧权辱国的和约上签字。消息传来，学生和知识界首先起来反对。5月4日，北京各院校学生教师数千人，在天安门集会，高喊“还我山东”“惩办国贼”等口号，游行队伍后来直冲交通总长曹汝霖在赵家楼的私宅，刚好驻日公使章宗祥回国，正在曹家。学生们一把火把赵家楼曹宅给烧了。北京警厅派出警察、保安300多人前往镇压，逮捕学生36人，打伤多人。

消息传开，先是北京学界愤怒至极，群起抗争，得到广大市民支持。接着，全国爱国的人们纷纷罢课、罢工、罢市，走上街头，谴责政府投降卖国，要求罢黜亲日派曹汝霖、陆宗舆、章宗祥。在全国人民的抗争怒潮中，6月10日，北京政府内阁全体辞职，曹、陆、章三人被撤免。6月28日，出席巴黎和会的中国代表拒绝签署《巴黎和约》。五四运动极大地推进了科学、民主和爱国思想的传播，也催生了许多革命的社团。

王国维对时局既不理解，又忧心忡忡。1919年3月14日致罗振玉信中，居然说：“时局如此，乃西人数百年讲求富强之结果，恐我辈之言将验。若世界人民将来尚有孑遗，则非采用东方之道德及政治不可也。”在五四运动高涨的6月

12日，王国维有一信给罗振玉，讲到上海罢市时不安的情状：

> 此间罢市已逾七日，今日有开市之说。此七日中名为罢市，然除南京路大店全闭外，其余小店往往上排门数扇，小作交易，而食物店除菜馆外均开市如故。小菜场亦有蔬菜可买（间有一二处一二日无之），故人心尚不至大恐慌。工界有一部分罢工，亦未普及，尚不至滋生大事端。然此七日中亦岌岌矣。此次固有国际竞争，有政争，最可怕之社会运动恐亦有之。而在表面活动者，皆为之利用，而不自知，以后利用此举者，当接踵而起，则大乱将随之矣。有人自北来，言北京政象极险，军队欠饷数月，颇有异心，此次保定骚动已发端。如危险思想传入军队，则全国已矣！……哈校停课，然近日心绪颇劣，毫无所为。①

王国维长子婚后，考入海关。虽然要交保证金300两，但薪水不低，第一年每月40两，第二年每月50两。这样，长子生活可保证，王国维的负担也减轻些。同时，次子在学校比较活跃，当选学生会副会长。在11月孔子诞辰时，次子带头要求放假一日，被学校认为闹事，竟被开除了。王国维只好叫次子与被开除和自动退学的同学组成自习会，自己学习，准备明年报考邮政。第三个儿子此时又要上中学了。这些家务事，费去王国维不少时间。

1919年秋，王国维有一次天津之行。原因是脚气病，久治不愈。罗振玉已定居天津，便邀请王国维到天津养病。津沪已通火车，行程较快，10月11日早晨登车，12日午后即抵天津。在天津住了一个月，药物治疗和北方干燥的天气，使王国维的脚气病好得很快，到11月12日回上海时，基本痊愈了。

一个月的天津之行，有两件事值得王国维留念，一是认识升允，二是和罗振玉详细讨论研究敦煌文献及西北少数民族史地诸问题。

升允（1858—1931），字吉甫，蒙古镶蓝旗人。历官山西按察使、陕西巡

---

① 长春市政协文史和学习委员会编：《罗振玉王国维往来书信》，东方出版社2000年版，第456—457页。

抚、陕甘总督。辛亥革命后曾率兵攻西安，因部队拒战而退。后居天津，时刻企图复辟，在封闭的紫禁城小朝廷中也算是重臣。有学识，曾参与编《甘肃新通志》。罗振玉熟悉升允，王国维到天津后，当然带这位亲家去拜访升允。年长王国维近20岁的升允，早就耳闻王国维学问好，交谈之下，更感到王国维对清王朝的忠诚，这就为几年后他保荐王国维到紫禁城小朝廷中当南书房行走埋下了因子。

和罗振玉的讨论，坚定了王国维研究西北少数民族地区史地的决心。这方面的文章大抵分两类，一类是考论，如《西胡考》（上、下）及《西域井渠考》《西域杂考》《摩尼教流行中国考》等；另一类是敦煌文献（唐写本）的研究，如《唐写本残职官书跋》《唐写本食疗本草卷跋》《唐写本韦庄秦妇吟跋》等，还把伯希和关于敦煌考古的一次讲演翻译为中文，以介绍这新的学术领域。

王国维的《西胡考》上、下两篇，考证匈奴族属，认为匈奴与高鼻、深目、多须的西域胡人同种，属印欧语系的白种人。这种看法是一家之言。现在的学者普遍认为，匈奴族属于阿尔泰语系的黄种人。即使王国维的结论有误，也见其探索精神，须知20世纪初期，先进的民族学、人类学还没有传入中国，考证手段也较落后，失误自然难免。

另外一篇《九姓回鹘可汗碑跋》就极其精到了。回鹘是唐代西域最有势力的少数民族，但这个民族的历史，史书上语焉不详。王国维对九姓回鹘的世系进行深入考订，又据碑文考证出史书上许多地名异称，又考定九姓回鹘全盛时的势力范围，使湮没于历史尘埃中的回鹘一族逐渐露出了真实面貌。类似这样关于少数民族历史的考证，还有不少。到了清华国学研究院后，王国维曾撰写了一批关于元朝历史和蒙古族历史的研究论文，正是少数民族史研究方面的承续。

敦煌文献始终是王国维关心的课题，所写的文章也可以分两方面。

一个方面，利用敦煌出土文献，考定唐代史事。王国维据敦煌文献中的两幅画像，写成《于阗公主供养地藏菩萨画像跋》《曹夫人绘观音菩萨像跋》。王国维考定，“于阗公主”是于阗国王李圣天的女儿或孙女。当时于阗是中国属国，受中国王朝册封，衣冠如中国。至于曹夫人，即唐沙州（敦煌一带）归义军节度使曹元忠之妻，并由此画推定曹元忠的卒年。这些都可补正史的缺失。

另一方面，王国维用敦煌出土文献来校勘有关典籍。敦煌文献中有儒家典籍的手抄本，大多为魏晋六朝或唐代的写本，以唐写本为多。这些写本，保存着儒家典籍更早形态的面目，用来校勘现在流通的本子，可以纠正错误，还可以考出某些本子流传变化的情况。所以，王国维用唐写本校勘了《职官书》《食疗本草》《大云经》《云谣集》等。这种取最新发现的文献与已存的文献相校勘的方法，能使许多古籍恢复原来或更接近原来的面目，当然很有价值。

其实，王国维用敦煌文献，不只是考证一字一事，更重要的是考证汉唐制度。鲁西奇、陈勤奋在所著《纯粹的学者王国维》（湖北教育出版社1999年版）一书中，将其概括为五个方面：第一，考证汉代的文书程式；第二，考证汉代烽燧制度；第三，考定汉代边吏侯史之秩为月俸六百石；第四，考证唐代职官制度的一些问题；第五，根据敦煌县户籍考证均田制。其实，还应包括以敦煌文献考证西北少数民族的历史演变、西北地理的沿革、宗教的发展、汉儒家典籍和文学作品流传的情形等。敦煌学今日成为显学，与王国维的推动有直接关系。

面对敦煌文献，王国维当然十分兴奋，称为“无尽之宝藏”。1919年秋，他写下《题敦煌所出唐人杂书六绝句》：

一

吏黠民冥自古然，牛毛法令弄犹便。千秋仁政君知否？不课丁男只课田。（唐沙州敦煌县大历四年户籍）

二

女主新符出阿师，寻寻遗法付阇黎。《大云》两译分明在，莫认牟尼作末尼。（《大云经疏》）

三

虚声乐府擅缤纷，妙语新安迥出群。茂倩漫收双绝句，教坊原有《凤归云》。（《云谣集》杂曲子）

四

劫后衣冠感慨深，新词字字动人心。贵家障子僧家壁，写遍韦郎《秦妇吟》。（韦庄《秦妇吟》）

五

圣德圣功古所难，千秋郅治想贞观。不知六月庚申事，梦里如何对判官。（《太宗入冥》小说）

六

赐姓当年编属蕃，圣天译语有根源。大金玉国天公主，莫作唐家支派论。（于阗国天公主李氏施画地藏菩萨像）

王国维虽只写了六种敦煌文献，亦足以代表了。可惜的是，当时被劫往欧洲的大量敦煌文献，中国人并没有看到，更没有整理出版，以致数十年来，有“敦煌在中国，敦煌学在外国”之感叹。20世纪80年代以后，经各方面努力，终于使各国收藏的敦煌文献编印出版，而在敦煌学的研究上，中国又取得巨大成绩。这是王国维生前所不能想象的。

王国维在上海，生活费用甚高，子女多，读书的学费也多，他要想办法兼职，多挣点钱，以维持生活。这样的书生，当然只好打书的主意。他打听到湖州蒋汝藻要请人代编所藏书目，就托人去请求，终于成功了。

蒋汝藻（1877—1954），字元采，又字孟蘋，浙江乌程人。上海实业家，喜欢收藏古籍，宋元明版本收藏甚富，藏书五千多种，是清末民初江南三大藏书家之一。他的书籍，藏在上海一所楼房中，原称“传书堂”，后因收购到宋刻孤本周密的《草窗韵语》，故把藏书楼改题“密韵楼”。蒋氏虽然有钱购书，却无力整理，因为这需要古籍版本各方面的知识。本来，蒋氏请曹元忠去整理藏书，每月薪水50元。曹元忠也是个学者，当年与王国维在学部图书馆认识。不过曹氏自己家底较厚，又是藏书家，在上海应酬甚多，虽然答应蒋汝藻的事，却拖拖拉拉，一直没有进行。到1919年秋天，曹元忠索性辞去这个工作。罗振玉认识人多，便请人向蒋氏介绍王国维。蒋氏当然愿意，便请王国维为他的密韵楼藏书编目。

王国维是认真的人。一接手工作，便高质量且快捷地进行编目。中国古籍的编目，是一门专门的学问，尤其鉴别古籍真伪、版本异同、流传情况等，需要专门知识。王国维当然是能愉快胜任的。他按《四库全书》体例，按经、史、子、集的顺序进行编目。从1919年起，直到1923年11月王国维已当上南书房行走后，才把密韵楼藏书编目完成，1924年7月，书稿交给了蒋汝藻。

《传书堂藏书志》定稿本共收录宋元明清善本书2900部、58768卷。其中宋版本189部，元版本128部，明版本1668部，抄本831部，稿本84部。王国维在编写过程中，还充分收录清以来著名学者的序跋、提要、校勘等成果，参考大量书目，以臻精确完善。

当然，王国维在编书目时，除了每月有50元收入之外，学问上也有收获。蒋氏藏书，大多是善本、孤本，平常学者也难得一见。王国维入宝山岂可空手而回？他利用密韵楼的藏书，加上自己知识的积累，同时完成了《五代两宋监本考》《两浙古刊本考》这两部版本学的著作，又写了一批关于版本方面的文章。

蒋汝藻对王国维的学识人品十分尊重，甚至让王国维把密韵楼的珍本携至家中，仔细阅读校编，这是很大的信任。后来，王国维把自己以前的著作编成《观堂集林》20卷，也是由蒋汝藻出钱，以密韵楼名义印行的。可惜以后蒋氏商业失败，藏书出售，《传书堂藏书志》竟没有机会印行。

编书目的同时，王国维还参加《浙江通志》修撰工作。当时浙江省修通志，以沈曾植为总纂。沈曾植当然想到请王国维来助编。王国维和老朋友张尔田共同负责寓贤、掌故、杂记、仙释、封爵等五门。不过当时政府人事纷纭，政令常因人而变。1919年秋王国维收到参与编纂《浙江通志》的聘书，以后还收到过几次酬金，但此事一年后便无果而终，至今还搞不清《浙江通志》编撰的情况。王国维还写过《乾隆浙江通志考异》，是为修志而作的，也算是收获之一。

王国维子女多，1919年11月，第六个儿子王登明出生，负担更重了。虽然哈同花园的薪水、为蒋氏编书目的酬金，加上不定期送来的浙江通志馆的酬金，总收入不少，但开支也是很大的。1920年春，王国维还透支过哈园薪水。所以，他听到哈同花园的账房娄某亏空各处三四万元随后逃走的事，担心影响到

《学术丛编》的出版，更担心裁员。

儿女婚嫁亦一大事。1920年，王国维要为二儿高明办婚事，为三儿贞明定亲，费用甚巨，都得筹措。他虽然平日不苟言笑，对子女却是极慈爱的，常常为儿子们的读书、工作担心。物价又在上涨，5月大米一石10元左右，到7月一石就要16元了。好在年长的三个儿子都有工作有收入，使他稍许放心。

关于自己的工作问题，王国维正在认真考虑。1920年，日本学者铃木虎雄曾来信邀请王国维到日本的大学工作，一教文学史，一教韵学小学，年薪3000元，每星期只有两小时的课。王国维因为哈同学校的工作已经上路，家庭又安顿好，不想再到日本谋生，所以没有答应。更早一点，1917年，北京大学校长蔡元培也曾邀请王国维去北大任教，王国维已婉言谢绝了。

现在，王国维为何想再谋一教职呢？原来他打听到，哈同花园主人，主要是姬觉弥本人对花钱办三个刊物的事已经厌烦了，有停办的打算。冷风吹来，王国维等人不能不为前途打算。王国维一家人多费用大，一旦断了哈同花园的收入，是维持不了生活的。所以，对北京大学的邀请，他不能不作考虑了。

1921年年初，王国维对北大邀请作了两种回应，一是不能到北京任教，在给马幼渔的信中举出的理由是“只以素性疏懒，惮于迁徙，又家人不惯北上，儿辈职业姻事多在南方，年事尚幼，均须照料，是以不能应召”。理由显然不足，无非推托之辞。另一是任北京大学函授教授之事，可以考虑，“惟近体稍孱，而沪事又复烦赜，是以一时尚（不）得暇晷，俟南方诸家事略正顿后再北上，略酬诸君雅意耳”（致马衡信）。还是留下一条日后商量的退路。不过，从此倒促进了王国维与北方学者，特别是北京大学学者的交往，来往书信论学，形成一种学术交流活动，同时也增进彼此的了解。

1921年10月，长子潜明的女儿出世了。这时潜明在天津海关工作，住在岳父罗振玉家。45岁的王国维当上了爷爷，高兴之余，给孙女起了个名字：令嘉。

1920、1921年两年，王国维的学术研究围绕着编密韵楼书目而进行。他为蒋氏藏的珍本书校勘考订之后，写成许多跋，如《音注孟子跋》《史记索引跋》《东京梦华录跋》《内府藏宋大字本孟子跋》《覆五代刊本尔雅跋》《宋刊本尔雅疏跋》等等，蒋氏藏珍本善本，为王国维的研究提供了珍贵的材料，得以形成一批扎实的考据文章。

这两年，王国维也把自己历年文稿编定为《观堂集林》20卷，开始陆续付印，直到1923年才全部印毕，此时王国维已离开上海了。

1922年，王国维与北京大学的学者交往更多。王国维抄录被伯希和劫去的敦煌《唐写本切韵残卷》，交北京大学出资印行，为非卖品，分送友人。王国维与北京大学的关系已经渐渐密切了。

1922年春天，北京大学研究所成立，校长蔡元培兼任所长。研究所分四学门：自然科学、社会科学、国学、外国文学。国学门主任由沈兼士兼任。国学门内设文字学、文学、哲学、史学、考古学五个研究室，培养研究生，请本校教授分别担任导师。还请一些校外学者担任函授导师，罗振玉、王国维即被聘为校外函授导师。

这次，王国维没有推辞，因为函授导师只是以通信形式指导学生，无须到校，对他在上海的工作没有影响。这样，双方都满足了要求，王国维也安然就任了。

20世纪20年代头几年，中国思想界发生巨大的飞跃，共产主义思想从宣传发展成有组织的活动。先是全国多个省份成立共产主义小组，至1921年7月23日，中国共产党在上海法租界举行第一次全国代表大会，宣布中国共产党成立。不久，中共在上海设立中国劳动组合书记部，领导全国工人运动；在上海创办人民出版社，出版马列主义著作。在法国的中国学生也建立了旅欧中国共产主义青年团。1921年5月，孙中山在广州就任非常大总统，重新组织力量，要与北洋军阀政府对抗。第二年，中国共产党举行杭州西湖会议，确定国共合作的方针。从此，中国革命走上一个新的阶段。

遗老们关心的废帝溥仪的婚事，经过“王公大臣”的争执，终于定了下来，荣源的女儿被选为“皇后”，并于1922年12月举行“大婚”。遗老们放下了一桩心事。

出处商量最惬公

1922年春天，对王国维来说，还有一件令人高兴的事，便是亲家罗振玉收购到前清内阁的大批档案文书。原来，溥仪“登基”后，宫中一些糊涂的大臣，提出把内阁收藏的清朝历代的官方文件，包括题本、奏本、黄本等，统统销毁。此事一直拖到辛亥革命以后，这十多万斤的文件都堆在午门，归历史博物馆所有，因无人整理，水渍虫蛀，霉腐变质。1921年冬，当时的历史博物馆派员检出少许殿试策、黄本、题本，此外绝大部分以废纸价钱卖给纸铺，准备交造纸厂制造“还魂纸”。1922年正月，罗振玉到北京，偶然间在纸铺中发现有洪文襄揭帖，以及高丽李氏贡表，大为惊讶。这本是内阁文档，怎会在纸铺书肆出现呢？寻觅打听，终于发现来源。罗振玉是深识古籍文档价值之人，急忙与书贾商量，终于以1.3万元的价格将13万斤内阁文档购进。这一大批文档，须大屋数十间才能收贮。成交之后，罗振玉兴奋异常，写信告诉王国维：

> 现略检阅，其中有崇祯题本数十通，《高宗居注》一册，敕诰数十通，又检得《崇祯日录》数纸，罔非人间秘籍也，其他宝物，当不可胜计。①

罗振玉的目的是“冀存三百年之史料”，可算是有史家眼光。

王国维得此消息，十分高兴，说：“内阁杂纸（史料）竟获保存，快慰快慰。……此项材料，粗阅一过，又写一草目，亦非二三年不可。惟将来置之何地，真一大问题。重要材料，至多不过百分之一，尚易处置，惟不甚要者，私家即无法藏弃，若为公有，则恐仍作燃料耳。”②

王国维对这批内阁文档也很重视，并提出处置办法：全面检阅、编定目录、摘要保存。后来，虽然王国维没有参与这项工作，但所提出的基本原则为后人

---

① 长春市政协文史和学习委员会编：《罗振玉王国维往来书信》，东方出版社2000年版，第526页。

② 长春市政协文史和学习委员会编：《罗振玉王国维往来书信》，东方出版社2000年版，第532页。

所接受。看来，文化积淀深厚的古都，比上海这座冒险家的乐园，更有学术吸引力。这件事对王国维是一个触动，也推进了王国维与北京大学的关系。

蔡元培是1917年1月正式担任北京大学校长的，当年9月，胡适从美国回国，到北大任教授。这两位新文化运动的巨人，对中国学术界了如指掌而又胸怀广阔。蔡元培提倡兼容并包，思想自由；胡适则极力推荐人才，不论思想倾向、出身学历，只要有真才实学，便极力向蔡校长推荐，蔡校长也欣然接受。王国维就是胡适极力推荐的人选之一。

说起来真是时代的轶事：新文化运动的领袖胡适，多次推荐未谋一面的王国维到北京大学任教。在王国维的遗老脾气发作并与北京大学一批师生闹翻，辞去通讯导师之后，胡适又郑重地推荐王国维到清华大学研究院任导师，使王国维发挥学术所长，写出一批重要论著，培养了一批学术才俊。胡适在1922年8月28日的日记里分析当时中国学术界说："现今中国学术界真是凋敝零落了。旧式学者只剩王国维、罗振玉、叶德辉、章炳麟四人；其次则半新半旧的过渡学者，也只有梁启超和我们几个。内中章炳麟是在学术上已半僵了，罗与叶没有条理系统，只有王国维最有希望。"①

胡适的眼光十分敏锐，他以新文化运动的视角，将王国维定位为旧式学者，又肯定其研究有条理有系统有希望，无疑是准确的。当然，胡适当时还未能发现王国维著述中新鲜而有生命力的内核，这方面要等王国维去世后，由他的朋友陈寅恪先生来品定了。

北京大学曾三次邀请王国维去任教，都是通过当时在北京大学任教的马衡发出的，马衡曾是东京物理学校的学生，算是王国维的同学。王国维只读了一个学期，所以这"同学"也勉强之至。这三次邀请分别是1917年、1918年和1920年。王国维正在哈同花园工作，收入不低，家庭已安顿好，子女上学，交游都在上海，所以不肯离沪北上。

1922年春，北京大学研究所成立，经胡适多次推荐，罗振玉先答应任通讯导师，接着，邀请王国维任通讯导师。王国维答应了，正式就任北京大学研究

---

① 转引自钱剑平：《一代学人王国维》，上海人民出版社2002年版，第383页。

所国学门的通讯导师。

1922年7月底，北京大学的马衡出面，派张嘉甫携信拜访王国维，敲定通讯导师的事，介绍北京大学研究所的情况，还送上薪水200元。王国维收下马衡的信，却推辞薪水，认为“无事而食，深所不安”。不接受薪水，等于不肯参与工作，北大不是不明白的，于是，过半个月后，又请张嘉甫再次送去这200元薪水。想必是北京大学方面商量过，向王国维说明每月100元并非薪水，而是“邮资”，通讯导师总要付给“邮资”的。

王国维终于被北京大学的诚意感动了，收下那200元，并正式询问研究所的章程、研究生人数和研究事项如何进行等具体问题，着手进行通讯导师的工作。同时，给北京大学《国学季刊》寄去《五代监本考》一文，以便刊登。

1922年11月，北京大学研究所国学门要求王国维为研究生提出研究题目，王国维开列了四项：一曰《诗》《书》中成语之研究；二曰古字母之研究；三曰古文学中联绵字之研究；四曰共和以前年代之研究。

这几个题目，无论在当时还是在现在，都是十分艰深的题目，“非数年之力所能毕事”。但是，这几个题目又是王国维多年研究并很有心得的课题。前三个题目，和他研究古文字学、古音韵学直接关联，最后“共和以前年代之研究”更是他研究甲骨文、商周制度很有成绩的课题。从王国维开列的四个课题看，他是个十分诚实的学者，向学生推荐的研究课题，定然是自己的专长学科，指导起来才能对学生有帮助。

王国维是认真履行导师职责的。当年12月8日，又写给北京大学研究所主任沈兼士教授一封长信，详细地开列所提四个题目的说明，指出研究的要旨、方法、步骤、文献资料等，具体指导了这几个题目的研究途径。

王国维开列的题目在北京大学国学门公布之后，就有学生选题，并写信给王国维，请教研究的方法。有五位学生想研究“古文学中联绵字”。王国维收信后，很快回信，详细地讲授研究的途径，包括文献资料的收集、分类、分工等，具体而微。王国维以前的所谓学生，人数很少，大多是亲友介绍过来请益的，并非是真正的师生关系。在哈同学校上课，学生程度低，王国维又只是应付差事，并没有多少师生情谊。接任北京大学通讯导师以后，王国维正式以导师身份指导学生，就和以前不一样了。虽然只是信函往来，却昭示了他日后在清华研究院指导研究生的前景。

王国维逐步把研究重心转移到西北少数民族历史、地理方面去，所以，他任通讯导师后不久，就建议加强对少数民族的研究，“现在大学是否有满、蒙、藏文讲座？此在我国不可不设者。其次则东方古国文字学并关紧要。研究生有愿研究者，能资遣法、德各国学之甚善，惟须择史学有根柢者乃可耳”。王国维的建议，与他数年后在清华研究院讲演所提出的新学问一线相连，都着眼于深入研究中国边疆历史文物。

从1922年底到1924年底，王国维和北京大学研究所国学门的关系还是和谐的。王国维还向研究所借摹唐尺影本进行考察，与北大教授讨论石鼓文，在北大《国学季刊》上发表论文，指导北大研究生等，都认真负责。

王国维和北京大学闹翻、辞去通讯导师的事，发生在他“荣任”废帝溥仪的南书房行走之后。1924年底，北京大学考古学会在报上发表《保存大宫山古迹宣言》，使王国维愤怒之至。原来大宫山有清室宫殿遗物，被皇族和宫廷杂人私自盗卖，造成很大破坏。北京大学考古学会的学者了解此种情况，当然义愤填膺，发表宣言，指斥清室出卖国有宝藏、破坏古迹的罪行，而且还指名直斥溥仪。恰好此时溥仪已被冯玉祥部赶出故宫，日夜惊惶，遗老们悲愤不已，身为南书房行走的王国维沉不住气了，一股子遗老“忠愤”，促使他断然辞去北京大学通讯导师的职务，还追回通过胡适和容庚投寄给北大《国学季刊》的稿子，实有与北京大学绝交之态。王国维这一愚忠行为，是他政治思想保守的表现，也结束了他与北京大学的关系。当然，北京大学教授胡适并不以王国维的愚忠而鄙视他，第二年仍然热情地推荐王国维到清华研究院当导师。

第六章　宫阙夕阳

百数能言数穴禽

王国维忠于清朝廷的思想，在遗老和与皇室关系密切的人群中，大概颇有名气，再加上他学问深厚，著述丰富，也引得紫禁城中小朝廷的注意。溥仪虽然“大婚”，但知识仍然十分浅陋，皇室给溥仪请了三位师傅，教授中西文化。紫禁城内虽然事务不多，但典籍、珍宝、古器物无数，也要人来整理。清亡后，皇族和宫中人员，包括太监、侍卫之类，趁机盗卖不少。种种事端，合成一块，贵族升允就推荐王国维“入宫”，于是便有1923年4月的“上谕”：

奉谕，杨仲羲、景永昶、温肃、王国维均着在南书房行走。

王国维曾拜升允为“师”，其实这不过是旧时士人交往，年轻的向年长位高的递个门生帖子，便算有师生关系了。升允虽有学问，但无论是在接过王国维门生帖子时，还是以后，都远不如王国维。不过，升允是溥仪的顾问，有推荐人才之权，王国维就应召了。

南书房行走，是宫廷中可有可无、可多可少的角色。南书房一般称南斋，在故宫乾清门西南，原是皇帝读书的地方。既然陪皇帝读书，南斋就收罗一些有学问有名望的饱学之士，有时给皇帝讲讲学，查查书，吟诗作画，闲聊谈笑，鉴赏古物，有时也帮忙处理点皇帝的文字工作，写点应酬文书之类。所以，南书房行走品秩不定，人数也不定，职称也怪，叫“行走”，跑腿子也。当然，雅一点称为“文学侍从”。

南书房行走，并不是一般人能得到的职务，要有科举功名。在清朝全盛时期，南书房行走起码是个进士、翰林。清亡后，南书房也形同虚设，更没有几个进士要钻营这个废灭朝廷的职务了。不过对王国维就不同，他只是一个秀才，连举人都考不上，一下子当上皇帝身边的南书房行走，惊喜之余，更是感激不尽了。

王国维对这种恩宠永志不忘。他去世之后，在他的遗物中发现一个亲笔的记录：

> 宣统十五年三月初一日奉谕旨，杨仲羲、景永昶、温肃、王国维均着在南书房行走。钦此。
>
> 又，六月初一日奉谕旨，袁励准著加恩赏食二品俸，朱汝珍、杨仲羲、景永昶、温肃著加恩赏食三品俸，王国维著加恩赏给五品衔并赏食五品俸。钦此。
>
> 又，九月二十三日奉谕旨，派南书房翰林查景阳宫等处书箱。钦此。
>
> 又，十二月初三日奉谕旨，杨仲羲、景永昶、王国维均著在紫禁城内骑马。钦此。[①]

这份保存良好的文字，足见王国维的感恩之心。

“荣任”南书房行走的几个人，只有王国维年纪最轻、资历最浅，所以每次“谕旨”都叨陪末位。这并不影响他兴奋的心情。

---

① 转引自刘烜：《王国维评传》，百花洲文艺出版社1996年版，第196页。

罗振玉仿佛比王国维更兴奋，王国维一旦“荣任”南书房行走，他马上多次去信催促，叫王国维迅速北上。哈同花园的工作未结束，一大家子在上海的生活要安排，行装书籍要整理装箱，王国维大忙了。本来王国维是北京大学通讯导师，北大可派人照料，安排住处。王国维考虑诸多不便，决意自己找房子，比较自由。同时，《观堂文集》即将印好装订，也想带一部分入京，正好“进呈”溥仪，做个见面礼。于是，从4月16日得知任命，直到5月25日才乘船离开上海。先抵达天津，与罗振玉相会，拜会推荐自己“入值南斋”的升允，然后再从陆路入京报到，算是到任了。

当清朝的官，即使是覆亡后的小朝廷的闲官，拜见皇帝时还是要穿戴清官袍褂的。王国维没有这副行头，只好临行时向蒋汝藻借用。最后“觐见”溥仪时，身穿清官袍褂、脑后拖着一条小辫子的王国维，向年轻的剪了个西式头发的溥仪行三跪九叩大礼，终于完成了到宫中任事的最初礼仪。

南书房行走这个职务本就可有可无，王国维到任后马上发现自己无事可做了。1923年6月7日给罗振玉的信中诉苦：“次早因即入内，而南斋宫监等视此举为多事（原来无人入对）……故自昨日即不复往之（鸣九、子勤皆不往），亦无所事也。”后来定为六日到宫中一次，算是值班，其余日子极为空闲，王国维经常为熟人写扇面，两个多月之内，竟写了二三十个扇面，可见十分空闲。

王国维入京，只带男仆一名，家属还在上海。他到京后，即寻找房子，终于在6月底租得地安门内织染局10号，共20间房间，上房和厢房都很高敞。这么多房间，正是为了准备家属北上。于是，王国维又整理书籍，置办家具，为重新安个家忙上了。按规定，王国维食五品俸，当时大概每月600元，这是高薪，要知道清华大学教授每月只有400元呢！有这样优厚的待遇，王国维可以安心些了。

正在王国维忙于租房子、收拾书籍的时候，紫禁城内一场大火，更暴露了小朝廷的腐败。原来溥仪的师傅庄士敦向溥仪报告，地安门大街上新开许多古玩店，听说是太监们、内务府官员们开的，古玩店中常有宫中的珍宝。宫中珍宝无数，这是明清两朝的积累，辛亥革命后因为承认废帝可以在紫禁城内独尊，财产受保护，所以宫中珍宝，包括珍贵古籍，都没有被国民政府没收。随着紫禁城日暮危象，太监们、内务府官员们相互勾结，盗窃宫中珍宝古籍，放在自己开的古玩店出售，已成为相当普遍的现象。庄士敦这个英国老头看到这种现象，便向溥仪告状。溥仪很相信这位英国师傅，就要清查宫中财物。

正在这个时候，1923年6月27日，紫禁城发生火灾，据说还是东交民巷意大利公使馆消防队首先发现的。救火队赶到紫禁城，宫廷卫士还莫名其妙。这一场大火烧了一夜，把清宫藏宝的一片宫室，100多间明代的建筑烧个一干二净。究竟损失多少，无法精确计算，因为太监和内务府官员盗窃的宝物古籍，便藏在这片建筑物中。事后，内务府报损失账，说烧掉几万册古书、1500多件字画、400多件古玩和2600多尊金佛等。

一场大火已经使众人震惊，接着，瑾、瑜两太妃所在的重华宫又出现太监盗窃案，太监被当场抓获。溥仪更加愤怒，下令严查严办。谁知这两个老太妃偏信自己的太监，竟然反对。溥仪只好愤然离宫，到生父醇亲王的府第去，不肯回宫。于是，那些主管大臣、内务大臣一团混乱，多方劝说，最后答应了溥仪的要求，一返紫禁城，马上将2000多名老少太监驱逐出宫。太监被驱逐，紫禁城的开支可以减少一些，但腐败的情形未能改善。特别是小朝廷中派别林立，争权夺利，相互倾轧，使初入宫廷的王国维有很大感触。既然南书房并不要什么行走，还是回到学术研究上来吧。

这年9月27日，潘氏及儿女一行从上海来到北京，一家人住在地安门内织染局10号。从此，王国维又有了比较完整的家庭生活了。

王国维与北京大学研究所关系融洽的表现，先是王国维到北京后，研究所想开个欢迎会，表示对这位通讯导师的尊敬。王国维谦虚地推辞了，最后开了一个20多人参加的座谈会，王国维与研究所同人正式见面。以后，王国维经常与北大教师，主要是马衡、沈兼士通信及往来。他托马衡复制康熙时的全国地图，又把故宫藏的地图介绍给马衡，表示可以借来复制。马衡介绍琉璃厂古书店给王国维，使王国维有机会选购到好的书籍，又替上海密韵楼主人蒋汝藻物色好的版本、善本。

1923年12月，马衡介绍王国维在述古堂（古旧书店）购得《水经注笺》，竟是陶文毅藏书。王国维甚为满意，从此又兴起校勘《水经注》的兴趣。

王国维校勘《水经注》已有多年了。1916年，他曾抄录沈曾植校的残宋本。1922年，他借到宋刊残本、大典本、明钞本，分别进行校勘，底本都是上海涵芬楼影印武英殿聚珍版。后来又借得不少名家校本抄录比较，不仅对《水经注》本身校勘比较精确细实，而且考论了《水经注》版本、抄本的源流、传承、勘误等，为以后研究者所重视。胡适当时就关心《水经注》的校勘，曾直接请王国维把写成的关于《水经注》的文章寄给他，以便参考。王国维为《水经注》先后写过多种跋，至今仍有参考作用。

1923年到1924年，王国维还继续研究青铜器，写成一批考证文字，进一步显示了他作为考古学家的实力。1922年河南洛阳出土了一批碑石，上面是魏时刻的《尚书》《春秋》等，被称为石经。石经保存了汉魏时代《尚书》等古籍的原始面目，引起学术界的注意。王国维到北京后，得到拓本，又得以观看一些私人收藏的石刻，就着手写《魏正始石经残石考》，显示对新出土文物的浓厚兴趣，和当年对敦煌文物一样。

当然，作为“文学侍从”，王国维也要在小朝廷中干点事，例如查看图书、品鉴器物之类，虽然次数少，工作不忙，也算是“食君之禄，分君之忧”了。更多的，还是干逢迎小皇帝的事。刚当上南书房行走不久，他就写过一首《题御笔双鸲鹆》：

> 百数能言数穴禽，竭来枝上语秋深。
> 一从栖息丹山后，学得轩台鸾凤音。

溥仪本无艺术天分，随手涂鸦，画了两只八哥，王国维便恭恭敬敬地题诗称赞，制作了“文绣的文学”“铺缀的文学”，都是当年他的《文学小言》中批评过的东西。如果说，这首诗借八哥喻自己一旦入选南书房行走，便要唱歌颂溥仪小朝廷的赞歌这种心境，还算一种隐喻的话，以后写的应制诗就更不像话了。1924年2月，王国维写了一组九首绝句，总题《题御笔牡丹》，一片颂词谀语，在诗中没有了正直的学者，也没有了才华横溢的诗人，只有“文学侍从”。

王国维也想有所作为，向小朝廷呈献自己的良策，于是，在1924年5月，先后向溥仪呈上两份奏折：《奏为敬陈管见仰祈至鉴事》和《论政学疏》。

《奏为敬陈管见仰祈至鉴事》就是建议把紫禁城改建为皇家博物馆的事。原因是小朝廷难保安全，有人建议溥仪出洋游历，王国维认为决然不可。怎样保全紫禁城的安全呢？他提出可以把紫禁城一部分开辟为皇室博物馆，陈列宫中珍藏的古器物、书画等。这些都是古今文化的荟萃，一旦有战争内乱，万国有责任保护。这样，借国际的压力，既能保全文化，又能保全小朝廷。这个建议虽然可笑，却透露出王国维认为小朝廷不能长久的担心。

另一份《论政学疏》更是迂腐。王国维认识到，辛亥革命以后，中国的政治学术几乎全被西方的学说所统一，十几年来，“纪纲扫地，争夺频仍，财政穷蹙，国几不国”。至于社会主义、共产主义等西方学说，不过是“均产”。结果俄国“均产”之后，却“伏尸千万，赤地万里”，失败了。要拯救中国乃至世界，还得用周公孔子的学说，“而长治久安之道，莫备于周孔”。

紫禁城内小朝廷只会关起门来称帝，无兵无权，连自身安危都不得而知，哪里还谈得上什么“长治久安”？王国维的两份奏折，完全是无的之矢，望空而放，送上去后，当然石沉大海。事实上，在紫禁城内学英文自称亨利的青年溥仪，正骑着自行车在宫内跑来跑去，根本没有看也看不懂王国维的奏折。

王国维更不明白的是，小朝廷中贵族官员的钩心斗角超出了他的想象。1923年12月，郑孝胥被溥仪任命为首席总管内务府大臣，又以皇室代表名义往济阳慰劳军阀吴佩孚。这一任命，掀开了小朝廷内部的倾轧争斗的序幕。

郑孝胥（1860—1938），福建闽侯人，字苏戡。在前清当过广西边防大臣、安徽广东按察使、湖南布政使等，辛亥革命后以遗老自居，在上海贩书卖文。1923年入紫禁城，深得溥仪赏识。溥仪因内务府腐败不堪，盗窃成风，深感头疼，在庄士敦的支持下，重用郑孝胥，任命其为内务府总理大臣，总管内、外务。九一八事变后，郑孝胥唆使溥仪潜逃东北，成立伪满洲国，他也当上了“国务总理兼文教部长”。后因内部矛盾，1935年下台，最后病死在长沙。郑孝胥为人精明能干，善诗画，口才好，所以一入宫就夺取内务府大权，想要整顿小朝廷。

另外一批老贵族大臣，如升允、陈宝琛之流，再加上1924年正月当上南书房行走的罗振玉诸人，对郑孝胥十分不满。整顿小朝廷、梳理紫禁城的财务，涉及许多宫内外人员的利益，于是，这批老朽就千方百计攻击郑孝胥。结果，郑孝胥整顿内务府雷声大雨点小，终一事无成，辞职而去。一时间小朝廷中各派争斗不止，水火不容。王国维是局外人，虽然政治嗅觉不灵，也闻到此中火药味，未免失望灰心。

1924年6月，王国维致罗振玉一信，袒露自己想离开小朝廷的心境：

> 观（王国维自称）之欲请假者，一则因前文（指两份奏折）未遂，愧对师友；二则因此恶浊界中，机械太多，一切公心，在彼视之，尽变为私意，亦无从言报称。譬如禁御设馆（皇室博物馆）一事，近亦不能言，言之又变为公之设计矣。得请（假）之后，拟仍居辇毂（北京），闭门授徒以自给，亦不应学校之请，则心安理得矣。①

王国维心灰意冷，连“南书房行走”“五品衔”“五品俸”都想不要了，只想以请假名义退出小朝廷的纷争，在北京闭门授徒。这份心情使罗振玉也感受到了凉意，回信感叹“劝公之北来，不免蛇足”。

然而王国维还未正式“请假”，小朝廷就被赶出紫禁城，王国维的南书房行走差事也就结束了。

寒谷那知岁有春

1923年开始，中国革命形势又有新的发展。1月，广州的军政府大总统孙中山与苏联代表发表联合宣言，表明孙中山与苏联合作。3月，孙中山在广州设陆海军大元帅大本营，孙中山任大元帅，决心以武力打倒北洋军阀。孙中山的行动，受到全国人民的欢迎。1923年11月，中共召开三届一中全会，决定党团员以个人身份加入国民党，参加革命。1924年1月，中国国民党第一次全国

---

① 长春市政协文史和学习委员会编：《罗振玉王国维往来书信》，东方出版社2000年版，第626页。

代表大会在广州召开，确定联俄、联共、扶助农工三项政策，标志着第一次国共合作正式形成。同时筹备、设立军校，培养北伐军事干部。

北方军阀之间，也存在着矛盾和争斗。1924年9月，第二次直奉战争爆发。冯玉祥原任直系第三军总司令，突然于10月回师北京，逮捕总统曹锟等人。11月，由段祺瑞出任临时执政，实际由冯玉祥军事控制。冯玉祥思想倾向国民党，联合北方将领，欢迎孙中山北上，商议国是。在这个大背景下，冯玉祥对紫禁城内小朝廷采取了驱逐行动。

1924年11月5日，冯玉祥派鹿钟麟、张璧直闯紫禁城，向小朝廷提出《修正清室优待条件》，限令在当日规定时间内签字。故宫外遍布军警，岗哨林立。景山上的炮台，炮口直指故宫。

一下子小朝廷乱作一团，人人喊叫啼哭，到处乱窜。内务大臣绍英、溥仪的师傅朱益藩等反复商议，最后决定签字。

这份《修正清室优待条件》是以溥仪的口气、身份写成的，签上溥仪的名字，便成事实。其内容如下：

> 今因大清皇帝欲贯彻五族共和之精神，不愿违反民国之各种制度仍存于今日，特将清室优待条件修正如下：
>
> 第一条，大清宣统帝即日起永远废除皇帝尊号，与中华民国国民在法律上享有同等一切之权利；
>
> 第二条，自本条件修正后，民国政府每年补助清室家用五十万元，并特支出二百万元开办北京贫民工厂，尽先收容旗籍贫民；
>
> 第三条，清室应按照原优待条件第三条，即日移出宫禁，以后得自由选择住居，但民国政府仍负责保护责任；
>
> 第四条，清室之宗庙陵寝永远奉祀，由民国酌设卫兵妥为保护；
>
> 第五条，清室私产归清室完全享有，民国政府当特别保护，其一切公产应归民国政府所有。

在鹿钟麟、张璧两位将军威严的逼视下，在冯玉祥部队荷枪实弹的包围中，溥仪战战兢兢地签了名。从此，小朝廷便再也不存在了，虽然溥仪还是被手下人称为“皇上”。

当日下午三时，溥仪及后宫妃后，由鹿钟麟、张璧“保护”，分乘五辆汽车，搬迁到他的生父载沣的醇王府。其他宫中任职的人员，就没有车坐了，只能跟在车子旁步行。于是，冯玉祥军队把这一群从皇帝到亲随、太监的庞杂队伍，像游街似的押送到醇王府。在这庞杂的队伍中，就有头戴瓜皮小帽、脑后拖小辫子的王国维和他的亲家罗振玉，以及大大小小的遗老遗少们。

事后，据罗振玉说，他们悲愤至极，几乎想投御河自尽。这恐怕未必然。忠愤的臣子还要“护驾”，哪能一个个去自尽，谁来“护驾”？只不过是悲愤时有想一死了之的冲动而已。王国维事后写的是“甲子十月十日之变，自冬徂春，艰难困辱，仅而不死”①。

一个月后，日本学者狩野直喜来信慰问，王国维复信报告“随驾出宫”的情况：

> 皇室奇变，辱赐慰问，不胜感激。一月以来，日在惊涛骇浪间，十月九日之变，维等随车驾出宫，白刃炸弹，夹车而行。比至潜邸，守以兵卒。近段、张入都，始行撤去。②

实际上，此时王国维心情已经平静下来了，又重新回到学术上。12月13日，他在给北京大学教授马衡的一封信中，谈到石经拓本的事，还托马衡向“清室善后委员会”交涉，取回放在南书房的衣物：“委员会检查南书房时，弟有如意四柄，朝冠、披肩、朝裙各一件，同官中亦多有之，闻被封在一小屋内，祈为一言诸会中，一并检交太监朱义方为感。”③

王国维终于认清楚，他不可能再在南书房行走了，那一些“入对”（拜见溥仪）的行头也应该取回来。11月29日，溥仪等守卫在醇王府的部队一撤出，马

---

① 陈乃乾编：《观堂遗墨》卷上，转引自陈鸿祥：《王国维传》，团结出版社1998年版，第234页。

②③ 袁英光、刘寅生：《王国维年谱长编》，天津人民出版社1996年版，第429页。

上逃往日本使馆，被招待住在一座小楼上。王国维知道后，也去叩见过一次。但使馆地小人多，王国维不算什么角色，挤不进溥仪身边，也不知道见没见到溥仪，从此也不去日使馆了。

冷静下来的王国维，马上面对工作和生活问题。五品俸没有了，自己的研究工作和一家人的生活总要解决。正在这时候，清华大学又向王国维招手了。

第七章　水木清华

庭中新种玉兰树

北京西郊圆明园废墟旁，有一所由美国退还的庚子赔款建立的清华学校，原是一所留美预备学校。清华学校招收小学毕业生（同等程度亦有之），在校学习八年，然后赴美插班入大学，继续深造。1924年，清华学校成立大学部，同时筹设研究院，要聘请一批专家学者任教。清华大学用美国的庚款，费用充裕，清华园内建筑仿哥伦比亚大学，十分壮丽。园内环境清幽，花木扶疏，有园池湖溪，正是读书做研究的好地方。清华大学办研究院，曹云祥校长立志要办一个起点高的研究院，首先要聘一流导师。曹校长征求胡适的意见，胡适也主张非要请第一等学者不可，而且指名三位：梁启超、王国维、章太炎。

曹云祥和胡适一样留学美国，回国后在北洋政府做过外交官，延聘研究院导师，多少用了点外交手腕。梁启超不成问题，他早就在清华学校讲过学，心胸豁达，较易聘请。章太炎已经老悖，又和梁启超政见学术不合，不会来清华，不必去碰钉子。王国维则在可以争取之列。曹云祥先是自己亲自到织染局王寓洽谈，表示聘请之意。王国维当时并没有答应，算是开了个头。然后胡适出面了。胡适和王国维有学术交流、书信往来，两人又是校勘、研究《水经注》的同好，彼此均有好感。1925年4月，在王国维失去五品俸几个月后，胡适慎重地致信王国维，请他到清华研究院担任导师，还附去清华研究院的聘约。王国维提出要考虑一星期。一星期后，胡适又来信，着重说明王国维到清华后，一切行动均极自由，并且说，王国维宜为学术计，不宜拘小节。

王国维当然愿意，但碍着一个清室小朝廷“五品衔”的身份，有点踌躇。这件事不知怎么被溥仪知道了（有人说是胡适写信给溥仪讲的，但证据未见），他把这个前南书房行走召到日本使馆，命王国维接受清华研究院的聘请。

最后，是后来担任清华研究院主任的吴宓来完成聘请王国维这件事的。吴宓是留美学生，中英文均佳，在哈佛大学时，与陈寅恪、汤用彤并称“哈佛三杰”。王国维对吴宓有所耳闻，以为一定是西装革履一副洋博士派头的新式青年。谁知亲自到王寓送聘书的吴宓，身穿团花长袍，外罩黑色马褂，头戴瓜皮帽，架一副老式玳瑁眼镜，一进门，就对王国维恭恭敬敬地三鞠躬，诚恳得如同旧式学生。这真是投其所好！王国维感动了，甚至对吴宓说，本来不想接受聘请，但见他执礼甚恭，很感动，所以才受聘。清华大学聘请王国维任教一事，由于吴宓的精彩表现，终于获得成功。王国维也开始担任一生中最后的职务了。

接着，清华大学又聘请了赵元任、陈寅恪为研究院导师。赵元任原是清华“游美学务处”第二届留美学生，1914年入哈佛大学，后获哲学博士。此人自然科学、语言学、音乐皆精，是个全才，正盼有施展才能的机会。陈寅恪游学欧美多年，不求什么学历学位，但知识渊博、见解深邃，在学术界很有声誉，连梁启超也认为自己的著作比不上陈寅恪的论著。有这两位学贯中西的大学者加盟，清华研究院就有了雄厚的师资保证，再加上年轻的考古学家李济、外国文学专家吴宓，阵容已是全国一流了。事实证明，这批一流的学者，培养出一批优秀的学生，以后都成为各学科的栋梁。

1925年3月，王国维前往天津和罗振玉相聚，商量去清华大学的诸多事体，交流了研究情况，当然，忘不了到住在日租界的溥仪那里“朝觐”一番。溥仪被逐出紫禁城后，先住醇王府，一个多月后逃往日本使馆，住不长时间，居然化装去了天津。在日租界旅馆住一段时间后，就住到张园，关起门来摆皇帝架子，出门就陪“皇后”婉容上百货公司购物，到剧场听戏，仍然快活。溥仪身边一大堆旧贵族旧大臣，以及总务府的官员，拉帮结派，互相排挤，丑态百出。郑孝胥、陈宝琛又重新获得溥仪信任，这使升允、罗振玉等人意志消沉，罗振玉甚至表示“萧然事外”，“小人之为恶，真无所不至。弟（罗振玉自称）至此真可退藏，不欲更与闻一事矣！”①

王国维见溥仪周围的卑污氛围，心境也和罗振玉一样，决心退出溥仪周围的政治漩涡。他很快看定了清华园的房子，准备搬入清幽的校园中居住。3月25日，他给好朋友蒋汝藻写了一封信，把最近数月的情形和心境托出：

> 数月以来，忧惶忙迫，殆无可语。直至上月，始得休息。现主人（溥仪）在津，进退绰绰，所不足者钱耳。然困穷至此，而中间派别意见排挤倾轧，乃与承平无异。故弟于上月中已决然就清华学校之聘，全家亦拟迁往清华园，离此人海，计亦良得。数月不亲书卷，直觉心思散漫，会须收招魂魄，重理旧业耳。②

这个学者终于明白，自己与溥仪周围那批政客遗老不同，还是回到研究学问上来好。值得注意的是，王国维对溥仪也不满意了，“进退绰绰，所不足者钱耳”，批评溥仪一家在天津吃喝玩乐，大把花钱，出入戏园茶楼、百货公司，大量购买高档用品，过着浪荡公子的生活。皇帝没希望，皇帝周围的人们也没有希望，王国维只能退回书斋去。

蒋汝藻不愧为王国维知己，得信后即诚恳地回信，指出清华大学待遇优越，“南北均不能优于此矣”。更重要的是，蒋汝藻劝王国维坚决断绝与溥仪一伙的联系：

> 久欲驰书劝驾斩断种种葛藤，勿再留恋。顷知已毅然决定，为之额手不置。从此脱离鬼蜮，重入清平，为天地间多留数篇有用文字，即为吾人应尽之义务。至于挽回气数，固非人力所能强也。劫运初开，不至陆沉不已；来日大难，明眼人皆能见到。生死有命，听之可也。

---

① 长春市政协文史和学习委员会编：《罗振玉王国维往来书信》，东方出版社2000年版，第639页。

② 转引自袁英光、刘寅生：《王国维年谱长编》，天津人民出版社1996年版，第439页。

蒋汝藻的判断准确，分析有力，语气坚决，在王国维交往人士中极少见。多年老友的劝导，使王国维更坚定了从南书房行走转回真正的学者的决心。

于是王国维收拾行李书籍，准备搬往清华园教职员宿舍。

当时清华园教职员宿舍分为三院。南院在大门外左侧，是二层楼西式建筑，住的是较年轻的教员，赵元任、陈寅恪就住在南院。

西院在清华园西北角，建筑古色古香，距学生活动区域较远，十分幽静舒适。出门购物，要走三里路才到海淀。院外就是圆明园废墟，残垣断壁，一片苍凉。西院住的大都是上了年纪的教职员，家口多，有活动余地。

北院则在园的东北角，西式平房，大多为外籍教授居住。

王国维原先住的是西院17、18号。17号5间房间，月租19元；18号7间房间，月租25元。前者为书房及男仆住处，后者为家眷居处。两所房子相距百步。据说，当初不知房屋号的排列顺序，以为17、18相邻，及至现场一看，才发现竟分两处。不过，这种情形不久后就改变了，17号改为16号。16号与18号前后相对，王国维即把16号大门封闭，从后门出入。隔一个小院子，就是18号了。

清华园的教职员宿舍是洋式设备，浴室装有浴盆，厕所装有进口抽水马桶，另一厕所还装有专为佣仆设的抽水蹲式马桶。厨房单设。房子的窗户特别大，气窗上还蒙有绿色纱布，防止蚊虫飞进。朱红漆的大门上，装有金色铜门环。房外院子宽大，遍栽花木，幽雅舒适。上房与下房（佣仆居处）还装上电铃，以便召唤。这些设备是当时国内大城市都很少有的，其他大学宿舍设备也远远不及。

16号是王国维的书房，三间正房的西屋，靠三面墙是书架，堆满书籍图册，南窗下放一张大书桌、藤椅一张、木椅两把，这是王国维读书写作和接待学生的地方。还有一张藤躺椅，作为休息之用。正房的中屋是客厅，摆有方桌、椅子。东屋是孩子们读书处。王国维子女小时不上学，专门请老师来家授课，便在东屋。16号后门打开，跨过花木扶疏的院子，就是18号住处了。

王国维是4月17日搬进清华园的，18日家眷也搬来。居处虽然不是富丽堂皇，却幽雅舒适，是王国维平生很少住到的好地方，不但与上海吴兴里不可同日而语，即使北京织染局的旧式四合院，也远不及清华园。清华大学教授薪水较高，王国维每月有400大洋，生活应该没有问题。王国维对环境是满意的，可以安下心来做学问了。

王国维又开始研究西北地理及元代历史了。他先行搜集文献资料，从《通典》中抄出杜环《经行记》，又从《五代史》抄出高居海《使于阗记》，从《宋史・外国传》抄出王延德《使高昌记》等多种古籍，以《太平寰宇记》等加以校勘，装成一册，以备参阅。同时，他着手校注《长春真人西游记》。

王国维在学术中找到寄托，连门也不肯出，每月进城不过一两次，真有点与遗老们减少往来的意思。甚至，他也极少游玩，散步爬山几乎与他无缘。当年4月，王国维搬到清华园不久，日本学者青木正儿到中国访学。那天，他去北京西山一游后，到清华园拜访在日本京都就认识的王国维。

王国维知道青木正儿游西山而返后，静静地说："我还没有去过西山。"还说，搬进清华园后一次也没有进过城。

清华研究院正式开始运作了。1925年7月17日，清华学校举行校务会议，通过了研究院的章程和预算案，是由吴宓报告的。据说，清华最初想请王国维当研究院院长，主持一切事务。这显然非王国维所长，他坚决推辞了。最后推到吴宓头上，吴宓以资历太浅，不肯就院长之职，只接受了研究院主任的头衔，承办研究院的教学事务。吴宓是个胜任人选，学者们都赞成。从此，清华研究院（又称为清华国学研究院）开始招生、开学。

王国维是研究院四个导师中第一个到院的，吴宓对他的尊重使他也愿为研究院出力。草创时期，许多规章制度，吴宓都征求王国维的意见。王国维对办教育并不陌生，早年关于教育学的译述就很多，对西方教育情况比较了解，所以提出许多中肯的意见，吴宓也乐意接受。王国维发现，清华的图书不多，好在购书经费多，他便主动给清华图书馆出主意，甚至亲自到北京的书肆中打听书价、寻找善本。他是内行，又为蒋汝藻编《传书堂藏书志》，对中国古籍了如指掌，为国学研究院选购图书，应是很精到的。

9月8日，清华研究院召开第一次教务会议。这时，王国维、梁启超、赵元任、李济等老师已经到齐。不过，李济当时还是年轻学者，才29岁，任特别讲师，所以人们把前三位以及当时未到的陈寅恪一起称为清华研究院的四大导师。这次会议，定下每位老师指导研究的内容，以便学生选择。另外还有普通演讲，研究院的学生必须去听讲，以了解各学科的发展大势。原清华学校学生，得到允许，也可去听讲。为了使读者了解清华研究院的学术氛围，这里把指导研究及普通演讲的学科范围介绍如下：

研究范围

王国维有经学：书、诗、礼；小学：训诂、古文字学、古韵，上古史，中国文学。

梁启超有诸子、中国佛学史、宋元明学术史、清代学术史、中国文学。

赵元任有现代方言、中国音韵学、普通语言学。

陈寅恪有年历学、古代碑志与外族有关者之研究、摩尼教经典回纥文及译文研究、佛教经典各种文字译文之比较研究、蒙古满洲书籍及碑志与历史有关系者之研究。

李济有中国人种考。

普通演讲题目

王国维：古史新证、说文练习。

梁启超：中国通史。

赵元任：方言学、普通语言学。

陈寅恪：未定。

李济：人文学。

王国维的课，“古史新证”每周一小时，“说文练习”一小时，“尚书”一小时，以后又加“仪礼”一小时。总的来说，课时不多，负担不重，有足够的时间研究著述。

研究生每期一年，交论文一篇，导师通过就可以毕业，由校长及各导师署名盖章，发给毕业证书。毕业生没有学位。有学生毕业后再要研读的，仍然一年一期，交论文一篇，通过后再发毕业证书。这种学制比较灵活，可激发学生独立科研的能力。学生中研究两年为最多，三年者次之，四年及一年者最少。第一次招生共29人，第二年增至36人，其中有不少是再读一年的。这些学生底子甚厚，有些人研读古籍已有成果，有论文，起点较高，所以再经名师一指点，学术上进步很快。

1925年7月，清华学校办暑期补习学校，王国维应清华学校学生会的邀请，作了一次学术报告，题目为《最近二三十年中中国新发见之学问》，由研究院的研究生方壮猷做笔记，记录稿最早发表在《清华周刊》第350期上，后来收入《静安文集续编》中。

这篇讲演，是王国维到清华以后第一次给学生讲课，也是他教学工作的开始。这篇讲演，可视为王国维对自己参与的新学问研究的一个阶段性的小结，又可看作今后两年研究方向的发端。

讲演劈头就说："古来新学问起，大都由于新发见。"这是一个史学发展史中规律性的现象。接着他以汉代孔子旧宅壁中发现文字引出古文经学的学术兴起、宋代出土大批周秦古器物引出宋以后古器物文字学的兴起等为例子，联系到20世纪发现的殷墟甲骨文字、敦煌塞上及西域发现的汉晋木简，以及敦煌千佛洞的六朝、唐代写本，完全超过以前几次大发现。因此，今天是"发见时代"。

他分别介绍最近二三十年中国的五大发现，以及整理研究情况。这五大发现是：（一）殷墟甲骨文字；（二）敦煌塞上及西域各地之简牍；（三）敦煌千佛洞之六朝唐人所书卷轴；（四）内阁大库之书籍档案；（五）中国境内之古外族遗文。

最后，王国维指出，其他发现也有，但都不如这五项分量重，又最有时代特点。但是，对这些发现物，世界学者研究阐发还不到一半，而且新的发现层出不穷，所以希望青年努力进行学术探求。

王国维用具体的实例，再一次重申了"二重证据法"是研究古史的科学方法，讲演内容虽然较通俗，但条分缕析，提纲挈领，和他日后指导研究生的思路相呼应。

当年8月是罗振玉60大寿，王国维这个30年的朋友、如今的儿女亲家，当然赶去天津祝寿。王国维写了两首诗，总题为《罗雪堂参事六十寿诗》，可读其第一首：

卅载云龙会合常，半年濡呴更难忘。
昏灯履道坊中雨，羸马慈恩院外霜。
事去死生无上策，智穷江汉有回肠。
毗蓝风里山河碎，痛定为君举一觞。

和老朋友一样抱着孤臣孽子的苍凉心境，王国维也确认清王朝毕竟不可能复辟了。罗振玉在溥仪跟前不得重视，躲在天津宅子里研究甲骨文；王国维在远离城区的清华园内授徒著述，已经不再是当南书房行走时的样子了。

天津一行不数日，王国维即返清华园，一面继续研究商周青铜器，写了一批跋文，一面欣喜地注视河南出土的汉魏石经残石拓片。北京大学考古教师马衡，是和王国维联系最多的北大人，既是织染局时的邻居，又是考古研究的同行，交往密切，甚至王国维任北京大学通讯导师的薪水每月100元，也由马衡代领，隔两三个月送到王国维寓所。1925年9月，马衡把从洛阳拓到的汉魏石经残片的拓本托学生送交王国维，有70种之多。王国维高兴极了，先考出残片拓本中有《诗经》的文字，又考出其他一些文字。两人交流考据心得，书信往来，心情舒畅。同月，《人间词话》加标点再版。15年前的作品，还能引起学界注意，受读者欢迎，得以再版，王国维当然也很欣慰。

1925年9月28日，清华大学国学研究院开学。下午，研究院举行茶话会，师生见面。校长曹云祥来了，他亲自向研究生们逐一介绍几位老师，实只有王国维、梁启超、赵元任、李济、吴宓等，陈寅恪此时还未到校。

姚名达回忆当日情形：

名达始识静安先生，以乙丑八月十一日，即一九二五年九月二十八日。午后四时，清华研究院第一次师生茶话会开，出席者达五十余。名达方以是日午前到校，举目无亲，逢人辄询姓名，而又素不识先生。见有布袍粗褂、项后垂辫者，私心骞想，"此岂李济先生耶？"须臾，主席致辞，并一一介绍，始知久仰而素昧者，即为此老。聆其声，望其貌，盖忠厚人，可与语，然面生口涩，终席不敢启齿也。又明日，午前九时，受先生课《说文》，始惊其妙解，而有从学之心。①

国学研究院按学科和导师设立研究室，学生分在各研究室，以其专题相近、便于联系。每位导师则具体负责一个研究室的学习。姚名达的回忆说他一个人都不认识，甚至把王国维误认为李济，是因为他当日上午刚到清华学校，下午就参加茶话会，根本没有时间去拜访导师，所以开茶话会时人和姓名对不上号。

研究室的活动，早于正式开学，特别是已经先行抵达清华园的王国维和梁启超。王国维当年4月就搬进清华园，梁启超虽然不住在清华园内，却长期在北京，早在清华学校兼课，故此常来常往。

清华国学研究院成立初期，重大事务决定，吴宓都征求王国维、梁启超的意见。梁、王两位相处甚融洽，意见也常不约而同，所以，有时对学生讲话，梁启超出面，因为他官话讲得好，口齿清楚，全国各地来的学生听得懂。王国维一口海宁官话，声音又小，土音又多，实在不适宜在大庭广众中演说。但是，重大意见，梁启超总是和王国维商量以后，取得一致，再行发表。

开学前的9月11日，研究院在第五研究室召开全体学生会议，到校的学生都来了。梁启超讲话，介绍他与王国维共同商定的关于学生选择研究题目及研究方法的意见：

设研究院之本意，非欲诸君在此一年中即研究出莫大成果也；目的乃专欲诸君在此得若干治学方法耳！……主张于论文或研究之外，更兼取专书研究之……研究似以先有客观材料，而以无成见地判断出之为佳。故太宽泛而专靠推论者少选。诸君择题须择定可以从一本书中得基本材料之题，

① 陈平原、王枫编：《追忆王国维》，中国广播电视出版社1997年版，第211页。

> 然后研究之，不致棘手。……总之，本院目的，在养成诸君研究学问的方法，以长期见面机会而加以指导。[①]

清华研究院开学以后，王国维就以一个严格而善导的老师和一个严肃而渊博的学者的身份，出现在学生面前。

院落春深新著燕

一个学校的教育，在教育宗旨、方法确定之后，第一步便落实在招生上。王国维和梁启超商量，清华研究院的招生考试，不同于一般大学或留学生的招生考试，目的在于录取善于学习的人才，而并非死记硬背的书呆子。第一年研究生考试是怎样进行的，现在已经无法知晓。1926年3月，要筹备招收第二年的研究生时，国学研究院办公室以吴宓主任的名义，请王国维、梁启超、赵元任三位导师拟定本年各科命题及阅卷名单。这三位教授相当重视。住在校外的梁启超写给王国维一封信，请王国维先拟考试题目，他到校时可一起讨论。

王国维是个认真的人，他仔仔细细地拟出20个题目，给梁启超寄去，并附上自己的意见。现在已查不到王国维的信件了，从保留下来的梁启超给王国维回信的手稿上，可以看出两人商量的结果：

> 尤惧者有天才至美而于考题前所发问者漏缺注意，则交臂失之，深为可惜。鄙意研究院之设，在网罗善学之人，质言之，则知治学方法而其理解力足以运之者，最为上乘。今在浩如烟海之群籍中出题考试则所能校验者，终不外一名物，一制度之记忆。幸获与遗珠，两皆难矣。鄙意欲采一变通办法，凡应考人得有准考证者，即每科指定一两种书，令其细读，考时即就所指定之书出题，例如史学指定《史通》《文史通义》或《史记》

---

① 转引自刘烜：《王国维评传》，百花洲文艺出版社1996年版，第254页。

《汉书》《左传》皆可。考时即在书中多问难，则其人读书能否得闻最易检验，似较泛滥无归者为有效。[①]

梁启超的用意是检验考生的治学方法和学术眼光，并不要考生背诵一大堆名物制度典章文告的解释。王国维当然赞成这个意见，因为他深知研究需具独创性。即如甲骨文字研究，孙诒让甚至罗振玉只是考释文字、识别文字而已。王国维新识别的甲骨文字不多，但他利用别人的识别，进一步验证《史记》上殷商朝代的纪元、帝王名字、传承关系、政治礼仪制度等，纠正了史书记载的错误，解读了殷周历史的发展线索，研究内容从文字学引向考古学、历史学。这种创新的研究方法，不是死记硬背得来的。

清华国学研究院的学生姜亮夫（寅清）先生有一段入学考试的回忆，写得生动有趣，可以看到王国维、梁启超两位导师是如何把拟定的考试方法具体实施的：

……过了几天，清华教务处通知我去面试。到约定日期我到了清华。任公（梁启超）先生亲自接见，问我："松坡（蔡锷）先生是你什么人？"我说："是我父亲的上司，我父亲曾在松坡先生底下做事。"他又说："廖季平（廖平）先生是不是你老师？"我说："是的。"他问还有哪些老师，我就约略地说了一下，他都晓得，他说："这些先生都很好，你为什么不在成都高师读下去？"我回答说，成都高师我已经毕业了。他说："好，我就让你补考吧！"接着就给我出了题目：《试论蜀学》。当即我就写了二三千字的文章交上去。任公先生一边看一边微微地笑着，有时点点头。看完了，他说："姜寅清，你这篇文章说明你在四川读书时是个用功的人，许多四川老先生的书你都认真读的，文章写得也有趣味，教你写文章的是哪位先生？"我说："是林山腴（林思进）先生。"他说："不怪，他是诗人，他的文章也写得很好。"这时是上午十时多，他叫我休息一下，到十一点多，有人来领我

① 转引自刘烜：《王国维评传》，百花洲文艺出版社1996年版，第254页。

> 去厨房吃饭，饭后休息一下就接着考王静安先生的课。静安先生在里面担任的是“小学”，他出的题目都是“小学”的题目。在这之前，太炎先生的《章氏丛书》我曾反复精读，有一些心得，所以静安先生问我的许多问题，我都没有答错，但都是一家之言。静安先生看了我的卷子以后，便说：“你可是章太炎先生的学生？”我说：“不是，我是四川来的。”他说：“四川来的，怎么说的都是章太炎先生的话呢？”我说因为假期要升学，所以我突击看了一部《章氏丛书》。“《章氏丛书》你看得懂吗？”我说：“只有一二篇我看不懂，别的还可以看得懂。”王先生连声说：“好的，好的，你等一会儿。”他的办公室和任公先生的办公室只隔一道板壁，中间有一道门相通，他就告诉他的助手赵万里先生说：“你去跟任公先生讲，姜亮夫这个学生我看可以取。”①

最后，姜亮夫被录取了，成为清华国学院的研究生。这真是一场别开生面的考试，对师生双方都是高学术水平的对话，从招生开始，清华国学院已经把培养第一流人才视为己任了。

王国维是个严师，又是诚挚的长辈，学生们对他印象很深，甚至第一次与其见面就很受感动。蔡尚思先生说：

> 他是一个非常令人注目的大教育家。回忆我初见到他时，有两种心情：一是惊骇他仍留着辫子；二是喜欢他的和气和虚心，一点也没有架子。当时我还不满二十岁，又是从内地跑出来的乡下人，因赶不上考期，经过办公室主任吴宓介绍，王国维就马上接见，对我慰勉有加。我寄一本《文稿》请他指教，他更立即复信鼓励。他是我离乡外出后头一个诱导我上进的大教育家，我永远不会忘记他的教言。②

---

① 陈平原、王枫编：《追忆王国维》，中国广播电视出版社1997年版，第320—321页。

② 陈平原、王枫编：《追忆王国维》，中国广播电视出版社1997年版，第317页。

王国维在清华的主要工作是教学，教学有两个方面，一是课堂上讲课，二是指导学生研究。周传儒是国学研究院第一年入学的研究生，他在《王静安传略》中回忆老师的教学生涯时写道：

> 王海宁在清华的学术活动，首在讲书，先后教学两年，曾讲说文后序，说文部首。揭示治中国学，非通说文不可；群经讲尚书，尚书凡五十几编，真伪各半，一般说，今文大致可信，古文全部不可信。汉鲁共王壁中书，晋梅赜所上书，皆伪。阎若璩论之綦详。海宁从经学、小学、史学方面，抓梳考证之，何者可信，何者可疑，皆有卓见。诗经问题少，常提而不讲。三礼中，否定周礼，以礼记为晚作，独仪礼十七篇，曾一一解释。[①]

周传儒在国学研究院受王国维等导师教导两年，其记录大概是切实的。不过，周传儒并不研究历史、考古，记忆也许有出入。周传儒在国学研究院第一年的研究题目是《中日历代交涉史》，第二年的题目是《中国教育史》，可知其研习重点。不过，他记述王国维讲课生活，倒相当亲切感人。王国维生活简朴，除吸纸烟以外，别无嗜好。不讲衣饰，不喜交际，不逢迎权贵，不慕荣华，实事求是。周传儒记述王国维的生活：

> 不知底细的人，但看衣饰相貌，很可能错误判断把他当做乡下佬。头戴红顶瓜皮帽，背后拖着不长不大的小辫，青马褂，蓝长衫，布裤，扎着腿头，布鞋布袜，面黄肌瘦，行动迟缓，说话满口宁波腔，阿拉是我，侬是你。没者、有格、弗晓得。平时说话如此，上课讲书亦如此，要经过两三个月的锻炼，才能听懂，如能知道他要讲的什么，自然就很容易了解了。
>
> 但是上课从不迟到，亦不早退，风雨无阻。不说废话，以说明题旨为度。他人已说过的东西，从来不抄袭，不掠美，不诋毁，说话负责，做事负责，是一个道道地地、扎扎实实的君子。同学住的地方，不来。来就是

① 陈平原、王枫编：《追忆王国维》，中国广播电视出版社1997年版，第285页。

> 上课，上完课就走。他家住在西苑，同学住新大楼，相距二三里。同学们常去看他，质疑请益，他必竭诚相告。遇有不知道的事，他就说“弗晓得咯”。没有一次掩饰。他写字工整，小而秀，但不讲究碑帖，不成一家。①

研究院第一年的研究生徐中舒，其研究题目为《殷周民族考、徐奄淮夷群舒考》，对王国维讲的“古史新证”印象特别深刻，大概和研究课题直接有关的缘故，他记道：

> 先生体质瘦弱，身着不合时宜之朴素衣服，面部苍黄，鼻架玳瑁眼镜，骤视之几若六七十许老人，态度冷静，动作从容，一望而知为修养深厚之大师也。时先生方讲《古史新证》，以钟鼎款识，及甲骨文字中之有关古代史迹者，疏通而证明之，盖取旧作《殷卜辞中所见先王先公考》《续考》《殷周制度论》诸篇，增定而成。先生口操浙江之普通话，声调虽低而清晰简明可辨。当先生每向黑板上指示殷虚文字时，其脑后所垂纤细之辫发，完全映于吾人视线之前，令人感到不可磨灭之印象。②

虽然研究院学生各人研究专题不同，但基础课程和普通讲演还是一起听讲的，所以印象深刻。

王国维对学生的指导，十分重视研究方法。研究院招生时，王国维和梁启超认定“知治学方法而其理解力足以运之者，最为上乘”，所以，他们指导学生进行研究时，特别注重研究方法的指导，以免学生走弯路。以《邵念鲁年谱、章实斋之史学》为研究题目在国学院读了两年书的姚名达，回忆最初想研究《史记》，去请教王国维：

> 翌年三月一日，颇欲研究《史记》，先生谓“规模太大，须时过多，奈

① 陈平原、王枫编：《追忆王国维》，中国广播电视出版社1997年版，第291页。
② 陈平原、王枫编：《追忆王国维》，中国广播电视出版社1997年版，第200页。

何？”对曰：“姑就其一部分以理董之。”先生忽作而言曰：“《六国年表》，来历不明，可因《本纪》《列传》《世家》及《战国策》互相磨勘，各注出处于表内作为笺注，亦一法也。”如命而为之半月，并参考先生所著之书，始领会先生治史，无往不为穷源旁搜之工作，故有发明，皆至准确。[①]

指导学生重视研究方法，是王国维一贯的做法。1926年入学的姜亮夫先生也有生动的回忆：

进清华后的第一课是听王静安先生讲的。静安先生上课不大抬头看学生。下午赵先生又来通知我，到静安先生处去一次。一到先生办公室，先生就说：“那份卷子是你的，你的声韵、训诂不错，文字方面还不够，今后怎么办？”我说：“请先生指导。”王先生说：“课题要自己选定！”过了三天，我把选定的三个题目送给先生看，其中第一个是诗经韵谱，第二个是诗骚联绵字考，第三个是广韵研究。王先生看了题目后问我：“广韵如何研究？”我的回答先生不满意。他沉默片刻后说：“我看搞诗骚联绵字考吧！”他接着便把自己研究这方面的“谱”（提纲）拿出来给我看。得了先生的指点，我的方向明确了，大体框架结构有了底，有关这方面的材料我开始注意起来了。[②]

最后，姜亮夫这一年研究的题目便是《诗骚联绵字》。其实，王国维担任北京大学通讯导师时，就向北大研究生提出过《古文学中联绵字之研究》这个题目，而且附有说明，对联绵字的概念、源流、变化、搜集材料的方法、研究的意义等，都作了扼要的论述，已构架了这一专题的研究方法。当然，此题目是大的范围，“古文学”包含甚广，时间跨度大，材料极多，以一人之力，一年之时，是完成不了这专题的研究的，所以王国维指导姜亮夫研究的，只是《诗经》和

① 陈平原、王枫编：《追忆王国维》，中国广播电视出版社1997年版，第212页。
② 陈平原、王枫编：《追忆王国维》，中国广播电视出版社1997年版，第322—323页。

《楚辞》中的联绵字，重在方法的养成。其实，王国维于1921年就写过《联绵字谱》，历年又写过大量训诂、音韵的论文，对此项专题的研究方法早已了然于心，所以指导起学生来得心应手，效果显著。

王国维在清华研究院的教学和生活，都得到助教赵万里的协助。赵万里（1905—1980），浙江海宁人，字斐云，是潘夫人表姐的儿子，也算是王国维的远亲了。东南大学毕业后，到北京拜王国维为师，任清华国学研究院助教。王国维的许多讲课记录及手稿，都是赵万里整理的。王国维去世后，赵万里整理编辑了《海宁王静安先生遗书》，出版后影响很大。赵万里是杰出的版本目录学家，有多种著述传世。

王国维家人对赵万里都很亲切。据王国维女儿王东明的回忆说：

> 他（赵万里）是父亲得力的助手，也是受益最多的学生。他家住在西院十二号，与我们家相距很近，早晚都可前来向父亲请益，父亲有事，只要派人去请一下，马上就到。父亲交代什么事，他都做得很好，因此对他敬业勤奋的态度，很是器重。①

赵万里还兼过王国维的家庭教师，教他的子女读古文。有了这样得力可靠的助教，王国维教学和研究工作更加顺利了。

差喜平生同一癖

在清华园两年的教学生涯中，王国维结识了一些新朋友，但他不善交际，很少与人往来，所以谈得来的朋友并不多，而且朋友之间交谈也以学术交流为主。

国学研究院开办的时候，导师中年纪最长者为梁启超，52岁；次者为王国维，48岁。其余陈寅恪35岁，赵元任32岁，研究院主任吴宓31岁，特别讲师

---

① 陈平原、王枫编：《追忆王国维》，中国广播电视出版社1997年版，第489页。

李济29岁。其他助教如赵万里等，只是二十出头的年轻人。用现代年龄标准，这批学者还是中青年，正是年富力强、精力充沛的时候。当然，就其学术上的成就来说，已是海内杰出学者，知名度很高，在国际上也很有声誉，现代的中青年学者是不能望其项背的。

最年长的导师是梁启超。他是清末维新运动的领导人之一，受过清政府的迫害。他主持《时务报》等，议论风发，社会影响很大，文字也很漂亮，时人称之为“任公体”。在反对袁世凯称帝斗争中，他是组织者和发动者之一，维护共和政体，有很大作用。以后在北洋政府担任过财政总长。梁启超在政坛上出入升沉，阅历广，政治眼光敏锐，思想活跃。晚年讲学清华和北京许多大学，门生众多。他学识广博，为人豁达开朗，热诚待人。王国维早年就是梁启超文章的读者，受其思想影响。

梁启超与王国维又是国学研究院最早到校的导师，研究院各项制度的建立，多赖两位导师与吴宓商量。王国维对梁启超很尊重，许多意见都在商量以后由梁启超提出。梁启超有行政办事经验，快人快语，把两人的意见作了很好的表达。梁、王二人办公室相邻，只隔一重板壁，有门相通，交谈商量教学、学术都很方便。国学研究院有专款购书，开始时由梁启超和王国维两人决定，梁启超尊重王国维在版本目录学上的知识，所以实际上是王国维主持其事。两位导师相互钦敬。“梁任公先生极服先生之学，凡有疑难，皆曰：‘可问王先生。’同学辈对于王先生，亦备敬爱。”①

梁启超和王国维对中国传统的哲学思想，都倾向今文经学，这对他们的世界观和治学方法都有影响。今文经学起于《春秋公羊传》（《公羊春秋》），据说是战国时公羊高撰，专门阐释儒家经典《春秋》，记事简略，重在阐释“大义”。后来这派与所谓孔宅壁中书的“古文”相对，被称为今文经学。它的特点是对儒家经典作全新阐发，常有“非常异义可怪之论”。清代18世纪下半叶到19世纪上半叶时，一批学者重新发掘今文经学，特别鼓吹今文经学的思辨方式。近代的思想家，从龚自珍、魏源到康有为、梁启超，都推崇今文经学。章

① 陈平原、王枫编：《追忆王国维》，中国广播电视出版社1997年版，第202页。

太炎则推崇古文经学，斥责龚自珍和康梁。康有为、梁启超用微言大义的方式，从诠释、阐述儒学经典出发，宣扬维新思想，这对青年时代的王国维影响很大。今文经学思辨方式的灵活、变化，又促进他对古代历史的思考，不局限于传统的说法。他当然不是今文经学家，只是对今文经学比较欣赏。他指导学生说：《尚书》五十几篇，真伪各半，今文大致可信，古文全部不可信。对乾嘉考据学派，他也很尊重，但他认为，考古上只要有了有力证据，就不必作考据学派的烦琐反复的考证了。所以，从治学方法来说，梁启超和王国维都继承了今文经学敏锐灵活、不拘家法的思辨方法，这也是他们相近的地方。

可惜的是，王国维竟比年长他四岁的梁启超先逝世。王国维去世后，梁启超无论在公开发表的文章、演讲中，还是在给子女的私信中，都给予王国维很高的评价，尤其对王国维的学术成就推崇备至。

国学院成立第二年，即1926年暑假，另一名导师陈寅恪来到清华园，住在工字厅。工字厅是中国古式建筑，房屋排列有如工字，故此得名。这座建筑实是中国式建筑的优秀作品，室内回廊，屋外古木参天，建筑高大而幽雅。工字厅后，就是荷塘，朱自清有名的散文《荷塘月色》写的就是这个地方。最初是教职员宿舍，居住一些还没有家属的单身教职员。陈寅恪与吴宓都未婚，又是老朋友，比邻而居，交谈甚欢。

王国维住在清华园西院，“与先生（陈寅恪）识趣特契，时来工字厅与先生话旧事，后来挽诗中所谓‘回思寒夜话明昌，相对南冠泣数行’者是也”[①]。王国维以前似乎与陈寅恪从未谋面，他们的一见如故是有原因的。陈寅恪的祖父陈宝箴任湖南巡抚时，设时务学堂，请梁启超主持，推行维新思想。维新运动作为一个时代的思想风云，把陈寅恪、王国维都卷了进去，直到他们逝世时仍念念不忘。政坛上同气相求的人物，彼此也多认识。例如沈曾植是王国维在上海哈同花园工作时的好朋友，而更早则是陈寅恪父亲陈三立最要好的朋友之一。维新运动的旧事、各种人物的浮沉、时局的变迁，都是王国维和陈寅恪谈论的“旧事”，感慨系之。

---

① 蒋天枢：《陈寅恪先生编年事辑》（增订本），上海古籍出版社1997年版，第61页。

陈寅恪到清华国学研究院后，开的第一门课是佛经翻译文学，王国维则开讲“古史新证”“尚书”“仪礼”“说文”。赵元任《忆寅恪》中记述：“第二年到了清华，四个研究教授当中除了梁任公注意政治方面一点，其他王静安、寅恪跟我都喜欢搞音韵训诂之类问题。”[①]国学院图书馆采购图书，外文及佛藏等由陈寅恪选定，中文书籍由王国维选定。王、陈二人在专业上既有共同爱好，又相互交流讨论，更加深了两人的友谊。王国维是很尊重陈寅恪的，虽然自己年长13岁，但对陈寅恪十分信任。直到自沉前，王国维写的遗书中还将后事托陈寅恪和吴宓办理。

陈寅恪对王国维的学问不但佩服，而且比较了解，多年后还有印象。1936年，中央研究院的陈玉书去信陈寅恪，请指正论文，其中有论及西域少数民族语言及族名问题的，引起陈寅恪的回忆，回信谈道：“忆十年前王观堂先生欲作辽史索引，以移剌部名及其问题见语，寅当时亦未研究及此，颇忘其意旨所在。王公旋殁，遗著中亦无文论及此者。即寅心中觉此事尚有未发之覆。”[②]

两个人对某一问题的讨论，十年后尚有印象，可见陈寅恪对王国维敬重有加。当然，陈寅恪懂多种文字，特别是西域古代少数民族语言，彼此参订，可能有新的发现。王国维此时研究西北地理和蒙古史，与陈寅恪探讨辽史中剌部名，是自然的事。

到1943年，浙江大学方豪教授写信给陈寅恪，请他为耶律楚材逝世七百年纪念写文章。陈寅恪回信谈到蒙古史与《长春真人西游记》，又回忆起王国维曾借文澜阁本校勘过此书。

陈寅恪与王国维共事不过一年，但彼此思想学问上的共识甚多，所以友谊深厚，堪托死生。

比王国维年轻近20岁的特别讲师李济，在国学研究院讲授考古学和人类学，还经常出外发掘考察，受到王国维的器重。1926年夏天，李济从山西考古回校，带回49箱资料，震惊了清华学校。在一次师生茶话会上，大家参观了山

① 蒋天枢：《陈寅恪先生编年事辑》（增订本），上海古籍出版社1997年版，第62页。
② 蒋天枢：《陈寅恪先生编年事辑》（增订本），上海古籍出版社1997年版，第244页。

西夏县出土的古物，议论到尧舜都城是否在山西：

> 会上，大家互相讨论。王国维却冷静地说：“我主张找一个有历史根据的地方进行发掘，一层一层掘下去，看它的文化堆积好吗?”教授们都对此无异议，但也因为王国维谈话太简单，点到为止，并不曾形成讨论。过了一天，有钻研精神的学生特地去向王国维请教，问他发言的意思，山西夏县究竟是不是禹都?王国维才回答说：“那是搞错的。”“我国古帝都在东方。太皞之虚在陈，大庭氏之库在鲁，黄帝邑于涿鹿之阿，少皞与颛顼之虚皆在鲁、卫，帝喾居亳……尧号陶唐氏而冢在定陶之阳，舜号有虞氏，而子孙封于梁国虞县，孟子称舜生卒之地皆在东夷。”“禹之都邑虽无考，然自太康以后以迄于桀，其都邑及地名之见于经典者率在东土，与商人错处何济益数百岁。”①

这个思想即“二重证据法”，把地下文物与存世文献结合来研究历史，才可找出比较正确的结论，偏于一面，都不准确。教师之间学术讨论，彼此得益，这是清华园内良好学术气氛的表现。

后来李济在考古学、人类学等方面有很大成就，还担任过台湾“中央研究院”院士。他撰文回忆道：

> 民国十四年，为清华学堂开办国学研究院的第一年，这在中国教育界，可以说是一件创举。国学研究院的基本观念，是想用现代科学的方法整理国故。清华为研究院请的第一批教授（实称导师），有王国维、梁启超及陈寅恪、赵元任诸先生，我是受聘去作讲师的一人。那时华北的学术界的确是很活跃的，不但是纯粹的近代科学，如生物学、地质学、医学等均有积极的研究工作表现，受人重视，就是以近代科学方法整理国故为号召，也

① 刘烜：《王国维评传》，百花洲文艺出版社1996年版，第261页。

得到社会上热烈的支持。[①]

国学研究院浓厚的学术氛围和导师们之间诚挚的友谊，使王国维安心于清华园的教学生活。

研究院中导师讲课，往往不是先写成讲义发给学生，而是先行讲课，助教和学生进行记录，最后才整理成笔记。导师再对记录修改补充，即成专著。王国维在1925年秋天，每周为研究生讲授古史一小时，一学期下来，讲稿记录修改成《古史新证》。这本书是有原稿的。其他讲课内容，后来也多由学生笔记整理成文，如吴其昌《王观堂先生〈尚书〉讲授记》，刘盼遂《观堂学书记》、《说文》练习笔记、《古史新证》笔记、《金文举例》笔记等。

1926年12月3日，是王国维五十寿辰。早晨八九点钟，陈寅恪和吴宓就到西院王寓贺寿。然后各导师照常上课。傍晚，王国维在家中设宴招待国学研究院的教职员，大家到王寓吃寿筵，谈谈笑笑，到晚上九时才散去。学生们知道老师寿辰，也纷纷前往祝贺。王国维为了答谢学生们，于12月7日在工字厅的一个大厅内，设了一个茶话会招待学生。更别出心裁的是，王国维把自己收藏的汉、魏、唐、宋石经拓本陈列出来，让学生参观。石经是“地下材料”，最近数年出土的，可以校正“地上材料”即流传的版本。这是一堂生动切实的“古史新证”课。学生就石经拓本所引出的问题竞相提问。王国维兴致很高，从容认真地逐个给予解答，给学生留下深刻印象。

王国维和学生的关系十分融洽，彼此既亲切又尊重。姜亮夫回忆，晚上到王寓请益，告辞时天已全黑了，返途中还有一座小木桥。王国维知道姜亮夫高度近视，就派男仆打着灯笼送姜亮夫回宿舍，自己则站在门口，看到学生安全过了小木桥才进屋。严格的要求和亲切的关怀，使学生感佩于心。王国维去世多年之后，受业的学生回忆起老师，仍感激不已，没有人讥讽批评老师。清华园内的亲切气氛，都是王国维在其他地方所感受不到的。

除了同气相求、教学相长的清华园师生，王国维还和旧时的朋友有联系。

---

① 陈平原、王枫编：《追忆王国维》，中国广播电视出版社1997年版，第260页。

王国维的社会交往，大多数仍然是遗老们，这和他五品衔的南书房行走这顶帽子相关。

溥仪在天津生活并不苦闷。他住的地方张园，变成了临时的皇宫，关起门来仍然是皇上。一班遗老每天几乎都去张园，守候“旨意”。当时最受宠信的是郑孝胥。他以给皇帝讲书为名，日日借题发挥，既排挤其他遗老，又努力把溥仪拉上日本侵略者的傀儡之路。罗振玉一派郁郁不得志，感到“此间各事无可言”，每天入值张园也厌烦了。1926年5月，罗振玉索性“请假”一个月，往南方一行，“一洗胸中芜秽”。

对遗老派别的争斗，王国维当然站在罗振玉一边，但他自己并不参加，只躲在清华园忙自己的教学研究。溥仪在天津的花费不小，北洋政府答应的钱也经常拖延。作为“臣子”，每逢“皇上”“皇后”寿辰，或其他节日，就得“进奉”，即送钱。于是，王国维就常成为罗振玉等在天津遗老们“进奉”集团中的一个，一次“进奉”若干元，列名的几个人平分，王国维就把钱寄去。这个南书房行走不但拿不到五品俸，反而要定时进贡钱财，可见愚忠仍然留在王国维的思想之中。

但是，在清华园两年，王国维交游中最受伤的便是和30多年的老朋友、儿女亲家罗振玉绝交。

绝交的原因是王国维长子王潜明病逝，罗振玉把王潜明的妻子、自己的女儿带回天津，又拒绝接受海关抚恤金一事。王潜明是王国维长子，九岁丧母。后来王国维娶了潘氏，竟是发妻莫氏的表甥女，表姐成为继母，使已经稍懂人事的王潜明有点尴尬。王潜明后来考入海关当职员，与罗振玉女儿罗孝纯结婚，长期在天津海关工作，先住在罗家，后搬出自行租屋单住。后来，王潜明调到上海海关工作。不久，罗振玉把女儿送到上海，替这对小夫妻租屋、购买家具什物，安顿下来。罗孝纯连生的两个女儿都不幸早殇。王潜明在上海患上伤寒病，好转后又复发，最终在1926年8月不幸去世。王国维和潘氏闻讯，马上从北京赶到上海，伤心之余，又要处理后事。据有关人士回忆，在处理后事时，大概潘氏认为罗孝纯对丈夫的病体照顾不周，以致恶性发展。也有人说是仆人之间的闲言碎语被罗孝纯听到。于是，这位娇女把委屈告诉了父亲，罗振玉性子急，索性把女儿接回天津居住。海关职员去世，例有抚恤金，罗孝纯未领，还向海关声明自己不用，留给王家。罗孝纯办丧事花的钱，也通过卖自己的金器充用。此时王国维已回清华上课，只有潘氏留沪理事。这样一来，两个亲家产生误会，把这笔抚恤金推来推去，最后这3000元竟成为是否尊重人格的口实，终于导致这对30多年的朋友分手了。

关于罗振玉、王国维绝交一事，家属后人诸多说法，相互矛盾。其实，王国维自己倒清楚。1926年10月24日，他给罗振玉一封信说："（王潜明）于维为冢子，于公为爱婿，哀死宁生，父母之心彼此所同。不图中间乃生误会，然此误会久之自释，故维初十晚过津，亦遂不复相诣，留为异日相见之地，言之惘惘。"

可是"异日相见"，即1927年春节王国维到天津给溥仪贺岁，与罗振玉交臂而过，始终没有冰释误会。几个月后，王国维自沉，这对亲家加老友再没有机会一起论学交游了。

王国维与罗振玉"绝交"，实际上导致与天津溥仪小集团的关系基本断绝，虽然思想感情上还有着千丝万缕的联系，但天津张园的遗老们，再也不能通过罗振玉对王国维产生影响了。

书成自谓绝代无

王国维在国学研究院任教只有两年，著述却很丰富，是他一生学术精华所在，特别是史学研究方面。他的研究，主要是殷商史和蒙古史，另外还有关于西北地理等方面。这些研究不仅解决了许多具体问题，而且总结出一套科学的研究方法，足为后人效法。

王国维在清华国学研究院开了一门"古史新证"课，每周一小时。王国维写有手稿，相对比较简略。讲课时，助教赵万里又记录整理，把上课时王国维的联想发挥都记录了下来。王国维每份手稿，都由赵万里抄录，誊写印行，成为发给学生的讲义，而手稿则珍藏起来。因此，王国维去世后，《古史新证》就有两个本子：一是据王国维手稿排印的，即1935年北京来薰阁旧书店曾影印出版的《古史新证》；另一是据王国维的讲义整理的，曾刊登于清华国学研究院《国学月刊》二卷八、九、十号合刊《王静安先生专号》（1927年10月），以及燕京大学《燕大月刊》七卷一、二期合刊（1930年2月）。当然，最完整的应是1994年12月清华大学出版社出版的《古史新证——王国维最后的讲义》。

据这份讲义的收藏者季镇淮教授介绍，这份讲义原是清华大学许维遹先生收藏，许先生逝世后，夫人处理遗书，让老朋友季镇淮先生去选取部分有用的书。季先生选取了5部书，其中就有《古史新证》的讲义。谁知此讲义在季先生家中一搁40年，发现后被裘锡圭先生加以整理影印出版。①

这样，《古史新证》就有了第三个本子，也是最完备的本子。

《古史新证》吸纳了王国维自己原先的论著，如《殷卜辞中所见先公先王考》及其续考、《三代地理小记》、《殷周制度论》等旧作，又作了系统的概括和理论的申述，完整地体现了王国维的史学思想。

《古史新证》分总论、禹、殷之先公先王、商诸臣、商之都邑及诸侯五章内容。

第一章总论是理论纲领。首先，王国维指出，历史中上古的历史，常常是传说与史实混淆不分，这是一个世界性的规律。史实中有人为的修饰加工，和传说没有两样；而传说又有史实作为渲染的基础。中国古代已经注意到这件事了。史实与传说混淆，确实是各民族历史的共同现象，尤其是上古时期。直到现在，中国的史学界、考古学界等还在确定夏、商、周断代问题，至于黄帝、神农等，还是传说多于史实。王国维提出史实与传说混淆的历史现象，为的是说明研究历史必须有证据。

其次，王国维对当时史学界中古史辨派的怀疑精神提出不同意见，认为怀疑的态度与批评的精神不无可取，但未充分处理古代历史的材料，怀疑只能是怀疑，不能作结论。王国维的说法是有所指的。

当时年轻的史学工作者顾颉刚提出了一个观点，即古史是层累地形成的，时代愈后，传说中的古史愈长久、愈具体。他指出，西周时代人们认为最古的

① 刘烜：《王国维评传》，百花洲文艺出版社1996年版，第309页。

人只到禹，到孔子时代增加了尧、舜，到战国时代就有了黄帝、神农，到秦后有了三皇，到汉代有了盘古。越往后的人，编前代的历史越古老。顾颉刚的眼光是敏锐的，所提出的问题也是实际存在的，对此王国维并不反对。王国维要求的是：所有怀疑的一切都要证实。

如何证实呢？王国维提出了著名的“二重证据法”，他说：

吾辈生于今日，幸于纸上之材料外，更得地下之新材料。由此种材料，我辈固得据以补正纸上之材料，亦得证明古书之某部分全为实录，即百家不雅驯之言，亦不无表示一面之事实，此二重证据法，惟今日始得为之。虽古书之未得证明者，不能加以否定，而其已得证明者，不能不加以肯定，可断言也。

王国维推出全新的史学观念，即实证之学。他对只从古书上考证或只从古书上怀疑的方法，都持批评态度，关键在于有没有用地下之新材料予以证实。20世纪以来，史学的新材料层出不穷，例如殷墟甲骨文字、汉晋简牍、敦煌唐人写卷、内阁大库档案、国内外少数民族的遗文、出土的古器物和石经等。王国维就是用这些新的材料考定并纠正了古书上的问题和错误，得出较准确的结论的。

王国维提出的“二重证据法”，其实并非只是针对史学研究，强调“地下之材料”而已。王国维去世后，陈寅恪在《王静安先生遗书序》一文中，对王国维的治学方法作了完整的概括：

然详绎遗书，其学术内容及治学方法，殆可举三目以概括之者：一曰取地下之实物与纸上之遗文互相释证，凡属于考古学及上古史之作，如《殷卜辞中所见先公先王考》及《鬼方昆夷猃狁考》等是也；二曰取异族之故书与吾国之旧籍互相补正，凡属于辽金元史事及边疆地理工作，如《萌古考》及《元朝秘史之主因亦儿坚考》等是也；三曰取外来之观念与固有之材料互相参证，凡属于文艺批评及小说戏曲之作，如《红楼梦评论》及

《宋元戏曲考》《唐宋大曲考》等是也。此三类之著作，其学术性质固有异同，所用方法亦不尽符合，要皆足以转移一时之风气，而示来者以规则。吾国他日文史考据之学，范围纵广，途径众多，恐亦无以远出三类之外，此先生之书所以为吾国近代学术界最重要之产物也。

陈寅恪的概括，要比《古史新证》中的论述全面得多，已经提升为一条治学的必然途径。

《古史新证》的第二章至第五章，是“二重证据法”实际运用的示范，是给研究生们治学方法的具体范例。所以，王国维把自己以前的作品吸纳进来，用以说明。《古史新证》首先是一部讲义，是为教学而撰写的，有理论，有示范，就使学生有了极深刻的印象。王国维的学生们，也是根据这种治学方法进行研究的，例如周传儒有《甲骨文字与殷商制度》（1934年），吴其昌有《秦以前中国田制史》（1935年）就是如此。

兴亡原非一姓事

王国维对蒙古史、元史、西北少数民族史的研究，是他以地下材料印证纸上材料的科学实践，在生命最后两年取得的巨大收获。

研究元史以及西北少数民族史、西北地理历史等问题，在清末相当盛行。特别在鸦片战争前后的19世纪中叶，西方国家努力打破清政府的闭关锁国政策，中外贸易增加的同时，带来了文化冲突和观念冲突。一批有见识的人士开始注意边疆之学，西北、东北甚至西南的地理、历史、民族的问题，包括历史沿革和现实矛盾，都纳入了研究视野。龚自珍当时参与修订《大清一统志》，撰写《蒙古图志》，研究西北边塞的部落、世系、风俗、山川形势、源流分合等。徐松撰《哈萨克世次表》《布鲁特头人表》等，专门叙述西北民族历史。魏源继林则徐提出要放眼看世界之后，写成《海国图志》。他们还在自己研究的基础上，提出了关于西北边境的政策建议，龚自珍就有《西域置行省议》《北路安插议》《御试安边绥远疏》等政策性议论。鸦片战争前后，有识之士研究蒙古史、西北地理，包含着一种维护国土疆界、救亡图存的爱国热情。

19世纪下半叶，清政府腐朽到全面崩溃，国势危难，西方国家侵略掠夺不断，更加刺激了正直的士人，一时间，关于西北民族史和地理的研究著作不断出现。他们从蒙古民族史的研究伸展到元朝历史的研究。当年横跨欧亚两大洲的元朝，怎么一下子变成积弱腐朽、任人宰割的清王朝了呢？更使人惊讶的是，这两个朝代的统治集团，都是由北部草原的游牧民族发展壮大的。历史的教训和现实的存在，也助长了人们对蒙古史、西北地理研究的兴趣。

在“二十四史”中有《元史》，是明代修撰的。修撰《元史》对当时那批既有大汉族主义观念、又不懂蒙古族语言风习的汉人学者来说，是很困难的，所以，《元史》可说是“二十四史”中修撰得最差的几部之一。

20世纪初，清王朝灭亡，民国建立，继而北洋军阀混战，政坛变幻旗号，一批士人对政治失望，又更热心地研究起蒙古史和西北地理来。王国维有两位年长的好朋友，即柯劭忞和沈曾植。柯劭忞是元史专家，修撰了一部《新元史》，曾被北京政府明令列入史书，与“二十四史”同列。沈曾植在多学科研究都有创获，西北地理沿革和民族历史，他也有深入的研究，并有著述问世。这两位前辈当然影响并支持王国维的研究。

更重要的是，20世纪初出土大量的古物，包括甲骨文、简牍、唐写本、古青铜器、封泥、印玺等，为研究西北边疆历史提供了大量材料，可以纠正过去不准确的记载，补足记载之不足，更可以比较完整地勾勒出边疆民族、地理等面貌。

王国维的研究工作，在进入清华园之前就开始了。1915年，他撰写过《鬼方昆夷玁狁考》《胡服考》，前者考订匈奴这个名称历代不同的变化，“随世异名，因地殊号，至于后世或且以丑名加之”。后者考订赵武灵王把游牧民族的服装引入中原，改变了中原汉族服饰的历史情况。

王国维对西北民族历史的兴趣，还表现在他后来又撰写了《西胡考》《续西胡考》二文。两篇文章都是考察匈奴的历史，认为西域胡人就是匈奴，而且“其人皆深目多须髯”。文章对匈奴流转西北地区的考察，可以看到汉唐以来中原与西域不断发展的经济文化关系。但是，王国维断言西胡是印欧语系的白种人，则是弄错了。后来，陈寅恪对此作了精辟的论述：

> 五胡，谓五外族。胡本匈奴（Huna）专名，去“na”著“Hu”，故音译胡，后始以之通称外族。
>
> 王国维氏谓“匈奴人高鼻深目”，亦非。盖汉司马迁班固作《史记》《汉书》时，必获见匈奴，乃竟无一语及此；而只言乌孙以西人高鼻多须，对匈奴非高鼻深目可知。更证以霍去病墓中掘出匈奴石像，仅两颧甚高，益信匈奴非高鼻深目矣。①

现代人类学和民族学的发展，更科学地证明了匈奴并非白种人。王国维的失误，是他当时还没有受到近代科学的熏陶，又没能实地考察的结果。不过，从王国维不断考察西域民族的源流，可见他对研究西北部民族历史和地域的浓厚兴趣。

1925年到1927年，王国维收罗了大量蒙古族和元朝历史方面的资料，做了大量的考察工作，写有《耶律文正公年谱》《西辽都城虎思斡耳朵考》《元朝秘史地名索引》《月氏未西徙大夏时故地考》《蒙古刊李贺歌诗编跋》《蒙古源流跋》《元朝秘史注跋》《蒙文元朝秘史跋》《耶律文正公年谱余记》《蒙古史料校注四种》《圣武亲征录校注》《长春真人西游记注》《〈长春真人西游记注〉序》《南宋人所传蒙古史料考》《元朝秘史之主因亦儿坚考》《金界壕考》《萌古考》《鞑靼考附鞑靼年表》《鞑靼后考》《蒙古札记》等，几乎把自宋至清有关蒙古民族和元朝历史都包括在内，可见他用功之勤。可惜因他自沉，许多论述没有完成，更没有展开，这是无法弥补的损失。

1926年5月，王国维把《长春真人西游记注》《圣武亲征录校注》《蒙鞑备录笺证》和《黑鞑事略笺证》四种汇成《蒙古史料校注四种》，交清华学校，7月，此书作为“清华研究院丛书”第一种刊行。这是第一次以结集形式显示王国维研究蒙古史、元史的成绩。

---

① 蒋天枢：《陈寅恪先生编年事辑》，上海古籍出版社1997年版，第211页。

王国维关于蒙古史、元史的研究，大概可以分三类。

第一类，关于民族沿革。

蒙古族的历史，不为人知的地方很多。蒙古族自身缺乏完整的文字记载，游牧生活也使这个民族的早期历史散落在草原大漠，汉人的史书又因语言翻译的不同，记述很粗糙。因此，20世纪初期的学者们，对蒙古族这个民族自身发展的历史特别感兴趣。王国维的《鞑靼考》等文章，考察鞑靼这一个民族，在唐宋时期有重要社会影响，但民族名称很少出现在史书中，《辽史》仅三见，《金史》竟绝迹。为什么？王国维通过宋、辽、金各种史籍，以及《蒙古秘史》等史料的记载，又对当时游牧民族的活动范围给予考察，得出的结论是：辽金时期被史书称为“阻卜”“阻镤”的游牧民族，就是唐宋史书上的鞑靼，不过是名称的变化而已。王国维还做了个《鞑靼年表》，把从9世纪下半叶到13世纪初期这300多年间鞑靼的历史作了系统的整理。他还指出：“唐宋间之鞑靼，在辽为阻卜，在金为阻镤，在蒙古之初为塔塔儿。”不过，蒙古族人并不喜欢汉人称他们为“鞑靼”，因为在辽金史料中，鞑靼人向辽金朝贡，被蒙古族认为是有损国体的事，所以元代蒙古人否认自己民族与鞑靼的关系。

另一篇《鞑靼后考》，整理成《黑车子室韦考》，则纠正日本学者把一个游牧部落分为“黑车子”和“室韦”两个部落的错误，并考订出这个部落游牧迁移的路线对蒙古民族形成的影响。

《萌古考》是王国维对蒙古族诸部落在元建国前的情况考察，认为蒙古族发源地在今额尔古纳河下游，敖嫩河流域。这看法为现在多数学者认同。王国维从汉文古籍中归纳出这个民族的名称，如梅古悉、谟葛失、毛割石、萌古子、盲骨子、蒙国斯、蒙古斯、蒙子、萌子、蒙兀、朦古、萌古、蒙古里等，都是“蒙古”这个词的不同译音。而同名异译，在翻译史上是常见的，何况千年古籍呢！此文考订“蒙古”一词同名异译，指出蒙古民族源流研究的切实途径。

收入《蒙古史料校注四种》中的《蒙鞑备录笺证》与《黑鞑事略笺证》，都是早期蒙古史料的研究。《蒙鞑备录笺证》是以《说郛》本为底本，校以《古今逸史》本及其他本子，加以注释。《黑鞑事略笺证》则是以明抄本作底本，予以校勘、注释。王国维指出：“蒙古开创时史料最少，此书所贡献当不在《秘史》

《亲征录》之下也。”

这两本书揭示了前人不很了解的早期蒙古族的情形。例如，靠近汉人居住地区的蒙古族人，称为熟鞑靼；距离远的称为生鞑靼。这和苗族有生苗、熟苗之分，也很类似。千年以来，有一些风俗习惯基本保留，读起来也颇有趣。刘烜在《王国维评传》中曾引过精彩的一段：

> （蒙古人）每饮酒，其俗邻座互相尝换。若以一手执杯，是令我尝一口，彼方敢饮。若以两手执杯，乃彼与我换杯。我当尽饮彼酒，却酌酒以酬之，以此易醉。凡见外客，醉中喧闹失礼，或吐或卧，则大喜曰：客醉则与我一心无异也。

关于蒙古民族的风习，王国维也是关心的。在《蒙古札记》中，他考释“烧饭”一词，指出这是一种祭祀仪式，即是焚烧饮食及死者生前所用的车马衣物，这是契丹、女真族的风俗，汉魏时乌桓族和清初满族也有相似的风俗。这些考释，切入一个民族长久以来的风俗习惯，和民族的分化、发展、融合相联系，研究就更深入了。

第二类，关于蒙古民族游牧的地理环境。

王国维《长春真人西游记》注、序和跋，校勘精细，注释丰富，考据精辟。这本书王国维下了很大的功夫，先从《连筠簃丛书》中抄出《长春真人西游记》全文，并大量参阅校勘宋、元、明、金的各种文集和清末徐松、洪均等人关于西北地理的著作，并对《长春真人西游记》中的人物、地理、史实作出详细切实的注释，前后花了一年时间，才得以完成。王国维并不是随意选择这本书来注释的。《长春真人西游记》的作者李志常是丘处机的弟子，丘处机被成吉思汗封为长春真人。1219年，丘处机奉成吉思汗的旨意考察中亚一带情况。他从山东出发，经蒙古地区，一直到达中亚、阿富汗一带，直到1224年才返回燕京。这六个年头，一路所见社会、民族、地理、史实、生活、风俗等各方面，非常丰富，李志常都做了生动的记录。这部《长春真人西游记》实是13世纪蒙古大帝国历史的实录，反映了蒙古族历史、成吉思汗西征的情况以及蒙古的宗教等，是研究蒙古史不可或缺的珍贵史料。

关于蒙古游牧范围的史地资料，王国维尽可能收集并加以考察、校勘、注释，或以序、跋进行品评。1925年春，王国维从陶宗仪《游志续编》中抄出刘祁《北使记》，考证了其中六个部族的名称。他又从明刊《秋涧先生大全集》和《玉堂嘉话》中抄出刘郁《西使记》，以四库本校之，略加注释。他还从《宋史》中抄出王延德《使高昌记》，加以校勘，加上一条注释。这三部书都是关于蒙古族历史，以及蒙古族生活的西北地理情况的书籍，而且是作者亲历亲见，具有较大的价值。这三部书的校本，王国维只是作为自己研究的必要参考书，生前没打算出版，因为还未完成全部注释和考证。直到王国维去世后，才由他的学生赵万里收入《王国维先生全集》中，并把这三部书与杜环《经行记》放在一起，合为《古行记校注四种》。王国维研究蒙古史，不仅注意这个民族自身的源流发展历史，而且关注这个民族生存的地理环境，并注意到这个民族的风俗习惯、宗教信仰、生活常态等方面，从广义的文化视野去考察民族史。

第三类，关于元朝的历史。

一代天骄成吉思汗，是蒙古崛起的关键领袖，向来为人们注意。不过，关于成吉思汗的历史，史书上记载不多。《皇元圣武亲征录》一书记录了成吉思汗事迹，弥足珍贵。王国维据明弘治年间（1488—1505）的《说郛》抄本，分别以天津、江南图书馆等旧抄本予以参校，直到1926年4月，才把该校本加以注释，正其谬误，完成了《圣武亲征录校注》，收入《蒙古史料校注四种》中刊行。此书对成吉思汗时代的地名、人名、官名、部族名以及经行的地理、时间一一作了考证，写入注释，使元朝初期的历史面貌有了较清晰的呈现。

元朝大臣耶律楚材，对元朝政治体制的建立、汉蒙两民族的文化融合，以及社会从战乱转为稳定等方面有重大贡献。王国维先后撰写《耶律文正公年谱》《耶律文正公年谱余记》，不仅对耶律楚材一生有详细的记述，而且探讨到元朝立国后思想制度的重大转变，例如耶律楚材主张以儒治国、以佛治心之说，不把耕地尽改牧场的主张，减税选贤、与民休息的政策等，都对元朝的建立和稳定起到积极作用。

元朝历史的研究，是蒙古史研究的继续。也许王国维想把从蒙古族发源到元朝的历史作一个系统的研究，但没有完成。他留下的研究成果和资料体现了很高的学术水平，为后人的研究打下基础。王国维的蒙古史、元史的研究，当然有时代局限，也有缺失，但他的治学方法可垂范后世。陈寅恪说："先生之著述，或有时而不章；先生之学说，或有时而可商。"这正是学术发展的正常情况，后人不能苛求于前人。

商量旧学加邃密

在清华国学研究院两年，王国维对古器物的兴趣不减，撰写了大量文章。值得注意的是，王国维不仅从文字学、考古学角度对古器物作考察，而且从史学角度予以阐述，把古器物与历史研究结合起来，提高了金石学的学术品位。

王国维讨论的古器物，大部分是青铜器，还有古代度、量、衡的制度，西域的井渠等。早在1911年，王国维就撰有《隋唐兵符图录附说》，发表于《国学丛刊》第一、第三册。1914年，他又有《宋代金文著录表》《国朝金文著录表》，系统地厘清宋代以来青铜器皿及铭文的记录情况。1916年，又对具体古器物铭文进行考释，《毛公鼎铭考释》及序、跋，是他进入古器物铭文研究的成功之作。1918年以后，他连续不断地写了许多古器物的考释文字，如《说环玦》《说珏朋》等。1923年至1927年，即离开上海到北京这五年间，王国维接触的古器物越来越多，研究文字也越写越多，显示出他作为一个考古学家的深厚功底。

1926年，王国维应邀在北京历史社会学会发表讲演，题目就是《宋代之金石学》。

王国维认为，金石学即古器物研究，在宋代兴盛，是有环境与个人素养双方面的原因的。他说，宋仁宗以后，海内无事，社会稳定，士大夫从政的余暇，可以进行学术研究。社会环境中哲学、科学、史学、美术的研究气氛浓郁，比唐、五代有长足进步，而士大夫自身素养高，鉴赏与研究、思古与求新得以错综并存，所以金石学的探究与书画的钻研一样，形成普遍兴趣，以至宋的金石书画能超越前代，亦凌驾于后人。

王国维还指出，现在传世的礼器（用于祭祀、典礼的青铜器）的名称，都是宋人命名的。宋人还以器物大小定其尊崇的品级。宋人在考释古器物时，把史传等典籍上的记载与古器物上的铭文予以比较呼应，所以成绩彰著。

王国维这篇讲演，实际上以宋人的金石学为例，宏观地论述了古器物研究的社会环境、研究者的个人修养、研究的方法和研究成果的历史应用等方面，把古器物研究与旧时金石学区别开来。至于考释每个古器物的文字，则是微观研究，解决具体某一古器物中的形制、铭文、流传历史等问题，又和旧金石学的考证有千丝万缕的联系。

1926年7月26日，王国维应邀在燕京华文学校作了一次中国古代尺度的讲演，讲演稿整理后发表在1926年9月出版的《学衡》杂志第57期中，题目是《记现存历史尺度》。原来讲演时题为《中国历史之尺度》，发表时改变大概是编辑的意见。这是王国维研究古代尺度小结性的文章。

王国维还是在上海哈同花园工作时，对古尺就很注意，曾多次与北京大学的马衡讨论，寻找唐尺的拓本。继1917年写《唐尺考》之后，1922年又写《宋巨鹿故城所出三木尺拓本跋》《宋三司布帛尺摹本跋》《日本奈良正仓院藏六唐尺摹本跋》。自唐至宋尺度的长短变化，王国维已有考察，所以，他用当时能见到的汉、唐、宋、明共16种古尺作为实物，逐一给予说明。刘烜《王国维评传》评介：

> 王国维考定的中国历代尺度得出如下结论：新莽尺合37.07公分，东汉尺合23.6公分，三国尺合24.13公分，东晋尺合24.75公分，南朝尺分别合24.5公分和24.765公分，后魏的前、中、后，分别合27.728、27.94、29.56公分。东魏、北齐合37.4公分，唐官尺前期合28.575公分，后期合30.267公分。从这个记录可以看出，中国的尺度是渐渐变长的趋势。[1]

王国维还指出，东晋到后魏的尺度增长，是因为当时以绢布为“调”（一种

① 刘烜：《王国维评传》，百花洲文艺出版社1996年版，第301页。

税收），官吏想多取于民，就把尺子弄长了。唐、宋以后尺子长度变化很小，是因为唐、宋不向民间收取绢布为税，官方不再加长尺子，尺子就不再增加长度了。王国维从各朝代的经济税收制度考定历史上尺子长度的变化，是得到学术界认可的。

不过，由于地下文物不断出土，现代资讯发达，王国维关于古代尺子长度的结论也应予修正："目前据我们所收集的唐尺，尺度均在29—30.5厘米之间，从38支唐尺求得每尺的平均值为30.2厘米。"[①]此外，关于宋代的布帛尺，王国维也有考证不确之处，就是误信程大昌《演繁露》的推断和所谓三司布帛尺摹本的缘故。中国地域广大，历史悠久，其间分分合合，官方民间的使用，都导致尺度有所变化。在一个阶段内的研究与一个阶段的考古成果相对应。因此，度、量、衡的标准随着出土文物的丰富也有些变化。这些变化也会体现在最新的研究上。王国维强调"二重证据法"，强调应用新材料，其原理是正确的。假使王国维得以天年，他自己也会修正研究过程中的缺失和不足。

① 刘烜：《王国维评传》，百花洲文艺出版社1996年版，第302页。

第八章　玉泉流清

莽莽神州入战图

王国维生活在中国历史大变动的时期，他虽然安居清华园，极少入城，极少参与社会活动，但是，社会的变动仍然震动了弦歌不辍的清华园里的师生们。

1925年至1927年，国共合作后，北伐战争开始。其间，内部矛盾、军队变化、党派斗争又极其复杂。

1925年3月12日，革命领袖孙中山在北京逝世，享年60岁。广州大本营随即发表宣言，秉承孙中山遗志，完成革命工作。革命阵营左、中、右派暂时团结，共同对付北洋军阀。5月，中共领导下的中华全国总工会在广州成立，统一领导全国工人运动。5月30日，上海租界向游行的工人、学生开枪，死11人，伤20多人，造成“五卅惨案”，掀起了中国人民反对帝国主义的热潮。6月，省港工人声援上海群众，发动省港大罢工，又遭驻广州沙基的英军枪击，死亡80多人，伤500多人，这便是“沙基惨案”。帝国主义支持北洋军阀的面目暴露无遗。7月，国民政府在广州成立，从此中国形成南北两政府对峙的局面。

1926年7月，在广州的国民革命军誓师北伐，蒋介石誓言必与帝国主义及作为其工具的军阀决战。大批共产党人参加北伐队伍，在国民革命军中任职。国民革命军得到广大农民及市民支援，10月就克复武昌，节节胜利。

1927年3月，在上海工人三次起义的有力支持下，北伐军收复上海，这是北伐战争以来最大的胜利。就在北伐战争声势浩大的时候，国民党内部开始分裂。国民党左派决定把中央党部和国民政府迁到武汉。而国民党右派则以蒋介石为首，又成立一个国民政府，在南京办公。4月12日，蒋介石下令"清党"，开始明目张胆地反共。国民政府出现武汉政权与南京政权的对立，革命阵营分裂，各地大小争斗不断。到7月，武汉国民党政权亦开始"分共"，镇压共产党人。8月，中共发动南昌起义，宣告了国共合作的北伐中断，国共内战开始。

在北方，军阀之间的争夺也是枪炮不断，旗帜频换。北京段祺瑞执政府于1926年3月18日向反帝群众游行队伍开枪，死伤200多人，酿成"三一八"惨案。4月，北京国民军发动政变，段祺瑞政府解体。稍后，直系军阀吴佩孚与奉系军阀张作霖在京会晤，从此由奉系势力把持北京政权。1927年4月，奉系军警搜查苏联驻华使馆，逮捕了苏联外交人员及在使馆避难的李大钊等60余人，随即将李大钊等20人杀害。6月，张作霖自命为中华民国陆海军大元帅，组成了北洋军阀最后的小政权。

王国维应聘到清华学校后，北京学界也不平静。1925年5月，发生北京女子师范大学学潮，反对学校压制学生民主活动。1926年3月18日，北京学生、市民在天安门举行"反对八国最后通牒国民大会"，受到段祺瑞政府血腥镇压。4月，民主报人邵飘萍被张作霖下令枪杀。9月，北京军警搜查北京师范大学等高校，理由是怀疑学生与南方国民政府有联系。1927年1月，北京大学有学生张贴海报，批评校方女禁开放不彻底，异性社交不公开。同月，上海的全国学生联合会发表宣言，批评军阀内战造成全国教育破产，得到北京大学生的响应。3月，北京学术界同人发表宣言，反对外国人随意在华采购中国古物。

清华园里并不平静，国共合作北伐、共产主义思想的传播、进步青年社团的活动，在清华园掀起阵阵波澜。北方皖系、直系和奉系军阀的分合混战，使地处北京西郊的清华园时时风声鹤唳。王国维一住进清华园就有体会。据国学研究院主任吴宓1925年12月24日的日记，北京的学生也有过激情绪：

城中暴徒学生，扬言此数日内焚烧本校。本校设种种警备，如临大敌。

宓被派守研究院寝室。是夜伫立巡行。宓虽寝亦未安，备不时惊起也。

清华园内发生学潮，报纸上一登，京津震动。王国维于1926年1月致信罗振玉说："清华学潮近略和缓，未识正月上旬末能开课……"王国维对能否在寒假后正常开课表示担心。

直系张作霖军把冯玉祥的国民军迫出北京，两军交战，也使王国维不安。1926年4月，他给罗振玉信中提及数个月来的战乱形势：

经月不通音问，在围城中沉闷无似。今日国军退出以后，京津交通想可次第恢复。一月以来，此间尚安谧，虽近日无日不闻炮声，然均在数十里外。惟今日午国军大部从此间退出后，奉军骑兵即到，遇其残部在清华西里许，开枪一时许，旋即溃散。今日城门皆闭，城中与郊外电话亦不通，想明日可恢复原状矣。①

军队虽未入清华园，但炮声、枪声已叫师生们惊惶，交通、电信断绝，即令埋头书本中的王国维也深感不安，很希望恢复平静的生活。

陈寅恪1927年春有《春日独游玉泉静明园》诗云：

犹记红墙出柳根，十年重到亦无存。园林故国春芜早，景物空山夕照昏。回首平生终负气，此身未死已销魂。人间不会孤游意，归去含凄自闭门。

孤独、寂寞的心境，正好与王国维这个时期相同。这首诗虽是陈寅恪的作品，也可以说是王国维一类读书人的心声。

1927年1月至6月，王国维自沉前半年，北伐战争发展很快，北伐军从广东一直打到河南，威迫京津。蒋介石发动"四一二"反革命政变，掀起反共高

① 长春市政协文史和学习委员会编：《罗振玉王国维往来书信》，东方出版社2000年版，第655页。

潮，又使北伐阵营内矛盾争斗趋向白热化。北洋军阀自奉系把持北京政权后，一面对抗北伐，一面残酷镇压北方进步人士。全国性的战乱，各种政治主张、派别和势力的争斗，使北京的学术界惊恐万状，不知所措。王国维消息渠道甚少，对时局了解很少，对共产党、国民党以及许多政治派别也很有隔膜。在他心目中，梁启超是可信的，又是比较能了解、分析时局的人，因此，梁启超的消息和判断，常受王国维的注意。梁漱溟的《王国维先生当年为何自沉于颐和园昆明湖的实情》写到这种关系：

> 梁任公住家天津，而讲学则在京，故尔，每每往来京津两地。某日从天津回研究院，向人谈及他风闻红色的国民革命军北伐进军途中如何侮慢知识分子的一些传说。这消息大大刺激了静安先生。①

清华园中，大概王国维是最不理解时局的一个教授，而且也极少向别人诉说心中的不解与苦闷。现在我们无从知道王国维当时的心态，只有通过梁启超一些私人信件，从侧面看清华园中一些学者对时局的判断，这也许直接影响着王国维。

《梁启超年谱长编》中引的一些信件，便可作代表。

1927年1月27日《给孩子们书》：

> 近来耳目所接，都是不忍闻不忍见的现象。河南、山东人民简直活不成，湖南、江西人民也简直活不成，在两种势力夹攻之下，全国真成活地狱了。不惟唐生智头痛，连蒋介石们也头痛，总而言之，共产党受第三国际训练，组织力太强了，现在真是无敌于天下……现在南方军人确非共产派，但他们将来必倒在共产派手上无疑。现在南方只是工人世界，智识阶级四个字已成为反革命的代名词。

① 中国文化书院学术委员会编：《梁漱溟全集》（第七卷），山东人民出版社2005年版，第518页。

3月10日《给孩子们书》：

思永说我的《中国史》诚然是我对于国人该下一笔大账，我若不把他做成，真是对国民不住，对自己不住。也许最近期间内，因为我在北京不能安居，逼着埋头三两年，专做这种事业，亦未可知，我是无可不可，随便环境怎么样，都有我的事情做，都可以助长足我的兴会和努力的。

3月21日《给孩子们书》：

今日下午消息很紧，恐怕北京的变化意外迅速，朋友多劝我早为避地之计（上海那边如黄炎培及东南大学稳健教授都要逃难），因为暴烈分子定要和我过不去，是显而易见的。更恐北京有变后，京、津交通断绝，那时便欲避不能。我现在正斟酌中。……南方闹得最糟的是两湖，比较好的是浙江。将来北方怕要蹈两湖覆辙，因为穷人太多了（浙江一般人生活状况还好，所以不容易赤化），我总感觉着全个北京将有大劫临头，所以思顺们立刻回来的事，也不敢十分主张。但天津之遭劫，总该稍迟而且稍轻。……恐怕北方不久也要学湖南榜样。

3月29日《给孩子们书》：

这几天上海、南京消息想早已知道了。南京事件真相如何连我也未十分明白（也许你们消息比我还灵通），外人张大其词，虽在所不免，然党军中有一部分人有意捣乱，亦绝无疑。蒋介石辈非共产党，现已十分证明，然而他们压制共党之能力何如，恐怕连他们自己也不敢相信。现在上海正在两派肉搏混斗中，形势异常惨淡，若共产派胜利，全国人民真不知死所了。北京正是满地火药，待时而发，一旦爆发，也许比南京更惨。希望能暂时弥缝，延到暑假。暑假后大概不能再安居清华了。天津也不稳当，但不如北京之绝地，有变尚可设法逃难，现已饬人打扫津屋，随时搬回。

5月4日《与顺儿书》：

现在因为国内太不安宁，大有国民破产的景象，真怕过一两年，连我这样大年纪也要饿饭。

5月5日《给孩子们书》：

近来蒋介石……宣言“讨赤”，而且残杀的程度比北方利害多少倍。同时共党势力范围内也天天残杀右派。……据各方面的报告，最近三个礼拜内双方党人杀党人——明杀暗杀合计——差不多一万人送掉了，中间多半是纯洁的青年。可怜这些人胡里胡涂[1]死了，连自己也报不出账，一般良民之入枉死城者，更不用说了。尤可骇怪者，他们自左右派火并以来，各各[2]分头去勾结北方军阀；蒋介石勾孙传芳，唐生智勾吴佩孚（都是千真万真的事实），双方又都勾张作霖。北方军阀固然不要脸，南党阀也还像个人吗？

5月11日《与顺儿书》：

北京局面现在当可苟安，但隐忧四伏，最多也不过保持年把命运罢了。将来破绽的导火线，发自何方，现在尚看不出。大概内边是金融最危险，外边是蒙古边境最危险。南方党军已到潮落的时候，其力不能侵北，却是共产党的毒菌在社会传播已深，全国只有一天一天趋到混乱，举国中无一可以戡定大难之人，真是不了。

① 即为糊里糊涂。

② 即为各个。

5月31日《给孩子们书》:

> 本拟从容到暑假时乃离校，这两天北方局势骤变，昨今两日连接城里电话，催促急行，乃仓皇而遁，可笑之至。好在校阅成绩恰已完功，本年学课总算全始全终，良心上十分过得去。今日一面检点行李（因许多要紧书籍稿件拟带往津），下午急急带着老白鼻往坟上看一趟（因为此次离开……北京，也许要较长的时日才能再来），整夜不睡，点着蜡烛结束校中功课及其他杂事，明日入城，后日早车往津。……津租界或尚勉强可住，出去数日看情形如何，再定行止。不得已或避地日本，大约不消如此。

梁启超出入政坛，有许多门生故旧，在清华园四大导师中算是最了解政局之人。他给自己儿女的家信，又不必摆出应酬客套，所以讲的都是真实的感受。他对当时形势的判断，对共产党人和北伐军的攻击，以及他的惊慌、逃避，应是当时北京相当一批知识分子的代表性表现。梁启超与王国维过从甚密，梁启超对时局的看法和担忧，王国维并非没有感受到。但王国维不像梁启超那样可以逃避，他觉得自己无路可去。他的惊惶、恐惧和无可奈何，给他的学生印象深刻。半个世纪以后，王国维的学生姜亮夫先生还回忆起1927年上半年时王国维的情绪和表现:

> 一九二七年四月，李大钊先生遇害。北京学生界大为愤怒。此后北京局势也日趋紧张、恶化。广州北伐军已渐渐逼近南京，并攻下南京，渡河北上。清华园内国共两党斗争也日益激烈，时有传闻说，清华有的教授先生带家眷到美国去了，这时国学研究院也起了许多变化。政治牵连较大的是王静安先生，他是末代皇帝的老师，脑后有长辫，又听说长沙叶德辉被杀，罗振玉已进入东交民巷某国大使馆，清代遗老都纷纷“逃难”，犹如大祸临头！这是政治变革前夕的一般现象。静安先生很着急，他本来从不问政治，外交情况也不知，但他有一个同乡学生经常到他那里去（名叫何士骥），劝先生剪发。有一天，北大教授马先生来看先生，也谈到剪辫子问

题，这些劝解都是从形式看问题，也有一定用处。这时梁任公先生突然去天津，所以静安先生心中更为惶恐。在这期间，我去过二三次，前两次有人在不能讲话，有一次七时半去，果然无他人，先生说："有人劝我剪辫子，你看怎样?"我说："你别管这些事，这个学校关系到国际关系，本校是庚子赔款而维持的，一定要看国际形势，你剪不剪辫子，这是形式。"他听了我的话后，觉得有点道理。我还劝他不要离开清华一步（这时大概是农历四月二十八日，一九二七年）。以后我又去过一二次，书房已经乱得很，先生在清理稿件。我最后一次去静安先生家是农历五月初二。先生说："亮夫（!）我总不想再受辱，我受不得一点辱!"我再劝先生。并把静安先生这话告诉陈寅恪先生，寅恪先生本来要去看静安先生，因他立即要去城里未婚妻家，所以打算晚些时候再去看静安先生。回寝室后，我又告诉同室人，大家无奈何。①

王国维死后，过两天即6月4日天津《大公报》报道此事，还说道：

本月一日，王尚与梁任公会晤，彼此谈及目下时局，均谓难抱乐观。梁告以即避地出京。王尤戚戚，未尝去怀。因王平日对国事即抱悲观，恐党军北上，视为叶德辉第二。而京中谣言，又谓党军不久将至。②

王国维多次提到叶德辉事件，这是他恐惧北伐军的一个生动的实例。叶德辉（1864—1927），湖南长沙人，字奂彬。光绪年间中进士，官吏部主事，不久弃官归乡，以著述藏书为事，是有名的目录版本学家和藏书家，著有《书林清话》等，在旧文人中名气甚大。此人思想顽固，从维新运动到北伐战争，他一直站在对立面。袁世凯密谋称帝时，他还组织湖南筹安分会，为袁世凯鼓噪。叶德辉道德卑下，横行乡曲，是一个恶霸地主。王国维重视目录版本，又为蒋

---

① 陈平原、王枫编：《追忆王国维》，中国广播电视出版社1997年版，第330页。
② 转引自鲁西奇、陈勤奋：《纯粹的学者王国维》，湖北教育出版社1999年版，第3页。

汝藻编《传书楼藏书志》，对叶德辉这个同行既尊重其学问又推重他的著作。

1927年1月，湖南农民运动风起云涌，为了惩治土豪劣绅，农民在农会领导下成立了“土豪劣绅特别法庭”，专门判决恶霸地主、反动士绅。叶德辉劣迹斑斑，当然在打击之列。4月，“土豪劣绅特别法庭”处决士绅数十人，叶德辉便在其中。消息传到京津，许多守旧的知识分子为之大哗，面对革命风雷，他们常将叶德辉与自己对比，思考将来的命运。王国维其实并不了解叶德辉的恶霸行径和低下品格，他只是从“有学问的遗老”这个角度来理解他，联系到自己，觉得实在没有出路了。

5月30日，溥仪的侍从、任职“内务府”的金梁，从天津到清华园看望王国维。两人密谈到居住天津张园的溥仪的前途，都认为世事变化很快，形势危急，复辟的事不能有所作为了。溥仪被小人包围，还是迁居他处为宜。王国维越说越激愤，几乎掉下泪来。最后，谈到颐和园昆明湖，王国维说：“今天最干净的土地，只有这一湾清水了！”金梁以为，那个时候，王国维已经下决心自沉了。

王国维的同乡蒋复璁回忆：

> 十六年（1927）六月一日中午，清华研究院因暑假而举行师生叙别会，当时谣言很盛，梁任公由城中赶来，在席间说，时局消息不好，他就想回天津的家，当晚或者要住进东交民巷，静安先生以为任公先生消息最灵，革命军即将到北平了，还有研究院同学何士骥亦自北平赶来，还带了北大沈兼士先生及马叙平的一个口信，请劝静安先生进城，住到他们的家，北大同人可以保护他，最好请静安先生将辫子剪去，于是研究院同学大多劝静安先生进城暂避，但是静安先生说：“我自有办法。”[①]

叙别会结束后，王国维和陈寅恪边走边谈，走到陈寅恪家，两人进去，又继续谈话。研究院的学生朱广福、冯国瑞和姚名达三人，会后也依依不舍，一

① 陈平原、王枫编：《追忆王国维》，中国广播电视出版社1997年版，第153页。

起游朗润园。归途经过清华西院，朱广福忽然说："王先生的家在哪儿？我还没有去过呢！"朱广福是1926年入院研究的研究生，研究题目为《儒家哲学性之研究》，同年入学的冯国瑞的题目为《说文部首研究》。姚名达是1925年入院的，研究《章实斋之史学》，与王国维较熟悉，于是便做向导，说："何不去拜访一次呢！"三人便到王宅，王国维不在，仆人说他到陈寅恪家中去了。打电话过去问，却说王先生已经回家。果然不久王国维即回到家中，诚恳地接待了这三位同学。师生交谈了一个小时，直到王家晚饭摆上桌，学生们才起身告辞，王国维照例送客至院子，师生才分手。

晚上，学生谢国桢去拜访王国维，王国维态度平和，教诲学生读书要追求专精。最后谈到时局，王国维说："时事到这个样子，我也完全没有什么可失去的了，只是我除了做学问，没有其他谋生的方法！"

这天晚上，王国维安详如常，睡眠也正常。这是他在人间的最后一晚。

伤往追来自寡欢

王国维是诗人、词人，又是文艺评论家。他一生钟爱作诗填词，但在清华研究院两年，很少写诗词。王国维去世后，人们发现，他在自沉前不久，竟拿起过久违的诗笔。

先从两首有争议的诗谈起。1927年6月1日，暑假前师生叙谈会以前，研究生谢国桢来到老师家中，拿出两把空白的扇面，请老师题诗，留作毕业纪念。其中一把是谢国桢的朋友的，也是求赐墨宝。王国维点头答应。

王国维给谢国桢扇面题的是唐末韩偓所作的两首七律，一首题为《即目》（亦作《即日》），另一首题为《登南神光寺塔院》。

其一

万古离怀增物色，几生愁绪溺风光。废城沃土肥春草，野渡空舡荡夕阳。倚道向人多脉脉，为情困酒易怅怅。宦途弃掷须甘分，回避红尘是所长。

其二

无奈离肠易九回，强摅怀抱立高台。中华地向城边尽，外国云从岛上来。四叙有花长见雨，一冬无雪独闻雷。日宫紫气生冠冕，试望扶桑倦眼开。

如果把这两首诗当作坐困清华园中王国维的自况，相当写实。“离怀”“离肠”“回避红尘”，好似他在告别红尘世界。

以上两首如果说是借他人之酒杯浇自己的块垒，那么，另一扇面上的两首诗，就可说是直抒胸臆，是创作了。

其一

生灭原知色即空，眼看倾国付东风。惊回绮梦憎啼鸟，罥入情丝奈网虫。雨里罗衾寒不寐，春阑金缕曲方终。返生香岂人间有，除奏通明问碧翁。

其二

流水前谿去不留，余香骀荡碧池头。燕衔鱼唼能相厚，泥污苔遮各有由。委蜕大难求净土，伤心最是近高楼。底根枝叶由来重，长夏阴成且少休。

事后，吴宓说，这两首诗是陈宝琛的落花诗。对照诗句的字词章法与诗旨，却是不一样的。陈宝琛的诗如下：

其一[①]

倚天照海倏成空，脆薄元知不耐风。忍见花萍随柳絮，倘因集蓼毖桃虫。到头蝶梦谁真觉，刺耳鹃声恐未终。苦学挈臯事浇灌，绿阴涕尺种花翁。

① 第一首诗据说是指甲午海战。

以花喻北洋舰队一战而灭的惨痛，种花翁是李鸿章了。

其二①

北胜南强较去留，泪波直注海东头。槐柯梦短殊多事，花槛春移不自由。从此路迷渔父棹，可无人坠石家楼。故林好在烦珍护，莫再飘摇断送休。

显然，王国维题扇面的两首七律，并不是陈宝琛的作品，相同的是用韵，也可说是和韵。和韵诗在不同的诗人手里，水平不同，题旨不同。王国维的两首诗，以落花自比，简直就是自沉宣言。我们无从得知王国维写扇面时的心境，只知道"委蜕大难求净土"是他认为的出路。净土在哪儿呢？就是他对金梁说过的：在昆明湖。

刘烜《王国维评传》披露了新发现的王国维写的六首《落花》诗，刘烜说："笔者判定这几首诗的笔迹是王国维手书，根据的是微缩胶卷上的字迹，尚未得到机会考定实际的纸张和笔迹浓淡，以及这几页手稿与其他相邻手稿的关系。"②2000年出版的陈永正校注的《王国维诗词全编校注》一书，没有收入这六首诗，其他关于王国维的论著亦未道及。虽然这六首诗是否真为王国维所作，或只是王国维抄录，还须进一步考证，但刘烜把这六首诗公布，还是有助于了解王国维生命中最后日子的思想情绪的，不妨一读。

落花

春归莫怪懒开门，及至开门绿满园。渔棹再寻非旧路，酒家难问是空村。悲歌夜帐虞兮泪，醉侮烟江白也魂。委地于今却惆怅，早无人立厌风幡。

---

① 此首诗写割让台湾一事。

② 刘烜：《王国维评传》，百花洲文艺出版社1996年版，第371页。

芳华别我漫匆匆，已信难留留亦空。万物死生宁离土，一场恩怨本同风。株连晓树成愁绿，波及烟江有幸红。漠漠香魂无点断，数声啼鸟夕阳中。

阵阵纷飞看不真，霎时芳树灭精神。黄金莫铸长生蒂，红泪空啼短命春。草上苟存流寓逝，陌头终化冶游尘。大家准备明年酒，惭愧重看是老人。

扰扰纷纷纵复横，那堪薄薄更轻轻。沾泥寥老无狂相，留物坡翁有过名。送雨送春长寿寺，飞来飞去洛阳城。莫将风雨埋怨杀，造化从来要忌盈。

花雨纷然落处晴，飘红泊紫莫聊生。美人无远无家别，逐客春深尽族行。去是何因趁忙蝶，问难如说假啼莺。闷思遣拨容酣忧，短梦茫茫又不明。

十分颜色尽堪夸，只隶风情不恋忧。惯把无常玩成败，别因容易惜繁华。两姬先损伤吴队，千艳丛埋怨汉斜。消遣一枝闲柱枝，小池新锦看跳蛙。

刘烜评论这六首诗说：这几首诗的笔迹系王国维手书。诗的风格与王国维的诗相似。其中的诗句："芳华别我漫匆匆，已信难留留亦空。万物死生宁离土，一场恩怨本同风。"虽然与落花有联系，但已是写人与世界的诀别了。有生之恋，才有落花之感。"已信难留留亦空"，这是在无可奈何的情况下写下的诗句。至于末首"惯把无常玩成败"更是写人的死志已决。末句"小池新锦看跳蛙"，读了也会使人不寒而栗了。

刘烜先生的评说，可供参考。就事论事，目前还不知道诗是否为王国维而作，何时所作，因何事而作，用王国维常说的话——证据还不足。不过，在王国维一批文稿中出现这六首诗，还是值得注意的。

也许王国维自沉之前，关心的已经不是诗歌。王国维自沉前十天，拿出上年秋天《观堂集林》定稿的补编目录，交给助教赵万里，吩咐以后出版要按此编次，还要赵万里作附录。王国维关心的，还是自己的学术研究成果。他是很自负的人，对自己在学术上的创新研究十分自豪，这在他代罗振玉为自己《观堂集林》作的序中就有坦率的表述，在清华学校讲演，谈到近二三十年新学问时，也有同样的表述。所以，他交代后事，最重要的是学术著作。

一个坚决去死的人，却又那样强烈地留恋生，王国维始终在矛盾漩涡之中，直到1927年6月2日中午，结束了一切。

蓬莱清浅寻常事

1927年6月2日，王国维与平时一样，起床吃了早饭，就到清华研究院办公室，为昨日给学生谢国桢写的扇面改了一个字，即把“兄”改为“弟”，这是学生谦抑不肯接受“兄”字的缘故，然后请办公室办事员侯厚培派人到王宅，取本学期学生的成绩稿本，在办公厅内放好。两人还谈及下学期招生的事。谈话之后，王国维向侯厚培借两元钱。这些先生平时身上不带钱，已是常事。侯厚培没有零钱，摸出一张五元钞票，交给王国维。王国维随即出门，雇洋车一辆直奔颐和园。

上午10时左右，王国维来到颐和园石舫前，静静地坐了很久。然后，慢慢走到鱼藻轩，吸了一根香烟。这时园中工人还在不远处打扫。忽然，王国维纵身投向湖里。工人听到投湖的声音，连忙赶过来下水救人，不到两分钟，王国维被救起，已经没有气息了。后来检查，王国维入水时头在下，湖水浅，底下污泥很厚，一下子把他的口鼻都堵塞了，所以很快气绝。工人把遗体拖到鱼藻轩，放在地上，找了一块芦苇席盖上。

下午2时，王国维家派人到办公室询问，王国维何以现在还不回家吃饭？办公室的侯厚培连忙向校工打听，校工说，王先生雇第35号洋车去颐和园的。

侯厚培急忙骑自行车向颐和园奔去，途中遇到35号洋车的车夫，知道王国维已投湖自杀，是园内工人告诉车夫的。这时已经下午4点多了。

据吴宓为《顺天时报》所写的报道说：

> 清华学校全校之人，于六月二日下午七时顷，均知此事矣。是晚九时，清华学校教职员、研究院学生二十余人，乘二汽车至颐和园。园门已闭，守兵不许，再三交涉，始准校长曹氏、教务长梅氏，及守卫处处长乌氏入视。六月三日晨，教职员及学生，又王氏家属多人均来。时王之遗体，仍置于鱼藻轩亭中地上，覆以一破污之芦席。学生有失声痛哭者。直候至六月三日下午四时，时天隐隐有雷声，尸颇胀起，而检察厅之检察官始至验尸。此时于王之内衣袋中，搜出遗嘱一封，并现洋四元。验尸毕，即由校中员生之莅至者约三四十人及家族，舁尸至颐和园西北角园门外之三间空屋中，于此正式入殓。以棺运来甚迟，直至晚九时，始正式运柩至清华园之刚果寺中停放。校中员生来者，均执灯步行送殡。诸子麻衣执绋，入寺设祭。众行礼毕，始散。已六月三日夜十一时矣。[①]

这一则报道刊于6月7日的《顺天时报》，实在是有纠正谣言的作用，因为王国维一死，各种猜测都有。清华学校及国学研究院为正视听，作为研究院主任的吴宓是有责任把真相公之于众的。

王国维内衣口袋中装有遗书一封，封面上写着“送西院十八号王贞明先生收”，里面写着：

> 五十之年，只欠一死。经此世变，义无再辱。我死后，当草草棺殓，即行藁葬于清华园茔地。汝等不能南归，亦可暂于城内居住。汝兄亦不必奔丧，因道路不通，渠又不曾出门故也。书籍可托陈、吴二先生处理。家人自有人料理，必不至不能南归。我虽无财产分文遗汝等，然苟谨慎勤俭，

---

① 陈平原、王枫编：《追忆王国维》，中国广播电视出版社1997年版，第126页。

亦不致饿死也。五月初二日，父字。

遗书虽然沾水着湿，但完整方正，字迹清晰，可见王国维死时从容坚决。

清华的师生痛失良师，悲痛不已，又为王国维后事奔忙。清华成立王国维先生身后事务委员会，最先由研究院主任吴宓担任，几天后推举教务长梅贻琦担任，全面组织丧事。首先，议决聘用王国维三子王贞明为研究院书记，解决了家属去留问题；同时提出，由清华学校申报外交部，继续发给王国维一年的薪水，以作抚恤。清华学校是用庚子赔款退还部分办起来的，属外交部管辖。王国维原薪每月400元，争取到一年薪水的抚恤，家庭生活还可维持。后来因校长不力，外交部只批准发两个月薪水800元为抚恤金。

吴宓几乎每日奔忙。罗振玉到清华商量王国维后事，是吴宓和陈寅恪接待的。学生来商量，又是吴宓接待。《学衡》杂志要办王静安纪念专号，也是吴宓安排的，吴宓还推荐把陈寅恪的《王观堂先生挽诗》编入《学衡》杂志。

陈寅恪当然也忙，许多事情他出面应对，更多的是和吴宓商量出主意。他们二人受王国维遗命所托，出于至诚，努力把王国维后事办得合情合理些。

梁启超在6月2日已经住在北京城内，准备乘火车前往天津，一听到噩耗，马上赶回清华园，帮忙办事出主意，特别向外交部交涉。争取王国维抚恤金的事，梁启超作了很大努力。

留在清华园中研究院的学生们，更是随时候命，按老师的安排，做了大量工作。

到了8月14日，清华师生出殡，与家属们一起，把王国维的灵柩安葬在清华学校东面七间房茔地。坟茔以水泥浇覆，上面盖以石条，简朴得如同王国维之为人。当日，大雨如注，仿佛上苍也在痛惜一代国学大师之殇。殡葬由教务长梅贻琦主持，校长、教师、学生数十人参加，最后一次为王国维教授送行。

事后，清华师生们纷纷撰文，怀念老师，表达悲痛。

国内外学者听到王国维去世的消息，都表示十分痛惜，均认为是学术界的重大损失。

9月20日，清华研究院新学年开始不久，全院师生又手捧鲜花到王国维墓前祭奠。梁启超以研究院最年长的导师、王国维生前好友的身份，发表了墓前悼词。梁启超以他独特的视角和宏观的分析，讲出了许多学者的心声：

> 王先生的性格很复杂而且可以说很矛盾：他的头脑很冷静，脾气很平和，情感很浓厚，这是可从他的著述、谈话和文学作品看出来的。只因有此三种矛盾的性格合并在一起，所以结果可以至于自杀。他对于社会，因为有冷静的头脑所以能看得很清楚；有平和的脾气，所以不能取激烈的反抗；有浓厚的情感，所以常常发生莫名的悲愤。积日既久，只有自杀之一途。我们若以中国古代道德观念去观察，王先生的自杀是有意义的，和一般无聊的行为不同。

梁启超谈王国维自杀原因，不涉及当时政治，也和他给子女的私信不同，在信里更强调的是王国维“对于时局的悲观”，“竟为恶社会所杀”。这大概与公开演讲的环境有关系。

至于清华园内关于王国维自杀原因，有吴宓的殉清说，陈寅恪的殉文化说，不一而足。这些评论，都是一种讨论，在学者间也是正常的。最重要的是，清华研究院师生始终把王国维作为学术大师来纪念，王国维遗言葬在清华的茔地，其中深意，清华研究院的同人是能体会的。

市朝言论鸡三足

王国维死后，门生赵万里马上给天津的罗振玉发了一个电报：“师今晨在颐和园自沉乞请代奏。”

将噩耗告知王国维的儿女亲家罗振玉，是理所当然的事。但是，“乞请代奏”四个字不高明，被罗振玉抓住大做文章。王国维生前还有一个“五品衔南书房行走”的帽子，虽然溥仪小集团已经不给王国维一分钱，“食五品俸”早成空话，但空衔没有撤销，报告一下在天津张园享乐并图谋复辟的溥仪小集团，对赵万里而言，也许只是礼节而已。

罗振玉当然是悲伤的，即使亲家失和一年了，但过去30年的情谊、共同探求学问的志趣，不能不使他心情沉重。

6月5日，罗振玉向溥仪呈交了王国维的“遗折”。王国维并没有写过什么“遗折”，这是罗振玉写的，叫他的儿子模仿王国维的笔迹抄好，自己恭恭敬敬地送到溥仪手里。

溥仪接受了“遗折”。他后来说：“我看了这篇充满了孤臣孽子情调的临终忠谏文字，大受感动，和师傅们商议了一下，发了一道‘上谕’……一直到罗振玉死后，我才知道这个底细。近来我又看到那个遗折的原件，字写得很工整，而且不是王国维的手笔。一个要自杀的人居然能找到别人代缮绝命书，这样的怪事，我当初却没有察觉出来。”①

溥仪的“上谕”是这样写的：

> 谕：南书房行走五品衔王国维，学问博通，躬行廉谨，由诸生经联特加拔擢，供职南斋。因值播迁，留京讲学，尚不时来津召对，依恋出于至诚。遽览遗章，竟自沉渊而逝，孤忠耿耿，深恻朕怀。著加恩予谥忠悫，派贝子溥伒即日往奠醊，赏给陀罗经被，并赏银贰千圆治丧，由留京办事处发给，以示朕悯惜贞臣之至意。钦此。

这道“上谕”一出，可就把一代学者钉在为清王朝殉节的耻辱柱上了。

罗振玉有了“圣旨”，便大张旗鼓祭奠“忠悫公”了。“悫”，音què，朴实谨慎之意。在封建帝制时代，重要官员去世，皇帝要赐一个名号，叫作“谥”，有一套谥法，什么字代表什么意思，都有所规定。在谥法中，“行见中外曰悫”，那么，王国维被谥“忠悫”，就是说他的忠贞无论内心和行为都是可以看得到的。这就把王国维定位成一个生生死死都是忠于清王朝的人。

罗振玉在天津的日租界搞了一个大规模的公祭王忠悫公活动，邀请一批遗老和日本人参加，还读了他精心准备的祭文；事后，又编了《王忠悫公哀

---

① 陈平原、王枫编：《追忆王国维》，中国广播电视出版社1997年版，第58页。

挽录》。

接着，遗老们又推出了他们撰写的墓志铭。墓志铭题为《诰授奉政大夫赏食五品俸　南书房行走特谥忠悫王公墓志铭》，撰文的杨钟羲写上自己全部官衔："赐进士出身、赏食三品俸、紫禁城骑马、南书房行走、前江南江宁知府、翰林院编修"；为墓志铭丹书篆盖的是袁励准，官衔也写上了："赐进士出身、头品顶戴、赏食一品俸、紫禁城骑马、赏穿带膝貂袿、南书房行走、前翰林院侍讲"。杨钟羲和袁励准都是王国维的朋友，又同时在紫禁城内小朝廷当南书房行走。这两个人学问不错，思想感情却是遗老一派。

当然，这份墓志铭只是虚礼，其实杨钟羲并不赞成王国维自沉，私下认为"静安止水之节，愚不可及"，以为王国维自沉虽然是尽节，但还是愚笨的法子。可见连遗老之间，对忠于清王朝的"忠"，也有不同的理解、不同的行为。

当遗老们从伪造"遗折"，到"赐谥""赏银""公祭"一连串风波中，借机鼓吹清王朝虽然灭亡却还得"人心"的时候，王国维已静静地躺在清华学校的坟茔里。这一串闹剧与他已没有任何关系了。

不过，很长时间内，"遗折"真相一直不为人知，遗老们的宣扬又颇具影响，以致同时代人甚至后代人论及此事，总有褒贬之词。只有在与王国维最后两年朝夕与共的清华师生心目中，他仍然是一位特立独行的大学者。

儒效分明浩气中

清华园内大礼堂西侧、科学馆南的土山上，立着"海宁王静安先生纪念碑"。淡黑色的碑身，肃穆庄重，巍巍矗立在碑基上，四周高大的槐树，把影影绰绰的树荫洒落在石碑上。

这个石碑是清华师生募捐建成的，由梁思成设计，林志均书丹，马衡篆额，碑文由王国维生前好友陈寅恪撰写。1929 年 7 月 15 日，王国维去世两年之后，举行落成典礼。这一年暑假，清华国学研究院正式停办，纪念碑的建立甚有深意。

纪念碑的碑文是这样的：

> 海宁王先生自沉后二年，清华研究院同人咸怀思不能自已。其弟子受先生之陶冶煦育者有年，尤思有以永其念。佥曰，宜铭之贞珉，以昭示于无竟。因以刻石之词命寅恪，数辞不获已，谨举先生之志事，以普告天下后世。其词曰：士之读书治学，盖将以脱心志于俗谛之桎梏，真理因得以发扬。思想而不自由，毋宁死耳。斯古今仁贤所同殉之精义，夫岂庸鄙之敢望！先生以一死见其独立自由之意志，非所论于一人之恩怨，一姓之兴亡。呜呼！树兹石于讲舍，系哀思而不忘；表哲人之奇节，诉真宰之茫茫。来世不可知者也，先生之著述，或有时而不章；先生之学说，或有时而可商，惟此独立之精神，自由之思想，历千万祀，与天壤而同久，共三光而永光。

陈寅恪的碑文，不但表达了正直的知识分子对王国维的敬仰，而且否定了殉清说、逼债说、因病厌世说等议论，从哲理思维的高度肯定了作为学者的王国维的历史价值。这篇碑文有着深远的影响。

王国维的遗著也很快结集出版了。最快的是1928年署名罗振玉编校的《海宁王忠悫公遗书》，收遗书四种。1940年，长沙商务印书馆出版了《海宁王静安先生遗书》，由王国维的学生赵万里、吴其昌、戴家祥、刘子植等校勘，王国维的弟弟王国华参与编定，是比较完整的版本。在抗日烽火中，王国维遗著得以结集出版，既见出他们对罗振玉编的那本《海宁王忠悫公遗书》的不满意，也见出学生们对亡师深深的怀念。陈寅恪为《海宁王静安先生遗书》写了序。此后，王国维的遗著很难再结集出版，个中原因颇为复杂，当然也和这期间的社会环境有关。直到1983年，上海古籍书店才把1940年长沙商务印书馆这套集子影印出版，改名为《王国维遗书》。学术界也在加紧整理王国维的遗著，1984年，中华书局推出《王国维全集·书信》。台湾方面也编印了王国维的著作。1968年有台湾文华出版公司的《王观堂先生全集》，1976年有台湾大通书局的《王国维先生全集》。至于王国维著作的单行本，海内外出版得甚多，而研究王国维的论著，更是浩如烟海，不可遍读。

1960年，清华大学把王国维墓迁往福田公墓。1985年，王国维当年的学生戴家祥教授为此写了墓碑记。王季思先生撰文说“《墓碑记》里泯去了罗振玉利用先生自沉制造复辟言论的遗迹，突出了先生在学术上的多方面成就”，比较扼要地记述了王国维的一生。

这里，笔者把戴家祥教授撰写的《王国维先生墓碑记》抄录如下，以见王国维去世近60年后，这位国学大师在学生们和许多学界人士心目中的形象。

王国维先生墓碑记

先生名国维，字伯隅，又字静安，号观堂，别署永观。一八七七年一月廿九日，生于浙江海宁盐官镇。父乃誉公，课以时文制艺，年十一，即洛洛成诵。稍长，从同乡陈寿田先生学骈散文及古今体诗。十六，入州学。甲午战败，士子哗然，始知有所谓新学者。时钱塘汪康年创时务报于上海，招上虞许家惺司书记，许荐先生自代。先生求知心切，以半日事校缮，午后即至东文学社学日文、英文、德文。日籍教师藤田丰八、田冈佐代治爱其勤，为言康德、叔本华、尼采哲学，先生闻之辄向往焉。一九〇一年，游学日本，昼习英文，夜至物理学校习数学，未期年以病归。著红楼梦评论、叔本华与尼采等文。间以填词自遣。如是者二三年，渐觉西欧哲学大都可爱者不可信，可信者不可爱，移其志于文学，著人间词甲乙篇。其后又潜心戏曲，以我国文学之不振者，莫戏曲若。著宋元戏曲史等刊于国粹学报，并揭其文学观点于人间词话。先生虽已文名籍甚，仍自视其理智不足为哲学家，而感情又不能为文学家。是时，我国地下文化遗物，时有发现，若安阳之卜辞、甘肃新疆之汉代简牍、敦煌千佛洞之六朝唐人写本古书、新疆境内兄弟民族之古代遗文，实世所罕有。而碑文墓志、商周彝器因矿山铁路之兴建，零星暴露于山崖水隈者，几无岁无之。其于学术价值，虽合全世界学者之智慧，尚未阐发及半。上虞罗振玉不忍听其存灭，先生亦慨然以整理新发现之史料为己任，匠心独运，创获良多。一九二一年，裒其所释卜辞、金文、声韵、训诂、名物及考订史地之作，并诗文若干篇为观堂集林廿四卷。一九二五年，受聘为清华大学研究院教授，尝谓吾辈生于今日，幸得地下之新材料辅助纸上之旧材料，以证明古书之某部分全为实录，即百家不雅驯之言，亦可探索其一面之事实。此二重证据法，惟在今日始得为之。又言道咸以后，国势不振，学术之必为变革，自不待言。惜龚璱人、魏默深之言，情浮于理，不能服人耳。亟思以海外学者研究之成果，治辽金元三史，以治经史之法治四裔地理，庶几干蛊前修，启迪后学。讵知一九二七年六月二日，竟自投颐和园鱼藻轩前之昆明湖以终，年仅五十。哲人云萎，志业未竟，呜呼哀哉！呜呼哀哉！八月十四日，卜葬于清华园东二里柳村七间房之原，遵遗命也。先生娶莫氏，生子潜明、高明、贞明，继室潘氏，生子纪明、慈明、登明，生女东明、松明、通明，皆头角崭然，先后济美。一九二八年，罗振玉刊其遗书四集，越六年，门人复事采辑，编为王静安先生遗书都四十三种，一百零四卷，而水经注、元朝秘史、蒙古源流校注，尚未最后定稿者不与焉。清华大学一二届研究生共五十余人，受先生专业指导者有赵万里、杨筠如、徐中舒、刘盼遂、余永梁、高亨、何士骥、黄淬伯、赵邦彦、姜寅清、朱芳圃、戴家祥等。而先生治学之规矩法度足以垂范后学者，固无所不在也。一九六〇年一月，清华大学迁其棺于福田公墓，一九八五年×月，树碑志之，俾国内外学者，有所仰止焉。

清华园内的《海宁王静安先生纪念碑》，碑文是陈寅恪先生撰写的。近60年后，北京福田公墓的《王国维先生墓碑记》，碑文是王国维指导的门生戴家祥撰写的，两篇碑文前后相隔半个多世纪，侧重都在褒扬王国维的学术精神与学术贡献，这大概是中国知识界对王国维最深的印象了。

一代学者已逝，非人工的纪念碑却长久留在人们心中。1908年春暮，王国维从北京返故乡海宁，写下一阕感怀身世的词。王国维写到故乡的山川城郭、钱塘夜潮，更写到伍子胥驱海潮和杜鹃啼血的典故，透露出屈原式的孤愤和对黑暗时代的悲怆情怀。作为一个杰出的学者，王国维深知时代的变化与学术的发展，也如钱塘江上的潮水，潮落又潮生。我们可以从这阕词的形象抒述里，品味出更深沉的况味。

虞美人

杜鹃千里啼春晓，故国春心断。海门空阔月皑皑，依旧素车白马夜潮来。　　山川城郭都非故，恩怨须臾误。人间孤愤最难平，消得几回潮落又潮生。

大事年表

1877年（清光绪三年丁丑）诞生　1岁

12月3日（丁丑十月二十九日）生于浙江海宁盐官镇双仁巷，初名国桢，后改名国维，字静安（或庵），亦字伯隅，号礼堂，更号观堂，又号永观。另又号人间、观翁等。先世籍开封。远祖随宋高宗南渡，遂定居海宁盐官镇。高、曾、祖父俱国学生。父乃誉，字与言，号莼斋，弃儒而商，曾充溧阳县幕僚。王乃誉在海宁有两处房产，田六十余亩，家道小康。母凌氏，生一子一女。女即长姐王蕴玉。

1880年（光绪六年庚辰）　4岁

10月，母凌氏病逝。长姐及王国维依赖祖姑母范氏及叔祖母抚养。

1883年（光绪九年癸未）　7岁

开始在近邻潘紫贵（绶昌）私塾读书。

1885年（光绪十一年乙酉）　9岁

父王乃誉娶同邑叶砚耕女为继室，是为叶氏。

1886年（光绪十二年丙戌）　10岁

全家搬往盐官镇西门内周家兜新屋。

1887年（光绪十三年丁亥）　11岁

2月，祖父王嗣铎去世，父王乃誉回家奔丧，从此不再外出做事，在家指导王国维读书。5月，异母弟国华出世。

本年，在陈寿田私塾读书。陈寿田曾是同文馆学生，教王国维骈体文及古体诗。

1891年（光绪十七年辛卯）　15岁

参加生童“甄别”考试，得上卷第二。

1892年（光绪十八年壬辰）　16岁

3月，入州学（中秀才），赴杭州应府试，未考取。王国维与同乡褚嘉猷、叶宜春、陈守谦喜欢议论古今大事，被人称为“海宁四才子”。

1894年（光绪二十年甲午）　18岁

考入杭州崇文书院学习。

1896年（光绪二十二年丙申）　20岁

4月，赴杭州应府试科拔考，未录取。11月，娶同邑商人莫寅生孙女为妻，为莫氏。

1897年（光绪二十三年丁酉）　21岁

9月，赴杭应乡试，又未考取，从此结束科举道路。

1898年（光绪二十四年戊戌）　22岁

2月，到上海时务报馆任书记。3月，罗振玉主办的东文学社开学，王国维前往学习。罗振玉偶然在学生的扇子上发现王国维的《咏史》诗，大为惊异，从此对他特别器重。秋天，《时务报》停办，罗振玉请王国维担任东文学社庶务，免除他所有费用，使他能专心学习日文、英文。

《咏史》诗二十首，作于此年以前。

1899年（光绪二十五年己亥）　23岁

在东文学社学习，开始读康德、叔本华哲学。

主要编年诗文有：

《重刻支那通史序》（代罗振玉作）

《东洋史要序》

《嘉兴道中》（诗一首）

《红豆词》（诗四首）

1900年（光绪二十六年庚子）　24岁

7月，东文学社提前结业。12月，回乡准备赴日本留学。

1901年（光绪二十七年辛丑）　25岁

1月，赴日本东京物理学校学习，5月因病回国。夏初，罗振玉创办《教育世界》杂志于上海，由罗振玉、王国维主编。

主要编年诗文有：

《崇正讲舍碑记略》

《欧逻巴通史序》

1902年（光绪二十八年壬寅）　26岁

在上海编辑《教育世界》，译日本人著《心理学》《伦理学》等多种。

1903年（光绪二十九年癸卯）　27岁

3月，至南通通州师范学校任教，讲授伦理学。初读康德《纯理批评》、叔本华《意志及表象之世界》。12月，自南通返海宁。

主要编年诗文有：

《论教育之宗旨》

《哲学辨惑》

《汗德像赞》

《叔本华像赞》

《秋夜即事》等十二首诗

1904年（光绪三十年甲辰）　28岁

春，颈上患疖，返海宁休养。秋，赴苏州，协助罗振玉筹办苏州师范学堂。12月，正式担任江苏师范学堂教习，后任中学方面总教习，讲授修身、中国文学、中国历史等课。本年开始主编《教育世界》，对刊物内容有很大改革。本年开始填词。

主要编年诗文有：

《红楼梦评论》

《孔子之美育主义》

《论性》

《释理》

《教育偶感二则》

《叔本华之哲学及教育学说》

《国朝汉学戴阮二家之哲学说》

《病中即事》《暮春》《冯生》等诗十三首

《浣溪沙（路转峰回）》《临江仙（过眼韶华）》等词五阕

1905年（光绪三十一年乙巳）　29岁

本年仍在苏州师范学堂任教。8月，刊行《静安文集》，收文十二篇、诗四十九首。11月，罗振玉辞去苏州师范学堂监督，王国维亦随之辞职返海宁。

主要编年诗文有：

《论近年之学术界》

《论新学语之输入》

《论平凡之教育主义》

《周秦诸子之名学》

《静安文集自序》

《留园玉兰花》《坐致》《将理归装得马湘兰画幅喜而赋此》等诗五首

《阮郎归（女贞花白）》《少年游（垂杨门外）》《蝶恋花（昨夜梦中）》《鹧鸪天（列炬归来）》等词四十七阕

1906年（光绪三十二年丙午）　30岁

2月，罗振玉任学部参事，携家北上。王国维随行，住在罗家，仍主编《教育世界》。8月，王乃誉病逝，王国维闻噩耗即回海宁奔丧。本年皆在海宁守制。本乡人士想推举王国维为县学务总董，辞谢不就。

主要编年诗文有：

《人间词（甲稿）》序

《教育小言十二则》

《奏定经学科大学文学科大学章程书后》

《先太学君行状》

《文学小言》

《戏效季英作口号诗》等诗六首

《八声甘州（直青山缺处）》《浣溪沙（画舫离筵）》等词七阕

1907年（光绪三十三年丁未）　31岁

4月，由罗振玉推荐，任学部总务司行走，后又任图书馆编辑和名词馆协修，直到辛亥革命去职。7月，夫人莫氏病危，王国维闻讯即返海宁，返家后十日，莫氏去世。料理丧事后，于8月返北京任所。

主要编年诗文有：

《屈子文学之精神》

《古雅之在美学上之位置》

《静安文集自序（一、二）》

《人间词（乙稿）》序

《浣溪沙（城郭秋生）》《祝英台近（月初残）》《虞美人（犀比六博）》等词四十阕

1908年（光绪三十四年戊申）　32岁

1月，继母叶氏病逝于海宁家中。2月，王国维回海宁奔丧。3月，王国维娶同县潘祖彝之女为继室，为潘氏夫人。4月，携家北上，租下北京宣武门内新帘子胡同一所四合院安家。王国维的诗学代表作《人间词话》以本年开始，分三期连载于《国粹学报》，至1909年。

主要编年诗文有：

《人间词话》

《唐五代二十一家词辑》

《词录》

《词林万选跋》

《曲录自序》

《曲品新传奇品跋》

《戏曲考源》

《菩萨蛮（西风水上）》《蝶恋花（落落盘根）》等词六阕

1909年（宣统元年己酉）　33岁

在学部任职。7月，修订《曲录》完成，定为六卷，并序其演变。9月，得阅法国伯希和携至北京的敦煌石室唐人写本。10月，学部设编定为词馆，严复为总纂，王国维任协修。年底，被英、法学者劫余的敦煌石室唐人写本运至北京，藏于学部，王国维帮助罗振玉校辑《敦煌石室遗书》。

主要编年诗文有：

《蜕岩词跋》

《南唐二主词》补遗一卷、校勘记一卷并跋

《赤城词跋》

《鸥梦词跋》

《雍熙乐府跋》

《曲录六卷》

《录曲余谈》

《曲调源流表》

《宋大曲考》

《优语录》

《明杂剧六种跋》

1910年（宣统二年庚戌）　34岁

在学部，兼名词馆协修。

主要编年诗文有：

《水云集湖山类稿跋》

《元曲选跋》

《清真先生遗事》

《古剧脚色考》

《录鬼簿校注并跋》

1911年（宣统三年辛亥）　35岁

10月，武昌起义，各地响应，一举推翻封建君主制度，建立中华民国。大批遗老逃到日本或租界。11月，王国维一家随罗振玉一家东渡日本，寄居在京都郊区。

主要编年诗文有：

《国学丛刊序》（代罗振玉作）

《唐写本太公家教跋》

《大唐六典跋》

《隋唐兵符图录附说》

《庚辛之间读书记》（收1910年至1911年所作词曲集跋文十五篇）

《定居京都奉答铃山豹轩枉赠之作并柬居山湖南伪诸君子》（诗四首）

《鹧鸪天（绛蜡红梅竞作花）》

1912年（民国元年壬子）　36岁

1月，孙中山在南京就任临时大总统，正式宣告中华民国建立，决定1912年为中华民国元年，改用公历。2月，溥仪宣告退位。王国维一家居留京都，受罗振玉及多种因素影响，决定专治经史。罗振玉家大量藏书、拓本、古器物，都成为王国维研究的资料。

主要编年诗文有：

《简牍检署考》

《此君轩记》

《墨妙亭记》

《颐和园词》（长诗一首）

《读史二绝句》

《送日本狩野博士游欧洲》等诗三首

1913年（民国2年癸丑）　37岁

在日本京都治学，并为罗振玉整理书籍古器物，读《三礼注疏》、段注《说文解字》等，拟编诗集《壬癸集》。开始撰写古器物考据文章。

主要编年诗文有：

《宋元戏曲史》

《明堂庙寝通考》

《释币》

《秦汉郡考》

《两汉魏晋乡亭考》

《齐鲁封泥集存》

《唐写本春秋后语背记跋》

《唐写本兔园册府残卷跋》

《壬子岁除即事》（诗一首）

《咏史》（诗五首）

《昔游》（诗六首）

《隆裕皇太后挽歌辞九十韵》（诗一首）

《癸丑三月三日京都兰亭会诗》（诗一首）

1914年（民国3年甲寅） 38岁

在京都。研究汉晋简牍、金文、甲骨文，为罗振玉编《国学丛刊》，与罗振玉合著《流沙坠简》，为罗氏校写《殷虚书契考释》。

主要编年诗文有：

《流沙坠简》序、跋

《屯戍丛残考释并序》

《国学丛刊序》

《宋代金文著录表》

《国朝金文著录表》

《邸阁考》

《壬癸集》（收赴日后诗作二十首）

1915年（民国4年乙卯） 39岁

3月，携家人返国，到海宁扫墓。经过上海时，与沈曾植定交。4月，随罗振玉返日本京都。

主要编年诗文有：

《殷虚书契考释》序、后序

《洛诰解》

《鬼方昆夷玁狁考》

《胡服考》

《古礼器略说》

《浙江考》

《游仙》（诗三首）

1916年（民国5年丙辰）　40岁

2月，携长子潜明离开京都回上海，任哈同花园《学术丛编》编辑。在日本京都生活的四年，学问变化大，学术著作丰富。3月，家眷从海宁来上海定居。代罗振玉鉴定、收购书画。

主要编年诗文有：

《生霸死霸考》

《史籀篇疏证》

《周书顾命考》

《毛公鼎铭考释》

《魏石经考》

《汉魏博士考》

《汉代古文考》

《尔雅草木虫鱼鸟兽释例》

《学术丛编序》

《周开国年表》

《和异斋老人伏日杂诗》四首

《再酬异斋老人》（诗一首）

《题沈乙庵方伯所藏赵千里云麓早行图》（诗三首）

1917年（民国6年丁巳）　41岁

1月，应罗振玉邀请，到日本京都过春节。2月，返上海。3月，接待到中国考察学术的日本京都大学教授内藤虎次郎等。7月，张勋拥溥仪在北京复辟，举国上下反对，仅十二天即失败。9月，辞谢蔡元培聘为北京大学教授之请。本年仍任哈同花园《学术丛编》编辑。

主要编年诗文有：

《太史公行年考》

《殷卜辞中所见先公先王考》

《今本竹书纪年疏证》

《戬寿堂所藏殷虚文字》

《殷周制度论》

《两周金石文韵读》

《韵学余说》

《唐尺考》

《殷文存序》

《游仙》（诗一首）

《海上送日本内藤博士》（诗一首）

1918年（民国7年戊午）　42岁

春，罗振玉曾携眷回国一行，到上海与王国维相聚。当年，王国维为长子潜明完婚，媳妇即是罗振玉三女。本年，兼任哈同花园内仓圣明智大学教授，讲授经学概论。

主要编年诗文有：

《说环玦》

《说珏朋》

《释由》（上、下）

《戬寿堂殷虚文字考释》

《经学概论讲义》

《重辑仓颉篇》

《海日楼寿东轩老人七十》（诗一首）

《戊午日短至》等诗五首

1919年（民国8年己未）　43岁

5月4日，五四运动爆发。10月，赴天津罗振玉家养病。11月回上海。任《浙江通志》分纂。本年仍在哈同花园编《学术丛编》。

主要编年诗文有：

《殷虚书契后编上卷考释》

《西胡考》（上、下）

《西域井渠考》

《西域杂考》

《唐写本韦庄秦妇吟跋》

《唐写本敦煌户籍跋》

《唐写本云谣集杂曲子跋》

《摩尼教流行中国考》

《九姓回鹘可汗碑跋》

《题敦煌所出唐人杂书六绝句》

《冬夜读山海经感赋》（诗一首）

《赠太子少保特谥文忠梁公挽歌词》（诗三首）

1920年（民国9年庚申）　44岁

在上海哈同花园编《学术丛编》。4月，开始为蒋汝藻密韵楼藏书编志。

主要编年诗文有：

《敦煌发见唐朝之通俗诗及通俗小说》

《覆五代刊本尔雅跋》

《散氏盘跋》

《小除夕东轩老人饷水仙钩钟花赋谢》等诗六首

《清平乐（惠兰同畹）》，此为王国维所填词的最后一阕

1921年（民国10年辛酉）　45岁

4月，写定《观堂集林目录》二十卷，后增至二十四卷，收历年文稿。本年仍在哈同花园编《学术丛编》。

主要编年诗文有：

《大唐六典校勘记》

《联绵字谱》

《敬业堂文集序》

《小盂鼎跋》

1922年（民国11年壬戌）　46岁

8月，《观堂集林》成，收文章二百篇、诗词六十七首。答应就任北京大学研究所国学门通讯导师。12月，为研究生提出四个研究题目。

主要编年诗文有：

《两浙古刊本》考、序

《五代两宋监本考》

《传书楼记》

《库书楼记》

《匈奴相邦印跋》

《日本奈良正仓院藏六唐尺摹本跋》

《题汉人草隶砖》（诗二首）

《题西泠印社图》（诗二首）

1923年（民国12年癸亥）　47岁

4月，废帝溥仪召王国维为南书房行走。5月，赴北京上任。7月，被废帝溥仪赏给五品衔，食五品俸。9月，家眷到北京。开始校勘《水经注》。

主要编年诗文有：

《观堂集林序》（一、二）

《传书堂藏书志》

《魏正始石经残石考》

《殷虚文字类编序》

《肃霜涤场说》

《梦得东轩老人书醒而有作时老人下世半岁矣》（诗一首）

《题御笔双鸲鸽》等十四首诗

1924年（民国13年甲子） 48岁

9月，罗振玉亦被召为南书房行走，与王国维探究宫内古器物。11日，废帝溥仪等被逐出紫禁城。王国维随溥仪汽车狼狈出宫。

主要编年诗文有：

《高宗肜日说》

《陈宝说》

《释天》

《水经注校本跋》

《金文编序》

《论政事疏》

《筹建皇室博物馆奏折》

《题贡王朵颜卫景卷》（诗四首）

1925年（民国14年乙丑） 49岁

2月，应聘为清华学校研究院教授。4月，全家迁居清华园西院。7月，赴天津贺罗振玉六十寿。9月，研究院开学，为学生讲“古史新证”“尚书”“说文”，任经史小学导师。

主要编年诗文有：

《古史新证》

《最近二三十年中中国新发见之学问》

《耶律文正公年谱》

《长春真人西游记注》

《蒙文元朝秘史跋》

《蒙鞑备录跋》

《黑鞑事略跋》

《鞑靼考》

《罗雪堂参事六十生日》（诗二首）

《为马叔平题三体石经墨本》（诗一首）

1926年（民国15年丙寅） 50岁

本年仍在清华研究院任教授。

主要编年诗文有：

《蒙古史料校注四种》

《记现存历代尺度》

《宋代之金石学》

《克鼎铭考释》

《盂鼎铭考释》

《圣武亲征录》校注、序

《长春真人西游记》注、序

《袁中舟侍讲五十生日寿诗》

1927年（民国16年丁卯） 51岁

本年北伐节节胜利，京津不安，清华园内思想波动。王国维仍研究蒙古史和元史，亦忧心忡忡。6月2日，忽投颐和园的昆明湖自尽。

主要编年诗文有：

《南宋人所传蒙古史料考》

《元朝秘史之主因亦儿坚考》

《金界壕考》

《萌古考》

《鞑靼考》，附《鞑靼年表》

《黑车子室韦考》

《蒙古札记》

《题邓顽石梅石居小像》（诗一首）

《落花》（诗六首）

王国维逝世后编辑出版的文集有：

《海宁王忠悫公遗书》，1929年罗振玉编印。

《海宁王静安先生遗书》，1936年赵万里、王国华编，1940年商务印书馆出版。

《王国维遗书》，1980年上海古籍出版社影印《海宁王静安先生遗书》，改用此名。

《王国维文集》，1997年中国文史出版社出版。

《王国维先生全集》，1976年台湾大通书局出版。

参考书目

王国维遗著的各种编集，王国维著作的单行本。

陈鸿祥：《王国维年谱》，齐鲁书社1991年版。

袁英光、刘寅生：《王国维年谱长编》，天津人民出版社1996年版。

《王国维传记资料》（一至十册），中国台湾天一出版社1985年版，内收入王国维年谱、著述目录、传记、回忆录、评论著作等一百五十二种。

萧艾：《王国维评传》，浙江文艺出版社1983年版。

刘烜：《王国维评传》，百花洲文艺出版社1996年版。

陈鸿祥：《王国维传》，团结出版社1998年版。

刘克苏：《失行孤雁——王国维别传》，华夏出版社1999年版。

鲁西奇、陈勤奋：《纯粹的学者王国维》，湖北教育出版社1999年版。

钱剑平：《一代学人王国维》，上海人民出版社2002年版。

陈永正：《王国维诗词全编校注》，中山大学出版社2000年版。

陈平原、王枫编：《追忆王国维》，中国广播电视出版社1997年版。

罗继祖主编：《王国维之死》，广东教育出版社1999年版。

长春市政协文史和学习委员会编：《罗振玉王国维往来书信》，东方出版社2000年版。

罗继祖：《鲁诗堂谈往录》，上海书店出版社2001年版。

佛雏编：《王国维学术文化随笔》，中国青年出版社1996年版。

（王国维研究的论文甚多，不一一列出。）

后　记

半个世纪以来，王国维对读者而言是一个既熟悉又陌生的名字。说他熟悉，因为他的大名常出现在课堂上、刊物中，如雷贯耳；说他陌生，因为他的著作太过专门艰深，少有人问津。本书企图以比较简易的语言，介绍这位学术大师的生活和著作，从而使读者对这位20世纪的文化名人减少点陌生感，并有个概略的印象。能否做到呢？读者永远有批评的权利。

陈　铭

2004年谷雨于杭州城西